Reinhard Loydl

Sechstausend Meilen Mittelmeer

Von West nach Ost in fünf wunderbaren Segelsommern

Mit zahlreichen Fotografien

Bibliografische Information Der Deutschen Bibliothek
Die Deutsche Bibliothek verzeichnet diese Publikation in der Deutschen Nationalbibliografie; detaillierte bibliografische Daten sind im Internet über http://dnb.ddb.de abrufbar.

ISBN 3-8334-2729-9

Text, Satz, Layout: Reinhard Loydl (www.loydl-design.de)
Schriften: Schneidler, Gill Sans, Cover: Interstate
Fotografie und Bildbearbeitung: Reinhard Loydl
Umschlaggestaltung: Reinhard Loydl (www.loydl-design.de)
Herstellung und Verlag: Books on Demand GmbH, Norderstedt
Printed in Germany

Kontakt zum Autor:
reinhard@cocodemer.de
www.cocodemer.de

Reinhard Loydl

Sechstausend Meilen Mittelmeer

Für Herta –
die See, Wind, Land
und Leben für mich ist.

Zu diesem Buch

Weitab vom Meer, doch nahe der fränkischen Pegnitz, hat der Autor, Jahrgang 1959, schon immer vom Leben am Wasser geträumt. Anfang der Neunziger wurde es dann ernst: in einem Anfall von Begeisterung für die Theorie wurden alle möglichen Segel-, Surf- und Tauchkurse absolviert, eine Funkerausbildung gemacht und in kurzer Zeit alle vorgeschriebenen Lizenzen erworben, die für die Freiheit auf dem Wasser eben so verlangt werden. Dann wurde gechartert, allein und mit Freunden, es wurden fleissig alle Fehler gemacht und manchmal sogar daraus gelernt. Zum Wechsel des Jahrtausends realisiert der Autor zusammen mit seiner Frau endlich seinen lang gehegten Traum: er verkauft sein Geschäft und erwirbt vom Erlös eine gebrauchte Segelyacht. Mit diesem Schiff und einer großen Portion Zuversicht bricht der neugebackene Freizeitkapitän auf. Fünf wunderbare Sommer lang segelt die Yacht „Coco de Mer“ kreuz und quer durch's Mittelmeer.

In Form zahlreicher e-Mails von Bord, den „Cocomails“, lassen die beiden, die sich selbst als „mittelfränkische Landratten“ bezeichnen, ihre Leser an ihren maritimen Erlebnissen teilhaben. Die farbigen und humorvollen Schilderungen sind ein Lesegenuss für alle, die sich der Faszination von der Freiheit auf dem Wasser nicht entziehen können.

Inhalt

Törn 2003:

Törn 2004:

Anhang:

Wie alles begann

Weitab vom Meer, doch nahe der fränkischen Pegnitz, haben wir schon immer vom Leben auf dem Wasser geträumt. Doch fünfunddreißig Jahre lang blieb es – abgesehen von sommerlichen Aufenthalten in Freibädern – beim Träumen.

Dann, eines Tages, während eines Herbst-Spazierganges, standen wir unvermittelt an einem kleinen See vor der Anschlagstafel des örtlichen Segelclubs mit der Aufschrift „Nächste Segelkurse!" Aufgeregt machten wir uns auf den Heimweg. Ein Anruf, und noch am gleichen Abend war unser erster Segelkurs gebucht!

In einem Anfall von Begeisterung für die Theorie absolvierten wir alle möglichen Segel-, Navigations-, Surf- und Tauchkurse, machten eine Funkerausbildung, büffelten Vorschriften und erwarben so in kurzer Zeit alle vorgeschriebenen Lizenzen, die für die Freiheit auf dem Wasser eben so verlangt werden.

Dann wurde gechartert. Allein und mit Freunden. Wurden fleißig alle Fehler gemacht. Und manchmal daraus gelernt. Auf Bootsmessen waren wir feste Stammgäste, alle einschlägigen Zeitschriften wurden abonniert, und unsere Schreibtische füllten sich mit Prospekten und Katalogen von Schiffsausrüstern.

Nur ein Problem war noch zu beheben, allerdings ein nicht ganz unwesentliches: Wo war nur das Schiff, auf dem wir die ganzen schönen Ausrüstungsteile aus den bunten Katalogen unterbringen konnten¿!

Drei Zufälle wiesen den Weg: Erstens ein Besuch der Bootsmesse in Düsseldorf. Nachdem wir dort tagelang praktisch jedes infrage kommende Schiff aller bekannten europäischen Werften von innen und außen begutachtet hatten, standen wir unversehens vor dem Stand einer uns bisher eher unbekannten Werft: Moody. Made in England. Sofort begeisterte uns die Qualität und Schönheit des ausgestellten Schiffs, und die vielen intelligenten Ideen. Dem perfekten Innenausbau sah man das Können und die Leidenschaft der angelsächsischen Bootsbauer auf den ersten Blick an. Hinzu kam die sprichwörtliche Robustheit und

Fahrtentauglichkeit der Marke. Schnell war uns klar, dass eine Moody in die engere Wahl kommen musste! Sofort begannen wir mit der Recherche nach einem Exemplar zum Chartern und Testen im bevorstehenden Sommerurlaub. Nicht ganz einfach, denn Moody baut Eignerschiffe, und keine der bekannten Charterfirmen hatte eine im Programm. Doch schließlich wurden wir in Palma de Mallorca fündig: Eine Woche auf einer 36-er Moody machte uns zu bedingungslosen Fans der Marke.

Zweitens, wie es der Zufall so will, war der Vercharterer in Palma zugleich auch Yacht-Makler mit Moody-Schwerpunkt.

Und drittens: Gerade hatte er eine passende Moody zum Verkauf stehen – 38 Fuß, zirka elfeinhalb Meter lang, fünf Jahre jung und mit Hingabe gepflegt. Die erste Besichtigung war kurz. Kaum an Bord, hatten wir uns auch schon in das bildschöne Schiff verliebt!

Aber wie das nun mal so ist: Käufer und Verkäufer hatten unterschiedliche Vorstellungen. Über den Ausstattungsumfang, über die Konditionen, über den Preis. Die Verhandlungen zogen sich hin. Mehrere Male flogen wir im Sommer 1999 enthusiastisch nach „Malle". Mehrere Male flogen wir enttäuscht zurück. Wir führten Grabenkämpfe um Details. Halbherzig blätterten wir also weiterhin in Segel-Magazinen, surften nächtelang im Internet, studierten infrage kommende Alternativangebote. Immer mit „unserer" Moody aus Mallorca vor Augen – da konnte einfach kein anderes Angebot mithalten.

Doch dann, eines warmen Spätsommerabends – wir saßen gerade mit Freunden in einem schattigen Biergarten –, kam der ersehnte Anruf vom Broker aus Mallorca:

Der Verkäufer war einverstanden.

Wir waren handelseinig!

Unversehens waren aus Landratten stolze Eigner eines Traumschiffs geworden!

Die Namensfindung

Wie sollte nun unser neues Schiff heißen? Nächte vergingen mit Grübeln und Nachdenken, tagelang, wochenlang. Unsere Kreativität kannte keine Grenzen: Pflanzennamen, Landschafts- und Städtenamen, Tiernamen, Titel aus Rock, Pop, Jazz, Blues, Klassik, Namen berühmter Schiffe, Mädchennamen – die ganze Palette klassischer Namensgeber für Schiffe wurde hart beansprucht. Ohne Erfolg – *der* Treffer wollte einfach nicht kommen.

Der Geistesblitz kam schließlich von unseren Freunden, mit denen wir schon allerlei wunderbare Chartertörns verbracht hatten: „Coco de Mer".

Bingo!

Weshalb gerade „Coco de Mer"? Nun, einige Jahre zuvor hatten wir einen herrlichen Chartertörn auf den Inseln der inneren Seychellen verbracht. Dieser Törn im indischen Ozean, vor der Ostküste Afrikas, zählte bislang zu unsere beeindruckendsten Segel-Reisen überhaupt. Trauminseln, herrliches Wasser, weiße Sandstrände, Granit-Landschaften wie gemalt, sattgrüner Dschungel. Ein Paradies. Auf der Seychellen-Insel Praslin ist im Valée du Mai eine einzigartige Frucht heimisch: die Coco de Mer, die größte auf der Erde vorkommende Nuss. Sie ist absolut einzigartig, sieht aufregend aus, schwimmt natürlich und geht nicht unter. Alles Eigenschaften, die perfekt zu unserem Schiff passen. Und schließlich wurde hier auf den Seychellen die Idee eines eigenen Schiffs geboren. Der Name passt perfekt, klingt aufregend und vielversprechend.

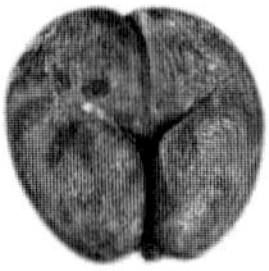

Coco de Mer!

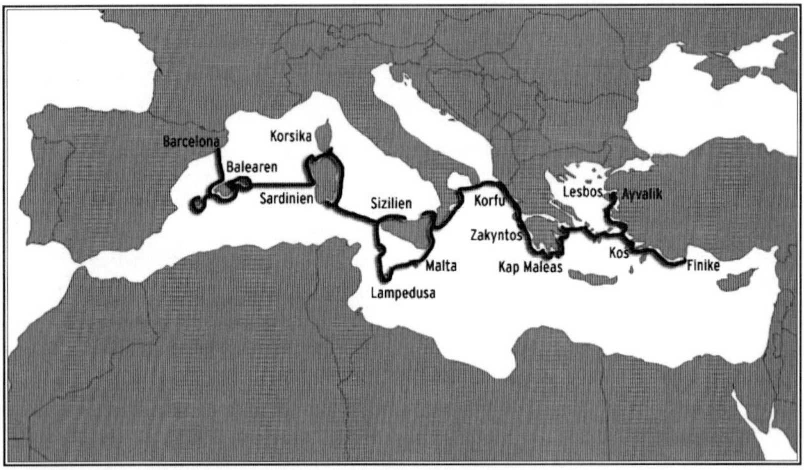

Die Reise der SY Coco de Mer durch's Mittelmeer:
6 000 Meilen von West nach Ost.

Die Törns

Mit unserer Center Cockpit Slup „Coco de Mer", meist kurz und liebevoll „Coco" genannt, durchsegeln wir nun also in den ersten Jahren des neuen Jahrtausends eines der interessantesten und anspruchsvollsten Gewässer der Welt, das Mittelmeer.

Nach einem kurzen Eingewöhnungstörn im Herbst 1999 rund Mallorca führt uns der Weg mit unserem neuen Schiff im Sommer 2000 zunächst für vier Monate kreuz und quer durch die schöne – und seglerisch hoch komfortable – Inselwelt der Balearen.

Im folgenden Jahr, 2001, segeln wir von Mallorca über Menorca nach Sardinien. Im Uhrzeigersinn runden wir diese wunderschöne italienische Insel und erkunden dabei ausgiebig die Traumreviere des Maddalena-

Archipels zwischen Sardinien und Korsika. Von der Südspitze Sardiniens aus führt unser Weg hinüber zu dem seglerisch anspruchsvollen Revier Sizilien und zu den westlich davon, abseits der üblichen Pfade gelegenen, egadischen Inseln.

Im Sommer 2002 segeln wir von Trapani die sizilianische Westküste hinunter, hinüber zu den weithin unbekannten und weltabgeschiedenen Inseln Pantelleria, Lampedusa und Linosa. Dann weiter nach Malta mit den kleinen Schwesterinseln Gozo und Comino. An der Ostseite Siziliens besuchen wir Syrakus mit seiner wunderbaren Altstadt und Taormina. Weiter geht es durch die berüchtigte Strasse von Messina zu den Inseln des Windgottes Äolus. Die Route führt zurück durch die Messinastrasse, und nach einigen langen Schlägen entlang der „Stiefelsohle“ erreichen wir schließlich das Seglerparadies der griechischen Inseln im ionischen Meer.

Im Juni 2003 starten wir von Korfu aus nach Süden durch die ionische Inselwelt. Wir umrunden die drei weit nach Süden hinausragenden Finger des Peloponnes, dann geht es die Ostseite wieder hinauf bis zum saronischen Golf. Vorbei an Athen reisen wir weiter, durchqueren die ägäische Starkwindwelt der Kykladen und des Dodekanes. Ende September, Anfang Oktober geht es dann hinüber an die türkische Südküste mit ihrer Vielfalt an bekannten und unbekannten, überfüllten und verschwiegenen Ankerplätzen.

Im fünften Jahr segeln wir von Finike in der Türkei mit Kurs West und Nord in die östliche Ägäis hinauf. Dort erkunden wir die unter Seglern nicht so bekannte türkische Westküste und unternehmen zahlreiche Abstecher in die nahe liegende griechische Inselwelt. Immer schön gegenan, in der besten Meltemi-Saison! Landurlaube führen uns in die traumhafte Welt von Kappadokien und ins turbulente Istanbul. Der Rückweg führt uns nochmals durch eines der schönsten Segelreviere der Ägäis, durch die Inseln des Dodekanes.

Nun viel Vergnügen beim „Nachsegeln“ und Träumen!

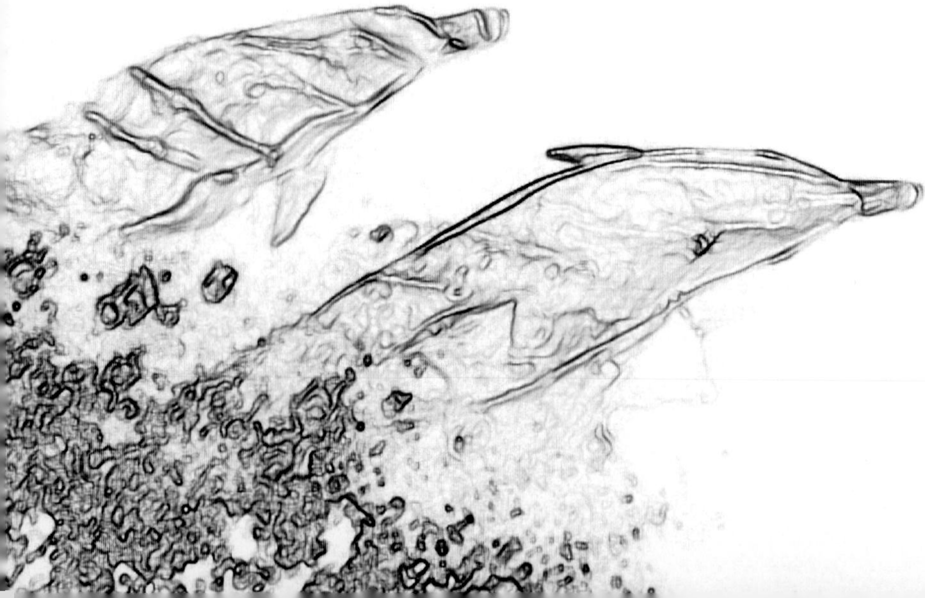

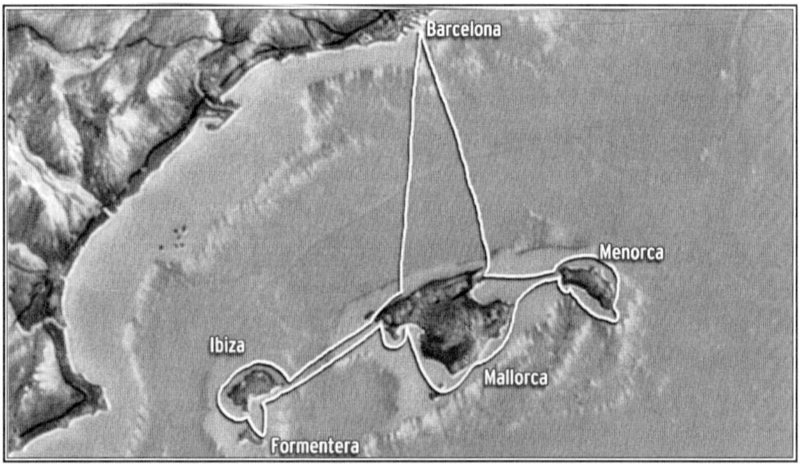

Coco's Reiseroute 2000 (1001 Seemeilen, ca. 1850 Kilometer):
Mallorca – Ibiza – Formentera – Barcelona – Menorca

1 | Teilzeit-Aussteiger

Mallorca, Juni 2000. Abgehakt: Geschäft verkauft (Reinhard); mehrmonatige Freistellung mit Arbeitgeber ausgehandelt (Herta); Autos abgemeldet (beide); Zeitungen abbestellt; Kisten mit Ausrüstung verschickt; Postvollmachten erteilt; Lebensmittel verschenkt; Koffer gepackt; etwa tausend Anrufe gemacht; Abschiedsparties geschmissen.

Dass es dann doch so schwer ist, sich vom gewohnten Leben mit all seinen oft lästigen Verpflichtungen zu trennen, wenn auch nur für einige Zeit, hätten wir beide nicht gedacht. Am Flughafen werden doch tatsächlich die Augen feucht, als wir uns von unseren Freunden verabschieden. Doch es ist ja nicht für immer, erst mal nur für vier Monate.

Nun sitzen wir im Flugzeug und fliegen einem völlig neuen Lebensabschnitt entgegen. In den kommenden Jahren werden wir für einige

Sommermonate – also gewissermassen in Teilzeit – mit unserem Schiff auf dem Wasser leben. Nicht gerade ein klassischer Lebensbereich für uns fränkische Flachlandtiroler.

Zwei Stunden später landen wir auf Mallorca, der größten der Balearen-Inseln, unserer Heimat für die nächsten einhundertzwanzig Tage. Es ist kühl und bewölkt; in Nürnberg hatten wir noch dreißig Grad Sommerhitze. Verkehrte Welt¿

Unsere 38-Fuss Moody „Coco de Mer“ wartet schon auf uns im Hafen des Real Club Nautic in Palma. In der frühen Abenddämmerung feiern wir dann endlich das Wiedersehen! Acht Monate ist es her, dass wir „Coco“ vom Vorbesitzer gekauft und auf einem dreiwöchigen Törn rund Mallorca eingeweiht hatten. Es kommt uns vor wie gestern. Wir sind voller Vorfreude auf die vor uns liegenden Wochen und Monate!

Schnell verstauen wir die paar Kleinigkeiten, die wir im Handgepäck mitgebracht haben, dann inspizieren wir ausgiebig unser Schiff. Sie blitzt und blinkt, es ist eine wahre Freude. Fred und Shirley von Beka-Yachting, unserem Makler in Palma, haben sich wirklich gut um sie gekümmert. Wir wandern durch die Marina, bewundern andere Yachten, plaudern mit unseren Stegnachbarn. Die fünf Kisten mit Ausrüstung, Kleidung und Büchern, die wir vor ein paar Wochen aus Nürnberg abgeschickt haben, liegen bestimmt schon im Beka-Büro. Und dort liegen sie gut, denn heute abend steht uns der Sinn nicht mehr nach Arbeit. So bummeln wir abends durch Palma und genießen bei Vino Tinto und Tapas das fast grenzenlose Gefühl der Freiheit, das uns an diesem Abend durchflutet. Was für ein Tag!

Am nächsten Morgen gibt es erst mal Kaffee und Bocadillos an der Hafenbar. Dann wird es ernst. Einkaufen und bunkern ist angesagt. Mit einem halben Tausender (in Euro) kurbeln wir massiv die mallorquinische Wirtschaft an. Dann schaffen wir die Beute per Mietwagen an Bord. Der nächste Weg führt uns ins Büro zu Fred. Die Wiedersehensfreude ist groß. Dann entdecken wir in der Ecke des Büros zwei große Kartons! Enthusiastisch stürzen wir uns darauf.

Schweißtreibende Bunkeraktion

Das sind unsere neuen Mountainbikes! Richtige große 26-Zoll-Mountainbikes, aber zum Zusammenklappen! Entdeckt im Internet, gekauft auf der *Boot* in Düsseldorf, und vom Händler direkt hierher geschickt. Sofort drehen wir eine Runde, wir sind begeistert! Da sie faltbar sind, werden wir schon einen Platz auf Coco finden. Die Kartons mit Ausrüstung sind als nächstes dran. Mit vereinten Kräften schaffen wir sie zum Schiff. Dann räumen wir ein. Coco stellt sich als wahres Raumwunder dar, die eineinhalb Kubikmeter Waren sind bald im Bauch unseres Schiffs verschwunden, ohne Probleme. Ausgepumpt und verschwitzt genießen wir am Abend die Dusche, dann feiern wir den Abschluß des Tages downtown.

Das Handy läutet, von zuhause trudelt eine ganz besondere SMS ein; ein Klingelton, stilgerecht und passend: die maritime „Veermaster"-Melodie. Wird sofort aktiviert. Überhaupt sind – durch SMS und e-Mail – die Kontakte mit den Freunden beinahe so intensiv wie zuhause. Alle wollen wissen, wie es uns geht, ob wir schon auf See sind, wie das Wetter ist, wie Coco ist, ob Herta auch nett zu mir ist …

Die folgenden Tage sind wir damit beschäftigt, Coco törnklar zu machen, Wartungsarbeiten durchzuführen und uns selbst an einen langsameren Rhythmus zu gewöhnen. Gar nicht so einfach, letzteres!

Mastenwald im Real Club in Palma

Und dann ist es soweit: am 19. Juni werfen wir die Leinen los!

Das Abenteuer beginnt!

Kurs Mallorca Südwest. Die Sonne strahlt. Wir ebenfalls. Der Wind ist schwach, kommt von vorne. Mit Maschinenhilfe runden wir nach knapp zwei Stunden Punta Cala Figuera, dann entscheiden wir uns schnell entschlossen für einen Stop in der tief eingeschnittenen Cala Santa Ponsa. Vielleicht gibt es hier ja einen schönen Liegeplatz, unser Törnhandbuch jedenfalls sagt dazu nicht viel. Und tatsächlich, kurz hinter der Einfahrt zum teuren Hafen liegt eine weiträumige Ankerbucht. Der Anker fällt auf fünf Metern, wir erholen uns von den „Strapazen“ des Tages. Ich denke an die Mahnungen und bleibe – dick mit Lichtschutzfaktor 25 eingecremt – immer schön im Schatten. Später schwimmen wir im weichen Licht der untergehenden Sonne ein paar Runden um unser Schiff.

Ist das Leben nicht wunderbar!!¿

2 | Animation auf Ibiza

Ibiza, Juli 2000. Nach ein paar entspannten Tagen in der Bucht von Santa Ponsa auf Mallorca entschließen wir uns, unsere Seefestigkeit mal einem Test zu unterziehen. Der Skipper ist ja bekanntermaßen anfällig für morbus maritimus, das Elend der Seekrankheit. Eine Überfahrt auf die Nachbarinsel Ibiza – ohne Landsicht – wäre da doch genau das Richtige ...!

Also gehen wir in den frühen Morgenstunden des 26. Juni ankerauf. Bei schwachem Wind mit 3 Beaufort nehmen wir alsbald unseren 50 PS-Volvodiesel zu Hilfe. Je näher wir der Insel kommen, um so schaukeliger wird's. Jedoch, wir erreichen Ibiza gesund und munter, Stutgeron sei Dank! Einundsechzig Seemeilen in acht Stunden; sicher nicht wahnsinnig beeindruckend, dennoch sind wir stolz auf unsere Leistung, denn es war unser bisher längster Törn ohne Landsicht. Jeder fängt mal klein an.

In der schönen neuen Marina von Santa Eulalia an der Ostküste Ibizas fährt Herta das erste Anlegemanöver der Saison. So butterweich, dass wir beide nur staunen können! Zwei Tage und Nächte liegen wir nun in Santa Eulalia. Wegen der vorherrschenden Windrichtung aus Ost, und weil Marinas unsere Bordkasse doch arg strapazieren, ankern wir dann aber in der Folgezeit, überwiegend an der Nordwestseite Ibizas. Außerdem ist Ankern viel romantischer!

Erst mal werfen wir also Anker in der Bucht von Portinatx (39°06,7'N 001°26,5'E). Laut Handbuch war das einst eine idyllische Naturbucht. Heute treiben englische Animateure, lautsprecherunterstützt, ihr übles Handwerk bis spät in die Nacht. Außerdem ist die Fußball-Europameisterschaft in vollem Gange, und das bekommt man hier aus den Lokalen ungefiltert mit. Die Buchtbeschallung ist technisch auf bestem Niveau. Leider nur technisch.

In der Bucht lernen wir das Skipperpaar der Segelyacht Eternamente kennen, Freunde von Freunden, wie sich herausstellt! Die Welt ist wirklich klein. Wir machen das Beste, was man in dieser Bucht machen kann, und mischen uns am Abend zu viert unter die fussballbegeisterte Menge

Das Hippie-Völkchen von der Cala Binirras

in einem der Strandlokale. Am frühen Morgen des nächsten Tages flüchten wir. Wir verkrümeln uns in eine fünf Meilen weiter südwestlich gelegene Bucht, die Cala Binirras. Dort suchen wir uns natürlich den besten Ankerplatz, das ist das Vorrecht der ersten Ankömmlinge.

Vor der Einfahrt der Bucht ragt ein hoher Monolith einsam in den Himmel, hinter dem des Abends malerisch die Sonne versinkt. Ein unbeschreiblicher Anblick! Diese traumhafte Szenerie lockt auch ein buntes Hippie-Völkchen an, die sich hier allabendlich am Strand versammeln. Die Bongos trommeln rythmisch bis spät in die Nacht. Vor dieser Kulisse fühlen wir uns wie King & Queen of Bongo. Außer uns liegen hier nur zwei andere Yachten.

Paradiesisch. Wie soll man das nur mit Worten beschreiben??

Rund um diesen Ausgangspunkt radeln, laufen und schwimmen wir während der nächsten Tage reichlich. Meine Wadln sind schon so dick, daß ich meine Hosen bald unten weiter und oben enger machen lassen muß! Damit das mit oben enger nicht passiert, gehen wir vorsichtshalber immer gut essen.

Die Radl haben sich jetzt schon voll gelohnt, was soll man denn sonst mit der ganzen Zeit anfangen? Nur heiß ist es ein bißchen, aber was soll's, gut für die Kondition. Die Berge hier in Ibiza sind lange nicht so schlimm wie die in Mallorca, das schaffen wir gut – im kleinsten Gang!

Ich bin mittlerweile schon halbausgebildeter Fahrradmechaniker, Dieselmaschinenbauer und Elektriker. Lese noch kaum die mitgebrachten Romane, nur Handbücher, und fachsimple viel mit anderen „Fachleuten". Erst hat die Lichtmaschine nicht geladen, weil der Keilriemen zu locker war, dann stimmte die Landstromladeanzeige nicht, bis meine

Hilfselektronikerin hier an Bord ein bißchen an den SET- und MODE-Knöpfchen rumgespielt hat, jetzt stimmt wieder alles, keiner weiß, warum. Gute Mitarbeiter braucht man! Besonders solche, die Tag und Nacht im gelben Tanga rumrennen. DAS ist Motivation! Dann fällt unbemerkt ein Stecker von der Lichtmaschine ab; ich lokalisiere und behebe das Problem. Bin mächtig stolz auf mich! Irgendwas ist immer.

3. Juli. Starker Schwell wirft uns frühmorgens aus den Kojen. Nach Tagen herrlicher Ruhe in dieser wunderbaren Bucht streben wir nun wieder lebhafteren Aktivitäten entgegen. Die Wettervorhersagen prophezeien Westwind, ideal für einen Schlag an die Ostküste hinüber, nach Ibiza Stadt.

Die Segel in Schmetterling-Stellung, alles ausgebaumt, runden wir die Nordküste. Nach einem schwelligen Ankerstop in der Cala Llonga, wo wir Freunde besuchen, die hier in einem Hotel abgestiegen sind, schippern wir weiter nach Ibiza Stadt. Dort laufen wir ein in die Marina Botafoch, die als äußerst komfortabel gilt. Nun, *teuer* ist sie jedenfalls. Das Einklarieren im Marinabüro wird zur Schocktherapie: 13 800 Pesetas pro Nacht, rund 85 Euro! Wasser und Strom extra …! Der schöne Ausblick hinüber zur Dalt Vila, der Altstadt von Ibiza Stadt, dient wohl als Rechtfertigung für diese Preise. Hier bleiben wir bestimmt nicht lange.

Wenn schon, denn schon, denken wir uns, und hauen abends noch den Rest der Bordkasse in den teuren Marina-Restaurants und -Bars auf den Kopf.

Einen Tag gönnen wir uns noch für die Erkundung von Ibiza Stadt. Die Altstadt ist ein Fest für's Auge. Ständig weht ein leichter Luftzug durch die Gassen der hoch gelegenen Dalt Vila und macht die Hitze erträglich. Ibiza ist bekanntermaßen die Stadt der Beautiful People und Nachtschwärmer. Als Beautiful People passen wir natürlich ausgezeichnet hier her, doch da wir ansonsten der Disco-Szene eher weniger zugeneigt sind, widerstehen wir dem Besuch einer der angesagten Tanztempel, wenngleich wir mit Einladungskärtchen regelrecht überhäuft werden. Sehen wir denn derart vergnügungssüchtig aus? Statt dessen schlendern wir nach einem genußvollen Dinner noch durch die Gassen des Ortes, trinken hier und da ein Glas Tinto. Es wird spät, oder besser gesagt früh. Wir genehmigen uns noch einen letzten Absacker in einer der zahlreichen Bars, dann machen wir uns auf den Nachhauseweg zu Coco, komfortabel per Wassertaxi.

Wir erkunden Ibiza per Mountainbike

3 | Ankerauf im Morgen-„Grauen“

Formentera, Juli 2000. Nachdem unser Aufenthalt in Ibiza Stadt nicht nur kräftezehrend war (Nachtleben!), sondern auch verheerende Folgen für die Bordkasse hatte (Marina Botafoch!), besinnen wir uns auf die angenehme Fähigkeit unseres Schiffs, vor Anker gänzlich kostenfreien Aufenthalt zu bieten. Wir bunkern die Wassertanks voll, ergänzen die Lebensmittelvorräte, und zur Mittagsstunde sind wir auf See. Ostwind, wie bestellt. In Feu Grande, der Enge zwischen Ibiza und Formentera, überholt uns teuflisch nah einer der rasend schnellen „Formentera-Jets“" und bringt derart Bewegung in unser beschauliches Leben, dass uns Hören und Sehen vergeht.

Geplant war ein Stopover in der Bucht von Espalmador, doch aus der Entfernung zählen wir vierunddreißig Masten, und so bleiben wir kurz entschlossen auf Kurs Formentera. Mit Topspeed rauschen wir der kleinen Insel entgegen. Am frühen Nachmittag fällt der Anker in der Cala Sahona. Leider sind schon andere Meeresbewohner vor uns da: im herrlich klaren türkisfarbenen Wasser treiben ungezählte fette Quallen. Egal, in Anbetracht der brütenden Außentemperaturen wage ich den Sprung hinein, mit Taucherbrille ausgerüstet und immer auf der Hut vor dem ekligen Getier. Nachdem mich dann aber kurz nacheinander zwei Motorboote beim Ankermanöver nur um Haaresbreite verfehlen, wird mir das doch zu gefährlich hier und ich ziehe mich in die Sicherheit unserer schwimmenden Herberge zurück. Abends gibt es „Pollo à la Formentera“ an Bord. Leider ohne die gekauften Zucchini, die sie im teuren Marina-Supermarkt von Botafoch wohl einzupacken vergessen haben. Ein grandioser orangerosa Sonnenuntergang über dem tief türkisfarbenen Meer läßt uns den Verlust leicht verschmerzen.

Ein Temperaturrekord jagt den anderen. Das Bord-Thermometer zeigt 35 Grad im Schatten. Die Hitze hindert uns aber nicht daran, unsere Mountainbikes an Land zu schaffen und die Insel unter die Räder zu nehmen. San Francesco, Es Pujols, einsame Leuchttürme, die Salinen, die Blue Bar: Formentera hat viel zu bieten. Spätnachmittags zurück an

Bord, springen wir natürlich gleich ins badewannengrüne Wasser. Heute ohne die gefürchteten Nesseltiere! Herrlich!!

Sonntag, 7. Juli. Der Wind hat gedreht, wir verlegen uns in eine Bucht bei Punto Pedreras, nicht weit von der Marina Formentera. Gut geschützt gegen Südwest, offen nach Nordost, Grund Sand und Gras. Hier liegt Coco gut, morgen sehen wir weiter …

Manchmal fühle ich mich hier eher der Riege der Early Birds zugehörig, was daheim so ja eher nicht der Fall ist! Morgens, nach einer ziemlich durchgeschaukelten Nacht vor Anker, um genau zu sein, kurz nach fünf Uhr, – 5 Beaufort wehen aus Nord – bemerke ich auf meinem Ankerwachgang, dass unser Anker sich losgerissen hat und wir – da sowas ja natürlich nur bei auflandigem Wind passiert – mit Mann und Maus langsam aber unaufhaltsam dem Ufer entgegen streben. Eine Viertelstunde später, und unsere Reise wäre vorzeitig beendet gewesen …! Was ein Glück, wenn man bei Starkwind einen leichten Schlaf hat! Also heißt es frühzeitig Anker auf und Abschied nehmen von Formentera, zumindest vorläufig.

Auf jeden Fall dürfen wir dann den Sonnenaufgang – oder sollte ich besser sagen, das Morgen-Grauen – auf See erleben, was ja auch seinen Reiz haben soll. Um kurz nach Sechs – das ist ja bekanntermaßen gerade meine Lieblingszeit am Tag – werfen wir dann doch noch Anker in einer Bucht auf Espalmador zwischen Formentera und Ibiza. Gerade rechtzeitig, um mit den ersten Frühaufstehern auf anderen Schiffen einen fröhlichen Morgengruß auszutauschen. Wir nehmen staunend wahr, wie sich diese eigentlich wunderschöne Bucht im Laufe des Tages mehr und mehr zum Rummelplatz entwickelt. Am frühen Nachmittag zählen wir 67 Schiffe! Siebenundsechzig!! Und immer weitere Nachzügler kommen herein und suchen den allerletzten noch verbliebenen Ankerplatz. Natürlich liegen bis zum Abend auch in unserer unmittelbarer Reichweite mehrere Yachten; die hier obligatorischen Generatoren laufen lautstark, wir kontern mit Klassik und Hardrock, was die Anlage hergibt; mal sehen, wer eher die Nerven verliert …

Espalmador könnte so schön sein! Wenn, ja wenn hier nicht ein solcher Massenandrang wäre. So haben wir nicht mal Lust zu schwimmen, man kann sich ja vorstellen, was hier alles ins Wasser geleitet wird. Wir segeln hinüber nach Ibiza, zum Promi-Strand Ses Illetes. Wieder einmal fällt der Anker auf Kristallwasser, direkt vor dem In-Restaurant „Es Moli de Sal“. Gleich ein Sprung ins Wasser, was für ein Genuß nach der übervollen Lagune von Espalmador.

So gammeln wir zwischen Ibiza und Formentera hin und her. Als sich in der Gegend ein Stürmchen austobt, liegt Coco bequem und teuer in der Marina La Savina. Das Navtex spuckt eine Sturmwarnung nach der anderen aus, während wir über die Strassen und Wege der Insel radeln, Wäsche waschen, Relingstützen polieren und ansonsten den nun doch redlich erworbenen Sonnenbrand pflegen.

Als nach drei Tagen das Wettertheater nachläßt, eilen wir ins Port Office um die Liegeplatzgebühren zu berappen. Glück gehabt: ab morgen, 15. Juli, wäre es 100 Prozent teurer geworden, 14 000 Pesetas, 85 Euro pro Nacht! Also nix wie weg. Kurs Ibiza Südwest liegt an.

4 | Berauschende Eindrücke

Ibiza, Juli 2000. Gestern litten wir an unserem ersten Nachmittags-Rausch, weil wir uns vom Schrecken des frühen Morgens am Nachmittag in einer Strandbar bei einem Liter Sangria (die kleinste mögliche Einheit!) erholen mußten. In frühester Morgendämmerung, bei Sonnenaufgang, sahen wir uns nämlich wieder mal veranlaßt, unseren Ankerplatz, diesmal vor der kleinen Isla Conejero gegenüber San Antonio im Westen Ibizas, fluchtartig zu verlassen, weil der Wind über Nacht auf Stärke 7 zugelegt hatte. Natürlich auflandig, was sonst. Morgenstund hat Gold im Mund. Also erst mal kräftig gegenan motort, das lieben wir ja ganz besonders. Ölzeug und Lifebelts waren angesagt, und wir wurden ausgiebig geduscht. Nach einer guten halben Stunde, die uns in unserem morgendlich verschwommenen Zustand eher wie zwei ganze vorkam, konnten wir dann endlich unter Segeln vor dem Wind ablaufen. Viel angenehmer, ich kann euch sagen!

Es dürfte jedermann einleuchten, dass wir am nächsten Ankerplatz eine Erfrischung brauchten. Tja, und so kam es dann zum erwähnten Sangria-Desaster.

Schwamm drüber. Nun haben wir eine wunderschöne und einigermaßen geschützte kleine Bucht entdeckt, ohne Touristenbadestrand, nur Fischerhütten und ein paar Luxusvillen rundherum. Allerdings, gestern und heute (Juliwochenende, muß ich noch was sagen..¿) tobt hier der Bär. Es ist Krieg: Jetbikes und aufgemotzte spanische Außenborderdingis brettern halsbrecherisch durch die Bucht, dazu Hubschrauberattacken von oben, Geschrei und Gebrüll. Ungesichertes Schnorcheln oder Schwimmen ist nur was für Lebensmüde. Mittlerweile haben wir auch gelernt, daß die Spanier es lieben, sich in unmittelbare Nähe, sozusagen auf Handschüttelweite, neben einen zu legen, auch wenn daneben jede Menge freier Raum ist. Auch erst mal auf Platzsuche mit tief ins Wasser hängendem Anker kreuz und quer durch die vor Anker liegenden Yachten zu fahren, ist sehr beliebt. So ist für Abwechslung immer gesorgt, weil man entweder den Generator des Nachbarn neben der Bordwand rumpeln hört oder den Familienkrach haarklein mitkriegt, oder damit rechnen muß, daß man selbst gleich abgeschleppt wird. Aber zu Beginn der folgenden Woche wird es wieder beschaulicher. Wir bleiben fast eine Woche – solange unser Wasservorrat reicht – und unternehmen ausgedehnte Wanderungen und Radlausflüge.

Nach einer wahrhaft schönen Zeit im Süden Ibizas führt uns die Reise weiter, zunächst zurück nach Mallorca. Über Andratx, wo die Reichen und Schönen zu Hause sind, laufen wir die schroffe Westküste entlang hinauf zum einzigen sicheren Ankerplatz an dieser Seite, nach Puerto Soller. Hier liegen wir einige Tage und warten auf guten Wind. Wir wollen hinüber ans spanische Festland, nach Barcelona! Kurz entschlossen haben wir diesen Abstecher in unser Programm aufgenommen.

Doch zuvor besuchen wir noch – per Ausflugsboot – den Torrente de Pareis. Über Geröll und Schutt und Kiesflächen erwandern wir eine bizarre Landschaft, die ein mittlerweile ausgetrockneter Fluß geschaffen hat. Das Flußbett ist zwischen steil aufragenden Klippen tief in den Fels eingegraben. In einem beeindruckenden Einschnitt zwischen den Bergen öffnet sich das Bett zum Meer hin. Wir sind begeistert.

5 | Großstadtflair

Barcelona, August 2000. Am letzten Samstag in Soller bläst noch ein kräftiger Mistral aus dem Löwengolf . Die Überfahrt ans spanische Festland verschieben wir deshalb auf Sonntag. Am Sonntag nachmittag laden wir uns noch die aktuellen Windvorhersagekarten aus dem Internet herunter. Alles perfekt, also: ankerauf und los! Die ersten zwei, drei Stunden freuen wir uns an herrlichem Segelwind. Unter voller Besegelung geht es mit fünf, sechs Knoten Speed dahin. Später müssen wir die Maschine dazunehmen. Wir genießen einen grandiosen Sonnenuntergang, ohne Landsicht rundum. Türkis, Blau, Rosa, Violett, alles dabei. Zum aufziehenden Sternenhimmel schalten wir die vorgeschriebenen Lichter ein, wozu haben wir's schließlich gelernt¿! Zwei Stunden später haben wir schon drei Sternschnuppen gezählt!

Nachtwache

Zehn Minuten vor Mitternacht: Finstere Nacht, mondlos, nur die Sterne leuchten über uns. Alles ist ruhig. 1 700 Meter bis zum Meeresgrund unter uns; rund fünfzig Seemeilen – geschätzte sieben Stunden – zum Festland. Plötzlich kracht's und scheppert's, das ganze Schiff zittert, wir verlieren abrupt Fahrt. Sofort sind wir hellwach. Erster Griff: Gang raus. Um uns herum watteweiche Dunkelheit, der Horizont verschwimmt im nachtschwarzen Dunst. Zu sehen ist nichts. Nach einiger Überlegung sind wir uns sicher: wir haben ein Fischernetz eingefangen. Volltreffer. Ich denke schon an mitternächtliche Tauchgänge. Doch nach kurzer Zeit und ein paar Manövern „Vor-und-Zurück" nehmen wir wieder Fahrt auf. Im Heckwasser verlieren wir irgendwelches Zeugs, das im Strahl der Taschenlampe grünlich schimmert. Vermutlich durch den Propeller gedrehter Fisch. Wir hoffen, daß wir uns keine Leine auf die Welle gezogen haben. Nach einer viertel, halben Stunde ist einigermaßen klar, daß wir Glück gehabt haben. Der Schock sitzt in den alten Knochen! Der Rest der Fahrt verläuft ruhig und ohne weitere Aufregungen. Schon gegen zwei Uhr, noch vierzig Meilen entfernt, ist der Lichtschein Barcelonas am Horizont zu sehen. In zwanzig Seemeilen Distanz ist die Stadt dann auch zu riechen! Kurz nach sieben Uhr morgens laufen wir unter der Klappbrücke in den riesigen Hafenbereich von Barcelona ein. Die Coco-Crew ist zwar leicht übermüdet, doch stark euphorisch Unsere erste Miniatur-Ozeanüberquerung liegt erfolgreich hinter uns!

Unsere Ankunft melden wir bei einem schwer verschlafenen Marinero über Funk an. Der beordert uns erst mal zum Wartekai. Eine Stunde später, um acht Uhr, ist dann das Büro besetzt und wir werden empfangen. Man weist uns einen Liegeplatz zu. Als wir vom Transitkai ablegen, um Coco zum Liegeplatz zu verholen, stellen wir jedoch zu unserer großen Überraschung fest, daß wir manövrierbehindert sind! Die Maschine setzt jedesmal beim Umschalten von Vor auf Zurück aus. Das hat gerade noch gefehlt! Irgendwas muß in der Schraube sein. Über Funk erbitten wir Unterstützung beim Anlegemanöver, während wir uns langsam der uns zugewiesenen Box nähern. Die erweist sich aber leider als bereits belegt! Und von der zugesagten Unterstützung ist weit und breit nichts zu sehen. Wir disponieren um, solange noch Fahrt im Schiff ist, und steuern zielstrebig stracks die nächste freie Box an. Gerade mit viel Glück und ohne Schramme festgemacht, schnarrt eine Stimme aus dem Funk, dies sei die falsche Box ... Leicht verärgert gebe ich Kontra und schildere die Situation. Mit Hilfe des mittlerweile doch noch hinzu gekommenen Marina-Dingis bugsieren wir uns schließlich aber doch noch in die richtige Box. Willkommen in Barcelona!

Fun Diving im Hafenbecken! Da kommt Stimmung auf! Ich bring's lieber gleich hinter mich. Es kostet einige Überwindung, aber dann springe ich rein, finde in der trüben Brühe unseren Prop und befreie ihn von den eingeklemmten Plastikfolien, die wir wohl hier im Hafen aufgegabelt haben müssen. Problem gelöst. Hinterher erzählt mir Herta von vorbeitreibenden, toten Fischen und anderen schönen Sachen im Hafenwasser. Ich dusche drei Mal sehr intensiv!

Nun liegen wir also in der Marina Port Vell, mitten im Herzen von Barcelona, fünf Minuten vom Gotischen Viertel entfernt. Von diesem ideal gelegenen Basislager aus spulen wir das klassische Barcelona-Programm ab: die alten Stadtteile (Barrios), die Sagrada Familia, Parc Güell, Gaudi, Seilbahn auf den Montjiuch, die olympischen Stadien, Miro, Picasso, eine phantastische Fotoausstellung mit Luftbildern der Erde, eine Barcelona-Rundfahrt mit dem Bus Turistic, die bunten Märkte. Nur Museu de Erotic darf ich nicht ...!

Eines Abends steigt an unserem Steg eine BBQ-Party mit internationaler Beteiligung. Engländer, Kanadier, Amerikaner, Südafrikaner, Australier Deutsche, Italiener und Franzosen liegen hier. Manche für Tage, andere für Monate, ein paar für Jahre! Der Tauschhandel blüht, besonders Bücher finden neue Liebhaber. Es wird fachgesimpelt, und wir bekommen viel Seemansgarn und starken Tobak zu hören. Bier und Wein fließen reichlich, die Holzstege biegen sich unter Kästen und Fässern. Rotwein ist gut gegen hohes Cholesterin. Wenn ich zurück komme, habe ich sicher kein Cholesterinproblem mehr.

Aber dafür ein Alkoholproblem ...!

Coco liegt im Hafen von in Port Vell

6 | Unsere neue Insel-Favoritin

Menorca, August 2000. Eine Woche ist natürlich zu kurz für eine Stadt wie Barcelona. Aber man hat ja nun nicht grenzenlos Zeit. So starten wir am frühen Abend des 8. August zur Rückreise. Über die Nordküste Mallorcas wollen wir weiter nach Menorca. Silbern blinken die Sterne über uns, in der tiefschwarzen See rundherum fluoreszieren Unmengen winziger grüner Plankton-Teilchen. Die Nachtfahrt verläuft problemlos. Für uns. Für andere offenbar nicht, auf Funk hören wir unverständliche Fragmente eines Pan-Pan-Notrufs. Um sieben Uhr empfängt uns ein milchig-milder Morgen am Cap Formentor. Wir runden das Kap und ankern in der Bucht Cala Pino de la Posada. Es ist schön, wieder Insel-Atmosphäre zu spüren!

Am nächsten Tag legen wir uns direkt vor dem Hafen von Pollensa auf Reede, um eine Freundin in Empfang zu nehmen, die uns für eine Woche begleiten wird. Eigentlich wollen wir sofort nach Menorca starten, doch Platzregen und ein fernes, dennoch deutliches, Donnergrollen veranlassen uns, noch einen Tag in Pollensa dranzuhängen. Dann aber verzieht sich das Unwetter, und wir segeln los, Kurs Menorca. Bei kräftigem Seegang opfert Andrea ihr Frühstück dem Gott der Meere, doch fünfeinhalb Stunden später liegen wir schon wohlbehalten im pittoresken Hafenschlauch der Bucht von Ciutadella, gut vertäut im Päckchen.

Besonders imposant wird es, wenn die Mallorca-Fähre in Ciutadella einläuft. Wenn das gewaltige Schiff in dem engen Hafenschlauch auf dem Teller dreht, sind Bug und Heck nur wenige Meter entfernt von der Mole auf der einen und den Päckchen liegenden Yachten auf der anderen Seite. Man hört förmlich, wie sämtliche Freizeitskipper in der ersten Reihe den Atem anhalten …

Der Hafenschlauch von Ciutadella

Unseren abendlichen Spaziergang durch den hübschen, aber von Horden englischer und deutscher Touristen überlaufenen Ort beschließen wir mit einem Dinner in einem der zahlreichen Restaurants an der Hafenmole. Leider treffen wir unter dem großen Angebot eine schlechte Wahl, und so gibt es vertrocknete Navajas (Muscheln, die wie kleine Bambusrohre aussehen – und hier auch so schmecken …) und faden Fisch. Dafür aber eine Rechnung, die sich gewaschen hat.

Weiter segeln wir entlang der schroffen Nordküste Menorcas. Wir entdecken herrliche, teils gut versteckte Ankerbuchten. In der afrikanisch anmutenden Cala Pregonda ankern wir tagelang vor goldener Sand- und Felsenkulisse. Schnorcheln, Schwimmen und lange Strandspaziergänge sind angesagt, Lesen und Sonnenbaden, Lichtschutzfaktor 20 Minimum, versteht sich.

Unsere frisch eingeschiffte Gourmetköchin Andrea verwöhnt uns mit köstlichen Avocado-Canapees und Martini Cocktails, geschüttelt *und* gerührt. Schön, Gäste an Bord zu haben, die sich um das Wohlergehen der Crew Gedanken machen …

Schönes Wetter wechselt sich ab mit Wolken, Böen, Schauern. Ob sich da schon der Herbst ankündigt? Hier auf den Balearen heißt er katalanisch „Primavera de Hivern“, Frühling des Winters. „Frühling“ hin oder her, seit ein paar Tagen ist Sturm im Golfe de Lion. Aber bei uns kommt davon glücklicherweise nicht viel an. Das Thermometer steht konstant bei 30 Grad, doch ein permanenter Luftzug verschafft angenehme Kühlung. Überhaupt: die mediterrane Sommerhitze erleben wir lange nicht so schlimm wie befürchtet. Auch die Ankerbuchten sind hier oben – trotz Hochsaison und Ferientrubel – nicht so überfüllt. Und wenn doch mal, dann lichten sich die Reihen gegen Abend. Wir erleben, dass wir tagsüber ankommen und uns in die letzte noch verbliebene Lücke reinquetschen müssen, und nachts unter dem Sternenhimmel völlig allein liegen.

Nach einer herrlichen Woche in Menorcas Norden erreichen wir den Hafen von Mahon, den zweitgrößten Naturhafen der Welt. Andrea verläßt uns hier, zuhause ruft sie die Arbeit. Wir werden ihre Kochkünste vermissen.

Zunächst legen wir uns für einige Tage in völliger Abgeschiedenheit vom Trubel vor Anker hinter dem Inselchen Lazaretto, vom Zentrum eine halbe Stunde mit dem Fahrrad oder dem Beiboot entfernt, aber dennoch im Hafenbereich. Beim Schnorcheln sehen wir hier am Ankerplatz sogar einen Rochen! Man kann auch mal die Angel reinhalten, doch will ich nicht verhehlen, daß die Fischla hier recht verwöhnt sind. Bei mir beißt jedenfalls keiner; so kaufen wir den Fisch frisch oder tiefgefroren am Markt. Schmecken tut er trotzdem. Oder wir gehen einfach essen. Bisher haben wir allerdings nur wenige kulinarisch lohnenswerte Ziele in Menorca ausgemacht, die meisten sind doch eher auf englischen Geschmack ausgerichtet. Und unsere britischen Freunde sind ja bekanntermaßen schon glücklich, wenn eine Flasche Ketchup am Tisch steht …

Später verlegen wir Coco in eine andere Seitenbucht im riesigen Hafen von Mahon, näher am Geschehen, mit wunderbarem Blick auf die nachts herrlich beleuchtete Altstadt. Von hier aus ist es ein Katzensprung mit dem Dingi in die Stadt, wo unsere Räder an einer Laterne festgekettet sind, bereit für Tagesausflüge. So lernen wir im Lauf der Tage die Stadt Mahon recht gut kennen. Auch ein Abstecher zu einer der prähistorischen Anlagen, die auf der ganzen Insel verstreut zu finden sind, Talaiot de Trepuco, und sogar bis nach Binibequer an der Südküste ist drin. Von dem nachgebauten „authentischen" Fischerdorf sind wir allerdings nur mäßig begeistert.

Eines Morgens wache ich um fünf Uhr auf, schaue raus, und sehe … nichts! Wir sind in dicken Nebel eingehüllt. Ab und zu taucht unser Nachbarschiff, gerade mal fünfzehn Meter entfernt, geisterhaft aus den Schwaden auf. Schaurig

Dicker Morgen-Nebel in Mahon

schön; ob sich heute wohl der fliegende Holländer für einen Kurzbesuch in Mahon angekündigt hat? Der fliegende Holländer besucht uns nicht, dafür Frank und sein Junior Erik. Wir holen die beiden mit dem Dingi ab, und verlegen uns dann an einen der schwimmenden Pontons, deren mehrere im Hafenbereich festgemacht liegen.

Am nächsten Tag starten wir Richtung Südküste. Eine der dortigen Buchten, Cala Covas, Cala Mitjana oder Cala Macarella, soll unser Ziel sein. Doch entgegen allen Wettermeldungen hat ein Tiefdruckgebiet seinen Weg hierher gefunden, wir haben Südwind, Schwell steht in alle Calas der Südküste. Wir legen unsere Robinson-Pläne vorläufig ad acta, runden zügig Menorca Süd und steuern die Cala Santandria an. Eine schmale, tief eingeschnittenen Bucht, an der Westküste südlich von Ciutadella gelegen. Kurz vor Sonnenuntergang fällt der Anker, wir vertäuen Coco achtern mit zwei langen Leinen an den Felsen. Wenn das Tief durch ist, werden wir lossegeln. Da die Vorhersage auf Nordwind lautet, werden wir einen zweiten Versuch starten zu den wunderschönen kleinen Buchten an der Südküste.

Bald darauf schwoit Coco denn auch schon im kristallklaren Wasser der Cala Son Saura. Frank macht Salat mit Speck und Käse, Vollfettstufe, super lecker. Allerdings glaube ich schon zu spüren, wie der Cholesterinspiegel wieder nach oben schnellt. Diesen Effekt bekämpfen wir auf homöopathische Weise mit reichlich Rotwein, dem ja cholesterinsenkende Wirkung nachgesagt wird.

Auch die schöne Cala Macarella besuchen wir, doch der hineinstehende Seegang vergällt uns bald die Freude an der schönen Natur. Der Wind hat nun doch wieder auf Süd gedreht. Wir ziehen die Konsequenzen und nehmen Menorca Nord ins Visier. Dort angekommen allerdings – wie könnte es auch anders sein – kommt der Wind wieder aus Nord. Es ist wie verhext. Bei eineinhalb Meter Welle ist an Ankern in „unserer“ Cala Pregonda nicht zu denken. So brettern wir an den schönen Buchten der westlichen Nordküste vorbei und verziehen uns schließlich in der weitläufigen Bucht von Fornells. Der Skipper der nürnberger Yacht „Cassiopeia“, die in unserer Nähe ankert, versorgt uns reichlich mit Windwarnungen für die kommenden Tage: Mistrallage, 7 Beaufort aus Nordnordost! Das sieht schwer nach einem unfreiwillig verlängerten Aufenthalt in Fornells aus! Und genau so kommt es. Eine steife Brise spannt unsere Ankerkette, bald regnet, donnert, blitzt es. Kurzum, wir bleiben drei volle Tage. Dann bessert sich die Wetterlage, wir nutzen das Fenster und machen uns wieder auf den Weg.

Nach einem Overnightstop in der Cala Pudent, einem hübschen Platz mit klarem Wasser inmitten bizarrer Felsen, laufen wir in die trickreiche Einfahrt nach Addaya ein. Wir gehen zunächst an die Pier des winzig kleinen Hafens, weil uns Frank und Erik morgen hier verlassen werden. Im Office geht es geruhsam und familiär zu. Zum Einklarieren soll ich doch bitte morgen noch mal vorbeischauen, wenn's genehm sei. Die meisten der wenigen Liegeplätze seien fest vermietet, aber wir können an unserem Platz bleiben, solange keiner was sagt. Dennoch verlegen wir uns am nächsten Tag in die Bucht vor Anker. Kostenlos ist halt doch billiger als der billigste Hafenplatz. Und die Bucht bietet hervorragenden natürlichen Schutz. Wir bleiben sieben Tage und erholen uns exzessiv von den seglerischen Strapazen der vergangenen Wochen.

7 | Schlechte Zeiten für Schönwettersegler

Mallorca, September 2000. Nach unserem ausgedehnten Aufenthalt auf Menorca, wo wir zuletzt in der abgeschiedenen Bucht von Addaya neue Kräfte tankten, folgen wir nun doch wieder dem Ruf der Zivilisation. Am 16. September, bei frischer Brise mit vier Beaufort aus SSW, segeln wir Kurs Südwest. Knallhart am Wind schaffen wir Rumpfgeschwindigkeit, acht Knoten Speed! Es geht hinüber nach Mallorca, zu den letzten Etappen der verbleibenden vier Wochen.

Dort in Porto Pollensa vor Anker liegend, erleben wir ein Unwetter der besonderen Art: binnen Minuten verdunkelt sich der Himmel, Böen und wolkenbruchartige Regenfälle fegen über die Berge heran. In beängstigendem Tempo schwojen die Ankerlieger hin und her, die Yachten zerren kräftig an ihren Ketten. Dann schüttet es wie aus Kübeln. Sicht gleich Null. Zwanzig Minuten später ist der Spuk vorbei, die Sonne lacht!

Nach einigen stürmischen Tagen in Pollensa dann wieder Flaute und Sonne. Wir motoren an der Ostküste gen Süden. In Cala Ratjada werden wir des Abends gar mit einem Feuerwerk begrüßt. Ob es wohl *unsere* Ankunft ist, die da so freudig gefeiert wird? Sehr freundlich.

Porto Colom, der Naturhafen an der Ostküste Mallorcas, wird für eine Woche unsere Heimat. Ein Gewitter nach dem anderen lassen wir über uns ergehen. Jeden Tag wird es kälter, der Himmel ist dick bewölkt. Manchmal sieht es wieder freundlich aus, doch dann ist wieder Starkwind und Gewitter angesagt. Eines Abends ist es dann soweit: wir müssen die Standheizung anwerfen!

Auf Fliegenjagd

Vor den ständigen Gewittergüssen verkriechen nicht nur wir uns im Schiffsinnern. Auch die Stubenfliegen der Gegend suchen Ruhe und Beschaulichkeit und finden ihr Rückzugsgebiet bei uns im Schiff. Während Herta Seekarten studiert, gehe ich also auf die Pirsch und jage Trillionen nervender Fliegen. Gräßlich.

In Porto Colom verabreden wir uns mit unserem Schwesterschiff „Juju", deren Skipperpaar wir hier vor einiger Zeit kennen gelernt haben. Tags darauf veranstalten wir eine private Fun-Regatta; gemeinsam segeln die beiden Moodys zu dem naturgeschützten Inselarchipel Cabrera südlich von Mallorca. Das Permit haben wir bereits in der Tasche. Nochmal ein paar Tage Natur pur. Ohne Tourismus, ohne Bars, ohne Tavernen. Allerdings wird es nun langsam doch empfindlich kalt. Auf unseren „Bergtouren" über die Insel ist warmes Fleece die erste Wahl. Schnorcheln und Schwimmen reduzieren wir auf ein Minimum, das Wasser nähert sich so langsam der Gefriergrenze, gefühlt.

Von hier aus führt unser Törn nochmal zurück nach Porto Colom, wo wir einige kulinarische Erkundungstouren unternehmen, anhand unseres Restaurantführers und von im Lauf der Zeit hie und da aufgeschnappten Geheimtipps.

Kulinarisch hat Mallorca einiges zu bieten. Ausgezeichnete Restaurants sind über die ganze Insel verstreut, manchmal an Orten tief im Hinterland versteckt, wo man sie nicht suchen würde, wüßte man nicht von ihrer Existenz. Die Mallorquiner selbst stehen zwar eher auf deftige Kost und nicht so sehr auf die feine Mittelmeerküche. Doch die wird dann eher von Deutschen oder von Schweizern in entsprechenden Tempeln zelebriert. Die weitesten Fahrten in die abgelegensten Gehöfte können sich lohnen.

Mit einem Mietwagen machen wir noch für einige Tage die Straßen Mallorcas rallyemäßig unsicher. Der nordöstliche Teil Mallorcas ist eher flach und landschaftlich ein wenig langweilig. Ausblick- und fahrtechnisch gefällt uns die südliche Westküste am besten, dort gibt es spannende Bergsträßchen mit rasanten Serpentinen-Strecken, hübsche Künstlerdörfer und immer wieder atemberaubende Aussichten auf's Meer.

8 | Vorfreude auf fränkische Kaminabende

Mallorca, Oktober 2000. Coco liegt vor Porto Petro im Südosten. In dem kleinen Naturhafen haben wir an einer gelben Ankerboje festgemacht. Nagelneu und kostenlos. Kaum zu glauben bei den gepfefferten Preisen, die sonst auf den Balearen für Liegegebühren verlangt werden. Vielleicht wird aber an den Bojen nur in der Hochsaison abkassiert? Wir wissen's nicht und es ist uns auch egal. Uns gefällt's jedenfalls viel besser als in der Marina und wir fühlen uns bei Starkwind und schlechtem Wetter etwas sicherer als vor Anker. Und gewiss ist es sicherer als im engen Hafen an der Betonpier. Die Bojen sind nagelneu und jede ist an drei (!) Betonblöcken verankert.

Apropos Wetter: Selbiges läßt doch immer mehr zu wünschen übrig. Mittlerweile sind wir schon froh, wenn es mal nicht regnet, oder wenn die 20-Grad-Marke erreicht wird. Unsere Schläge planen wir seit ein, zwei Wochen praktisch nur noch nach der Erreichbarkeit sturmsicherer Häfen. Auch heute wieder alles dick bewölkt, und es donnert und blitzt rundherum, und gerade beginnt es auch zu schütten. Die Vorhersage lautet auf Wind 4 bis 5, das ist ja ok, aber dazu Regenschauer und Gewitter, pfuideibel. Das erleichtert uns natürlich den Abschied und trägt zur Vorfreude auf gemütliche fränkische Herbstabende am Kaminfeuer bei.

Am 9. Oktober wollen wir in Palma sein und ab dem 10. mit dem Einmotten anfangen. Segel abschlagen, Polster rausmachen und reinigen, ein paar Kleinigkeiten reparieren usw. Außerdem gibt's noch einiges wegen des Winterlagers zu besprechen. Doch wir wollen nicht hetzen; man will ja erholt nach Hause kommen :-))

Trotzdem machen wir uns am 7. Oktober auf den Weg. Es sind noch vierzig Meilen nach Palma. Unterwegs wollen wir noch den einen oder anderen Stopover einlegen. Als wir gerade in der engen Cala Pi ankern und die Landleinen ausbringen wollen, fährt eine Horde lärmender Crews einen Generalangriff auf die Bucht, so dass wir uns beeilen, hier unbeschädigt wieder rauszukommen.

Marina Estanyols ist eine Frechheit: Gäste liegen an der nahezu ungeschützten Transitpier, das aber zum Horrorpreis. Auch die Umgebung zeichnet sich durch ausgesprochene Unattraktivität aus. So fällt uns der Abschied am nächsten Morgen leicht.

Der direkte Weg nach Palma wird aber noch ein weiteres Mal verschoben, zugunsten eines Umwegs nach Andratx. In einem der dortigen Feinschmeckertempel gönnen wir uns ein Gourmet-Abschiedsessen: Tartar vom Anchovis, Lubina im Salzmantel, Fruta di bosco auf Crema Catalan. Köstlich! Können schon kochen, diese Mallorquiner!

Aber schließlich rücken doch die letzten Meilen erbarmungslos näher. Vor Palma legen wir noch einige zusätzliche Kreuzschläge ein, damit wir nicht mit einem nur dreistelligen Loggestand von diesem Törn heimkehren, was unser leistungshungriger Freund Alfred sicher nicht als gute Leistung werten würde ... Erst als wir die Zahl „1 001“ auf dem Display sehen, drehen wir den Bug in Richtung der Einfahrtsbefeuerung unseres „Heimathafens“.

Die folgenden Tage sind angefüllt mit Einwinterungs-Arbeiten – und schneller als erwartet ist er da: der Tag der Abreise! Trotz aller Vorfreude auf zuhause: der Abschied fällt wieder mal schwer.

Wann hatten wir je einen solchen Sommer?

PS: Die in den letzten Wochen von mehreren Seiten an uns herangetragene Frage „Kann man danach wieder ein normales Leben führen?“ können wir einigermaßen beantworten: Ja, kann man. Wir freuen uns auf unser „festes“ Zuhause, auf's Frankenland, auf Bratwürscht'l und auf die Freunde. Auch auf die Arbeit.

Aber wir freuen uns auch schon auf den nächsten Törn: Sardinien, Korsika, Sizilien, Liparische Inseln, Maddalena-Archipel undundund.

Drei bis vier Monate Segeln pro Jahr sind ideal. Das ist eine ausgezeichnete Mischung, eigentlich die beste Lebensform, die wir uns derzeit vorstellen können. Man wird ja in vier Monaten kein völlig anderer Mensch. Und es wachsen einem in dieser Zeit auch keine Schwimmhäute.

***

Vor Anker in der
Cala Binirras, Ibiza

Cala Porroig, Ibiza

Ibiza Stadt:
Nightlife in der Dalt Vila

Rauschende Fahrt
unter vollen Segeln

Cala Pregonda
im Norden Menorcas

Architektonische
Impressionen
auf Menorca

Stiller Ankerplatz
in der Cala Macarella
(Menorca Süd)

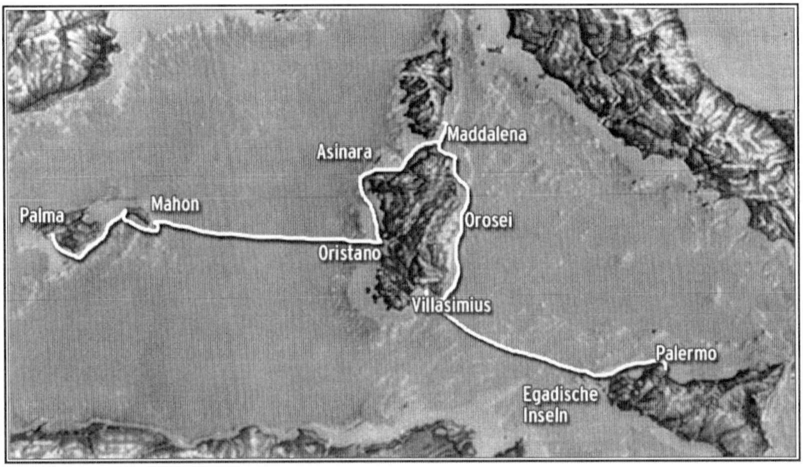

Coco's Reiseroute 2001 (1400 Seemeilen, ca. 2 600 Kilometer):
Mallorca – Menorca – Sardinien – Korsika – Sizilien

9 | Törnstart mit Tücken

Mallorca, Juni 2001. Tag 1: Aufstehen um drei Uhr morgens trägt nachvollziehbarerweise definitiv nicht dazu bei, die Stimmung der Familie Loydl wesentlich zu heben. Doch leider beginnt die Geschichte unserer zweiten Segelsaison genau so. Dann, nach sechsunddreißig Stunden unterschiedlichster Stadien von Wach- und Halbwachzuständen, gerade in Palma angekommen, bricht sich mein Schatz auch noch am Gepäckband den Fingernagel ab, den frisch lackierten. Gar kein guter Start!

Kurz darauf an Bord, 0900, die Koffer sind grad ausgepackt, steht auch schon der Tage zuvor bestellte Mechaniker vor der Tür, um den Motorservice für unser grünes Volvomonster zu machen. Muss das grade jetzt sein? Nun ist das ja alles nicht so riesig auf so einem Schiff, ausweichen ist nicht drin. Also lege ich mich ein paar Stunden lang mit dem Mechanico unter Deck. Dieselduft einatmen, diverse Öle wechseln, Leitungen entlüften, eben alles was man so im Urlaub frühmorgens und unausgeschlafen gerne macht! Dabei finden wir so den einen und anderen kleinen Defekt, der nicht so schnell zu beheben ist (Kühlwasserpumpe, Laderegler ...). Es kristallisiert sich schnell heraus, daß wir wohl nicht am Sonntag wie geplant auslaufen werden. Auch der neue Anker ist leider noch nicht eingetroffen, wohingegen wir den alten ja letzes Jahr verkauft haben. Ohne Anker ist das aber nix auf so einem Segelschiff. Also abwarten.

Notiz am Rande: Spurlos verschwunden während unseres Winterpause sind mein heißgeliebeter Leatherman, das Curreymesser am Niedergang, Securityblende vom CD-Player. Hmmm.

Wir kaufen erstmal groß ein, dafür haben wir ja das Auto! Also auf zum Megasupermarkt in Palma und zwei Rieseneinkaufswägen voll gemacht mit Wasser, Bier, Wein, Limo, Obst und anderem Schwergewichtigem. Mit dem voll beladenen Einkaufswagen fahre ich Herta übern Zeh, das kommt nicht so gut ... Wir stärken uns mit einem Sandwich, wobei ich mir gleich auf den schmerzenden Backenzahn beiße, ausgleichende Gerechtigkeit nennt man das wohl. Damit wären wir dann auch wieder quitt. Sodann bringen wir unsere Fahrräder zum Service, auch, um die zwei Ende letzter Saison geklauten Vorderräder zu ersetzen. Am Rückweg gönnen wir uns noch ein, zwei Caipirinhas als Schlummertrunk, die hauen uns endgültig um. Das war irgendwie auch nicht unser Tag!

Tag 2: Ausgeschlafen sieht die Welt schon viel besser aus! Wir riggen die Genua, kein Problem. Nur das Rollgroß kriegen wir nicht aus dem Mast, es klemmt. Naja, ist ja bloß das Hauptsegel ...! Mandy, eine nette Engländerin zur See, zeigt mir, wie man Winschen zerlegt, reinigt, schmiert und wieder zusammenbaut. Was mir vorher nicht so ganz bewußt war, wird nun zur unumstößlichen Tatsache: wir haben 10 (z e h n) von diesen Dingern an Bord. Der Vorbesitzer hatte wohl ein besonderes Faible für glänzenden Edelstahl an Deck! Zehn Winschen zu durchschnittlich je einer Stunde Arbeit, in den nächsten Tage wird's uns sicher nicht langweilig werden!

Doch auch heute ist von Langeweile keine Rede. Ich besorge Ersatz für den in unserer Abwesenheit ebenfalls „verloren“ gegangenen CD-Player. Guillermo, der äußerst freundliche Inhaber des Autoradioladens in downtown Palma, schaut mich an und meint auf meine Frage bezüglich Einbau zuversichtlich: „no problemo!“ Das kann ja jeder Depp, denkt der sich wohl. Es sei ja eh alles genormt. „Plug and play, kennt man ja vom PC“, geht mir noch durch den Kopf, doch die südlich Hitze lähmt wohl für kurze Zeit meine Klarsicht und ich schlage zu. Zurück an Bord baue ich frohen Mutes das alte Gerät aus und das neue ein, ein Klacks. Jetzt nur noch anschließen, und Carlos Santana kann loslegen. Nach ein, zwei Stunden habe ich dann auch schon die insgesamt elf Kabel ruckzuck richtig angeschlossen, von wegen genormte Anschlüsse. Als Carlos dann tatsächlich losjault bin ich mächtig stolz auf mich! Herta auch! Was macht das schon, wenn ich Rechts und Links verwechselt habe mit Salon und Cockpit, Hauptsache Rock'n'Roll! Das kann man ja später mal in einer Bucht umklemmen. Was wäre ich ohne den Satz Klemmen, Kabelverbinder, Stecker etc, den mir unser unbezahlbarer heimischer Automechaniker in weiser Voraussicht auf den Törn mitgegeben hat.

vorher

nachher

Tag 3: Freitag der Fünfzehnte! Fängt trotzdem gut an. Unsere alten Cockpitpolster sind völlig am Ende, wir haben aber jemanden gefunden, der uns neue Bezüge in genau dem Stoff machen will, den wir uns vorgestellt haben. Und das bis Anfang nächster Woche. Notfalls werden uns die fertigen Bezüge auch überall hin nachgeliefert, jedenfalls auf Mallorca. Das sind doch mal gute Neuigkeiten. Kosten sollen die Dinger zwar so viel wie eine komplette Gartenbestuhlung aus feinstem Teak, doch wie heißt es so schön: „Sailing is the most expensive way to travel uncomfortably“. Da ist wohl was Wahres dran! Und auf Mallorca gilt das noch mehr als anderswo. Nicht umsonst haben wir uns für die nächste Saison ein günstigeres Winterlager gesucht! Doch was sein muss, muss sein, also bestellen wir. Der Punkt ist damit abgehakt. Anruf vom Mechanico: Lichtmaschine irreparabel, brauchen eine neue.

Hätten wir das vorher gewußt ... Also gut, bitte bestellen! Ok, geht aber frühestens Mittwoch. Nach zäher Verhandlung geht's dann aber doch bis Dienstag. Zuverlässig.

So, die Erlebnisse der Folgetage jetzt im Schnelldurchgang: die beiden, je zirka 130 Euro teuren, neu eingebauten Toilettenpumpen funktionieren einwandfrei. Zunächst jedenfalls. Die Bugtoilette dann aber bald nicht mehr. Diagnose: Abfluss-Schlauch verstopft! Ausbau ist angesagt. Da Moody ja bekannt ist für gut und robust gebaute Schiffe, verlegen die so einen Abflußschlauch auch nicht einfach mal so locker hinter der Wand, nein, die klipsen die Dinger an mehreren Stellen sauber mit Schlauchschellen an der Bordwand fest; danach bauen sie dann massive Innenwände davor. Also kreischen bald fröhlich die Motorsägen an unserem GFK-Innenausbau, mir wird etwas übel, und diesmal liegt es wirklich nicht an der Seekrankheit.

Weil wir grad' so schön dabei sind, tauschen wir auch noch die Bilgenpumpe aus gegen eine neue. So richtig funktionieren tut zwar die neue auch nicht, obwohl 50 % stärker (und teurer), aber wir haben ja noch die Handlenzpumpe ... Ich repariere auf unserer Baustelle gleich noch den kaputten Cockpitlautsprecher mit Superglue und Silikon, da fällt bestimmt nichts mehr auseinander! Herta putzt und wienert was das Zeug hält, mit einem spanischen Zaubermittel (Chlor- oder Schwefelsäure oder so was ähnliches) blitzen bald alle Chromteile wie nie zuvor. Nur aufs Schiff darf nichts tropfen, sonst gehen wir wahrscheinlich sofort auf Grund! Oben höre ich mein Goldstück fluchen, beim Reinigen der Biminis ist wohl eine Naht gerissen. Sie trägt's mit Fassung und näht's gleich wieder, wir gewöhnen uns langsam wieder ans Bordleben.

Mittlerweile noch auf der Vermisstenliste: unser Garmin Hand-GPS, das Angelzeug, ein Taschenmesser, eine Digital-Armbanduhr, ein Mini-Maglite, und am schlimmsten: meine vier Lieblings-Badehorts! Jetzt bin ich aber wirklich sauer! Da scheint wohl jemand in unserer Abwesenheit gewissenhaft aufgeräumt zu haben ...

In den nächsten Tagen kaufen wir alle wichtigen Dinge nach, putzen und wienern noch mehr, lassen das Rigg gleich noch vom Fachmann durchchecken, testen die ganze Bordelektronik, ersetzen defekte Navigationslichter, justieren die Windanzeige neu, essen dazwischen exzellente Tapas und guten Fisch. Die guten Momente werden mehr.

Dann also Abfahrt. Zunächst wollen wir nach Cabrera, dann entlang der West- oder Ostküste hoch in die Bahia de Pollensa im Norden Mallorcas, dann rüber nach Menorca. Soweit die Planung …

Bordfrau = Putzfrau??

10 | Endlich Urlaub!!

Menorca – Sardinien, Juli 2001. Ein ruhiger und bewölkter Tag, ideal für journalistische Tätigkeit, ein Bürotag. Also tippe ich mal die neuesten Facts:

Nach den ersten eineinhalb Wochen in Palma de Mallorca werfen wir am 21. Juni Leinen los und segeln Richtung Südost, unser Ziel ist wieder mal das Naturreservat Cabrera. Das Permit haben wir in der Tasche. Nach einer Stunde auf See befinden wir, daß der Wind nicht günstig steht für Südostkurs (geradewegs daher kommt er) und gehen auf Westkurs. Aus Andratx, wo wir die Nacht bleiben – der zweiten Heimat von Claudia Schiffer und Michael Douglas – stammte mein letzer Bericht.

Der nächste Tag ist ein schöner Segeltag mit wenig Wind :-) und spiegelglatter See. Am Abend sind wir in Soller, der einzigen gut geschützten Bucht an der Westküste. Beim Bummel durch den netten Ort im Hinterland erleidet Herta einen kurzen Anfall von Shoppingitis in einem schnuckeligen La Perla Laden, aber die unmittelbar folgende VISA-Therapie führt zu schneller und wohl auch nachhaltiger Heilung. Schon am nächsten Tag sind wir im Norden, in der Bucht von Pollensa.

Hier weht es nicht schlecht, es ist ein bekanntes Surfrevier. Unser erstes Delfinpärchen begleitet uns eine Weile. Hinter der kleinen Isla de Pina Posada wollen wir windgeschützt ankern. Zu unserer Überraschung sind nagelneue Bojen ausgelegt. Wir greifen uns eine und machen fest. Da brettert auch schon ein PS-starkes Gummiboot heran, freundliche Begrüßung, der Naturschutz habe in dieser Bucht Einzug gehalten, die Vegetation am Grund soll vor den Ankern der Yachten geschützt werden. Lobenswert. Aber „welche Vegetation“, frage ich mich. Ob's uns was ausmacht, wenn sie gleich kassieren¿ Naja, klar, Umweltschutz darf schon kosten. 3500 Pesetas¿ 20 Euro¿ Na, das ist uns dann doch etwas zu happig für eine Boje, die wir weder wollen noch brauchen. Da wünschen wir dann doch lieber viel Erfolg bei anderen Seglern und machen uns davon. Eine Meile weiter südlich gehen wir hinter einer Landzunge vor Anker. Hinter dem schwarzen Scherenschnitt der Bergkulisse geht die Sonne glutrot unter, eine scharfe, dünne Mondsichel erscheint. Hier wollen wir auf passenden Wind für die Überfahrt nach Menorca warten.

Schon am nächsten Morgen paßt's einigermaßen. Das Wasser ist wieder glatt wie ein Binnensee. Wir gehen ankerauf und setzen Segel. Dazu lassen wir den Volvo nachhelfen. Zwei Stunden später herrlicher Segelwind! Sechs Stunden später ankern wir in menorkinischen Gewässern (für die Eingeweihten: Cala Santandria, Nähe Ciutadella) und machen achtern unsere Landleine am Felsen fest.

Wir sind noch mitten im Gefecht, haben den Anker noch nicht in den Grund gezogen, da kommt eine französische Segelyacht herein und wirft den ihren ruckzuck neben den unseren, wenige Meter entfernt und natürlich in Luv (windzugewandte Seite; das ist schlecht, sehr schlecht ...). Es kommt wie es kommen muss: nur Minuten später hängen sie voll in unserer Kette. Das Positive dabei: jetzt können wir uns das Reinziehen unseres Ankers sparen, denn wenn er so schon beide Schiffe hält, dann sitzt er ...!

Beim zweiten Versuch greift uns der Feind breitseits an. Wir verteidigen uns mit allen Fendern deren wir habhaft werden. Nach langem Hin und Her schaffen sie es, sich einigermaßen von uns fernzuhalten; ich bitte den Kapitänskollegen um etwas mehr Abstand. Er findet es schon auch etwas knapp, doch er eröffnet mir, daß ja noch seine Freunde daneben passen müßten, die ihr Eintreffen in Bälde angedroht haben. Welche Freude! Zweiter Akt: die Verstärkung der französischen Truppen zur See! Wir erleben, daß man alles übertreffen kann. Ich mach's kurz: mit Hilfe zweier Schiffsbesatzungen (eine bremer, eine nürnberger) liegen nach einer Stunde schließlich zwei Franzosendampfer friedlich vertäut zwischen uns. Wir hoffen auf eine ruhige Nacht. Da der Kontakt zu der bremer Yacht bereits hergestellt ist, erfahren wir, daß auch dort die Überfahrt nach Sardinien geplant ist. Vielleicht ergibt sich ja ein Flottenverbund? Nach dem kulinarisch äußerst bemerkenswerten Dinner von Herta Schubeck an Bord verlegen wir unsere Landleine dann noch etwas weg von der (feindlichen ...?) Flotte. Die Koje ruft.

Der nächste Tag beginnt friedlich. Frankreich verläßt die Bucht. Entspannung. Ein ruhiger Tag. Nachmittags, wir wollen gerade per Dingi zum Einkaufen an Land, läuft eine schöne Contest 42 ein und – wir glauben es nicht – wirft ihren Anker … neben uns in Luv. Unser freundschaftlicher Protest nützt nichts. Was haben wir nur verbrochen?? Nun auch Landsleute gegen uns? Es bewährt sich, daß wir gestern trainiert haben, der Feind kommt also heute aus dem eigenen Lager und ist um einiges größer! Fortsetzung s. o. Unsere Kette hält schon was aus, V4 Edelstahl, ich sag's ja. Wer springt wieder rein, wer winscht die Landleinen der Yacht fest? Ja bin ich denn der ADAC?!

Immerhin gibt's diesmal eine feine Flasche Schampus als Dankeschön. Ich beruhige mich, die Freundschaft ist wieder hergestellt.

Die nächsten Tage segeln wir bei meist herrlichem 4–5er Wind entlang Menorcas Nordküste nach Mahon. Es gibt wenig Mißgeschicke zu berichten, nur Angenehmes; wen interessiert das schon?

Mahon soll unser Ausgangspunkt für den langen Schlag nach Sardinien werden. Als wir später dort an der Pier Diesel bunkern, legt neben uns eine große Motoryacht an, eine Pershing 48. Kommt soeben aus Sardinien, Dauer der Überfahrt: sechs Stunden! Verbrauch: eintausendundzweihundert Liter Diesel! Andere Dimensionen. Wir rechnen mit fünfunddreissig bis vierzig Stunden, weather permitting, of course. Und mit zehn bis zwanzig Litern Diesel. Wenn überhaupt.

Der Wetterbericht verspricht Gutes: West bis Nordwest vier bis fünf. Haargenau das, was wir brauchen! Wecker auf Nullachthundert! Ausgerechnet in dieser Nacht nerven die Moskitos! Vorteil: so sind wir schon um 0600 wach und kommen zwei Stunden früher los als geplant; damit müßten wir unser Ziel problemlos noch bei Licht des folgenden Tages erreichen! Wind ist achterlich, wir baumen aus und segeln Schmetterling. Coco rollt, ich schlucke Stutgeron. Wir opfern Rasmus den Rest meines heiß geliebten mallorquinischen Hierbas, bedanken uns für die schöne Zeit auf den Balearen und erbitten Glück für Italien. Dies scheint ihm zu gefallen, er ist uns wohlgesonnen: nach ein paar Stunden kommt der Wind im idealen Winkel, die Segel stehen stramm an Steuerbord – und so segeln wir durch, sechsunddreißig Stunden, ohne auch nur einmal groß dran zu zupfen! Unterwegs sichten wir zwei Meeresschildkröten!

Während der Überfahrt wechseln wir uns im Zweistunden-Rhythmus ab. Nur wenige Male sehen wir nachts Lichter am Horizont, wir sind praktisch allein. Mit zwei- bis dreitausend Metern Wasser unter uns. Die Gefühle sind gemischt.

Am nächsten Morgen um 0935 empfangen wir erstmals Sprechfunk von Radio Cagliari! Um 1300 sehen wir die ersten Vögel. Wir legen Bocelli's „Viaggio Italiano" auf. Um 1525 erster Blick auf Sardinien voraus! Wir setzen die italienische Gastlandsflagge. 1650 die Begrüßung wie bestellt: ein ganzer Trupp Delfine spielt um uns herum!! Was für ein Schauspiel! Und was für eine Überfahrt!! 1810 fällt im rosaroten Abendlicht der Anker auf italienischem – sardischem – Grund, im Golf von Oristano. Wir genehmigen uns den wohlverdienten Manöverschluck, schwimmen, essen etwas und dezimieren dazu den spanischen Tinto, um an Bord Raum für italienischen Vino Rosso zu schaffen. Wir genießen unseren Erfolg und die Ruhe!

Diese Gegend Sardiniens ist seglerisch weit weniger überlaufen als unser bisheriges balearisches Revier; zumindest hier an der Westküste und soweit wir bisher sehen können. Auf Landgängen erleben wir, dass die Sarden ein sehr freundliches Völkchen sind, wir fühlen uns hier überall sehr wohl. Und sie lieben gutes Essen, auch kein schlechter Charakterzug.

Doch über Sardinien später mehr.

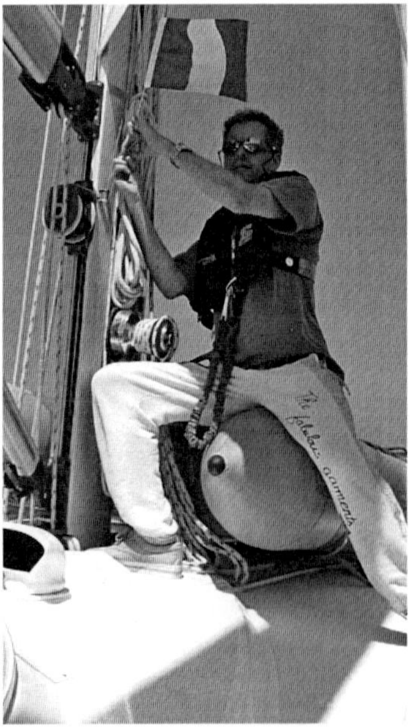

La Bandera Italiana

11 | Dolce Vita und Schwerwetter

Sardinien, Juli 2001. Die Rügen und Mahnungen häufen sich in letzter Zeit, so daß ich mich nun doch zur Reaktion genötigt sehe. In Anbetracht des täglichen Stresses, dem man als Segler so ausgesetzt ist (Einkaufen, Bad putzen, Cockpit mit Canubawachs polieren, schnorchelnd Ankerhalt prüfen, Radfahren, Schiffsausrüster besuchen, Batterien laden, Wasser bunkern, Buch über Dieselmotoren lesen, Buch über Außenbordmotoren lesen, Italienisch lernen, Obstsalat machen, Abwasch, Rotwein verkosten, kaufen und zum Schiff schleppen ...) bitte ich um großzügige Nachsicht. Ich tue mein Bestes!

Vor gut vier Wochen waren wir ja nun gerade in Sardinien angekommen und glücklich über die schöne und leichte Überfahrt. Wir ankern zunächst im Golf von Oristano, kaum hundert Meter entfernt von den Ruinen der alten punisch-römischen Stadt Tharros. Unsere wichtigste Sorge der ersten Tage ist es, den Bestand an spanischem Tinto zu reduzieren, um Platz für sardischen Rosso zu schaffen. Das gelingt uns ohne nennenswerte Anstrengungen. Ansonsten ist Ausruhen angesagt.

Erholt und gestärkt bringen wir unsere Klappmountainbikes im Beiboot an Land. Sofort bildet sich ein kleiner Menschenauflauf, alle wollen wissen woher, wohin, was sind das für Räder, quanto costano, usw. Die Radlbegeisterung ist auch in Sardinien groß. Als ausgewiesene fanatische Biker (wer sonst würde nahezu den gesamten Platz im Salon für zwei Klappräder opfern¿) dürfen wir natürlich auch das Dingi am Anlegesteg der Fischer parken, gar keine Frage!

Die ersten Tour führt uns gleich zwanzig Kilometer weit, in den Ort Oristano, in der größten Mittagshitze, natürlich. Alle Geschäfte haben von 13 bis 17 Uhr geschlossen, hätten wir ja auch dran denken können! Also gönnen uns erst mal einen wunderbaren Eiscaffe alla Vaniglia. Gegen 1700 öffnen nach und nach die Läden. Wir kaufen die zwei momentan wichtigsten Dinge: eine italienische Handy-Telefonkarte (für Internetzugang) und ein Wörterbuch. Mit Deutsch und Englisch kann praktisch niemand was anfangen. Wenn überhaupt, dann mit Französisch. Macht nichts, das schadet uns sicher nicht, und ist außerdem meist ziemlich lustig. Die Sarden sind sehr rücksichtsvoll und geben sich die allergrößte Mühe, wenn sie merken, daß man es nur versucht. Das Grundrezept ist einfach: laut reden, kräftig gestikulieren. Pantomimische Fähigkeiten sind hilfreich. So entwickeln sich die Gespräche meist zu wort- und gestenreichen Schauspielen, und am Ende versteht man sich. Einigermaßen jedenfalls. Auf diese Weise komme ich noch am selben Tag zu einer kompletten Angelausrüstung. Eigentlich will ich als absoluter Laie mich in dem Laden nur mal informieren, welche Ausrüstung etwa empfehlenswert ist, welche Köder gut sind, wie denn so eine Spule funktioniert ... Doch da nimmt die Entwicklung schon ihren Lauf: nicht nur der Verkäufer nebst Frau und Familie, auch die gerade anwesende Kundschaft nimmt schnell regen Anteil. Und so kann jeder etwas beitragen, die Articoli häufen sich auf dem Tresen, Bleigewichte nicht vergessen, und außerdem braucht man noch diesunddas. Schon bin ich stolzer Besitzer einer professionellen Angelausrüstung! Eine Stunde hat das Ganze gedauert, wir sind mittlerweile buoni amici und nennen uns alle beim Vornamen.

Um es gleich vorweg zu nehmen: angebissen hat noch nichts. Doch das liegt sicher an mir oder falschen Ködern oder einfach an den cleveren Mittelmeerfischchen, oder an allem zusammen. Ezio, ein sardischer Fischer, den wir kennengelernt haben (aber das ist eine andere Geschichte, dazu später mehr) erzählte uns auch, daß der Fischfang sehr schwierig geworden ist. Das tröstet mich, wenn selbst die Profis jammern!

Schnell verfestigt sich der jedenfalls Eindruck, daß die Sarden äußerst herzliche und aufgeschlossene Menschen sind. Egal ob im Mercato oder im Gemüseladen an der Ecke, ob in der Marina oder im Ristorante, Freundlichkeit ist der Normalfall. Und man nimmt sich Zeit.

Am vierten Tag verlassen wir unseren Ankerplatz mit Kurs Nord. Das Baro beginnt zu fallen, aber es ist schön und die Wettervorhersage paßt. Da der Wind aus Nordost kommt, ankern wir in einer nach Süd offenen Bucht am Capo Mannu. Gegen abend dreht der wind innerhalb einer viertel Stunde auf Südost, es ist trocken und sehr heiß. Das Baro steht jetzt auf 1008, gestern 1018. Zehn Hektopascal innerhalb eines Tages: schlechtes Zeichen. Es kommt wie es kommen muss, nachts steht eine kräftige Brise aus Süd in unsere Bucht und wir werden schön durchgeschaukelt. Leicht genervt höre ich um 0330 die supergute und zuverlässige italienische Wettervorhersage über UKW-Funk ab: Südost Sechs. Nicht dramatisch, aber doch schlecht für unseren Ankerplatz. Kurz nach 0800 beschließen wir genervt: weg hier! Da es an diesem Küstenabschnitt kaum einen geschützten Ankerplatz gibt, wollen wir zirka dreißig Seemeilen hinauf nach Norden in die geschützte Marina Bosa oder gleich weiter in die vielversprechende Kleinstadt Alghero, je nach Wetterbedingungen. Die Windvorhersage ist zwar nicht unser Traum, aber von achtern, das geht schon.

Nun, da irren wir uns gewaltig! Als wir draußen sind, steht unsere Windanzeige sogleich auf Stärke 8, in Böen pfeifen uns bis zu 42 Knoten um die Ohren und wir werden kräftig geduscht. Coco macht 8 Knoten Fahrt mit Minimalstbesegelung, das ist Höchstgeschwindigkeit. Längst tragen wir Schwerwetterklamotten, Schwimmwesten und sind mit Lifebelts am Schiff gesichert. Die Wellen schütteln uns gewaltig durch, Achterbahnfeeling. Ständig kommt Wasser über. So kann das nicht weitergehen. Also wenden wir nach zirka acht Seemeilen und brettern ein Stück gegenan, Ziel nördliche Einbuchtung am Capo Mannu. Nach unserer Karte soll dort gut haltender Sandgrund sein, und der Schwell müßte erträglich sein, weil ablandig. Als wir ankommen ist kein Mensch da, wen wundert's. Hier werfen wir erstmal Anker und wollen die weitere Entwickung abwarten. Bequem ist es nicht, aber es geht. Wir geben Kette was wir haben. Abends kommt noch ein zweiter Segler rein, der es sich vermutlich draußen auch anders vorgestellt hat.

Einen Tag und eine Nacht kachelt's durch. Am übernächsten Morgen pfeift immer noch ein flotter Sechser. Wir überlegen unsere weiteren Pläne. Der Forecast sagt abflauend voraus, dann aber wieder Starkwind. Die Lücke wollen wir nutzen. Während wir noch diskutieren, beobachten wir, wie zwei Jungs in einem Ruderboot gegen Wind und Wellen kämpfen; sie haben ganz offensichtlich gegen den Wind keine Chance und sind dabei, in Richtung offene See abgetrieben zu werden. Nach wenigen Minuten sind sie schon ein ganzes Stück weit draußen, obwohl sie paddeln nach Leibeskräften. Wir versuchen, ein Fischerboot aufmerksam zu machen, das gerade Richtung Küste dampft, doch bei dem Wind hören die selbst unsere schrille Notsignalpfeife nicht. Keine Reaktion. Der ankerliegende Leidensgenosse nebenan hat das Malheur auch bemerkt und versucht es nun mit seinem Signalhorn, ebenso ohne Erfolg. Also gehen wir kurzentschlossen ankerauf, Seenotrettungskreuzer Coco de Mer. Als wir gerade Fender und Leinen klar haben und uns über all das Getöse von Wind und Wellen mit den Jungs im Ruderboot verständigen wollen, kommt dann doch noch der Fischer und übernimmt die Sache mit seiner starken Maschine. Glück gehabt, wir alle zusammen.

So, wo wir nun schon mal ankerauf und draußen sind, denken wir uns, da können wir auch gleich weitersegeln nach Alghero. Fünfer Wind achterlich, alles okay. Also setzen wir die Segel und zischen ab nach Norden. Ich teste mein neues Angel-Equipment, Erfolg wie gehabt. Im Lauf des Tages flaut es ab bis auf vier Beaufort, und am frühen Abend erreichen wir unser Ziel. Wir liegen nun am öffentlichen Stadtkai, gleich unterhalb der Stadtmauer und damit praktisch in der „City". Am Abend machen wir uns landfein. Beim Shopping halten wir uns zurück, aber ein schönes Buch mit Luftaufnahmen der nordsardischen Küstenabschnitte kaufen wir doch. Kann man erfahrungsgemäß beim Segeln ausgezeichnet brauchen (wie sich später auch noch zeigen wird). Ansonsten genießen wir Campari und „Großstadtflair".

Die Skyline von Alghero

Am nächsten Tag handeln wir gestenreich die völlig überhöhten Liegegebühren von 70 auf 50 Euro runter, und machen uns wieder auf den Weg. Es ist Sonntag, alle Segler und Motorbootler sind auf Achse, entsprechend voll ist das Revier vor der Küste. Nahkampftag, mal was anderes. Nur Mut, sage ich mir, hänge wieder die Angel raus und probiere nacheinander alle drei Schleppköder aus. Was soll ich sagen … Ansonsten ist's ein herrlicher Segeltag. Trotz der drangvollen Enge schaffen wir es ohne Blessuren.

Am frühen Abend segeln wir hinein in die riesige Bucht von Porto Conte und nehmen Kurs auf eine hübsche kleine Seitenbucht. Nun sitzen/liegen wir also ganz entspannt hier in Porto Conte, trinken Cola Light, hören B. B. King und genießen das Leben. Herta liest „A Painted House" von Grisham auf englisch (ich bin nicht sicher ob sie noch deutsch lesen kann. Sprechen tut sie's jedenfalls noch …)

Heute haben wir …

(a) … das Vorsegel abgeschlagen, um es anders herum wieder anzuschlagen,damit der UV-Schutz außen zu liegen kommt und das tut was er soll (muß wohl nicht extra erwähnen, dass Wind gerade dann aufkam als wir das Segel halb drunten hatten);

(b) … die kaputte neue Toilettenpumpe aus Mallorca im Vorschiff gegen eine noch neuere aus Sardinien ausgetauscht (dabei beim Ausbau einige interessante Entdeckungen gemacht, die sich aber leider nicht zur schriftlichen Darstellung eignen); wir mußten mittlerweile erfahren, daß die Preise für Toilettenpumpen offenbar von Nord- nach Südeuropa und hier ganz besonders von West nach Ost tendenziell kräftig ansteigender Natur sind, die Ship Chandler hüten sie offenbar wie pures Gold; wir hatten dann aber doch das Glück, eines der raren Stücke zu einem phantastischen Preis zu ergattern;

(c) … versucht, schnorchelnderweise die verloren gegangene Opferanode für den Autoprop zu ersetzen (jetzt wissen wir, daß die alte

Vor Anker in Porto Conte

schlicht und ergreifend abgefallen ist, weil M6er-Schrauben in M8er-Bohrlöchern nun mal nicht gut halten). Da es diese speziell geformten Teile (traditionelle englische Handwerkskunst in vermutlich zehnter Generation) hier absolut nicht zu kaufen gibt (obwohl wir mittlerweile einen weitläufigen Freundeskreis unter den Schiffsausrüstern im westlichen Mittelmeer aufgebaut haben), habe ich die Dinger heute per Internet in Merry Old England bestellt, und gleich die passenden Kunststoffschrauben dazu (9 Stück, dann kann ich maximal sechs unter Wasser runterfallen lassen, das müßte reichen ...); übrigens: sowas kostet dann schlappe 55 Pfund, englische!

Jetzt belohnen wir uns mit Dolcefarniente und freuen uns auf spitzenmäßige Pasta al vongole heute abend in dem „Ristorante", das wir gestern entdeckt haben. Von außen sieht es aus wie eine etwas verwahrloste Baubaracke und von drinnen wie eine abgerissene, billige

Campingplatzabfütterungsstelle. Eine Katzengroßfamilie bringt Leben in die Müllcontainer vor'm Lokal, eine Handvoll streunender Hunde sorgen für Abwechslung. Gestern wurden wir hier allerdings völlig überrumpelt von der gänzlich unerwarteten Frage nach einer – ja, tatsächlich – Reservierung! Wir konnten es kaum glauben, angesichts des, na sagen wir, „Ambientes". Tatsächlich war es dann bei Einbruch der Dunkelheit rappelvoll. Und das Essen: köstlich! Die Rechnung: 45 000 Lire für zwei volle Mahlzeiten und eine Flasche Vino Bianco de la Casa. 25 Euro! Davon weniger als zehn für einen wirklich guten Hauswein. Der Mut, das Bauwerk zu betreten, hat sich gelohnt; heute gehen wir noch mal dorthin, was wir ja nicht oft tun auf Reisen. Das heißt schon was!

Freitag, der Dreizehnte! Wir sind nicht abergläubisch und machen uns wieder auf den Weg. Heute wollen wir durch die Fornelli-Passage hinüber an die Nordküste Sardiniens. Der Weg durch die enge und flache Passage spart uns gut zwanzig Meilen rund um die Gefängnisinsel Asinara. Leider haben wir keine Seekarten von dieser Ecke, aber im Handbuch ist die Passage recht ausführlich beschrieben. Also ankerauf. Um 1300 umringt uns ein fröhliches Grüppchen Delfine. Frohgemut trimmen wir die Segel und pfeifen uns eins. Um 1400 Funkmeldung: „Segelschiff auf Grund in der Fornelli-Passage!" Na super. 1445 Funkspruch: „Gale warning", Sturmwarnung. Die Spannung steigt, wir glauben auch schon am Horizont voraus dunkle Wolken zu erkennen … In der Nähe ist ein italienisches Segelboot, ortskundig, nehmen wir an. Wir halten darauf zu und fragen den Skipper, ob er sich auskennt und ob wir ihm durch die Passage folgen dürfen. Certo, claro. Also setzen wir uns hinter ihn. Nach einer Weile erkennen wir die im Buch beschriebenen Peilmarken, doch die Italiener halten weiter Kurs. Bald haben wir die Peilmarken in Deckung, Italien segelt weiter. Also dann doch auf eigene Faust! Kurzentschlossen ändern wir den Kurs. Irrtum ist ausgeschlossen, hier geht's durch. Leider haben wir bißchen viel Wind und vor dem flachen Wasser baut sich Schwell auf, aber das ist halt so, sobald es mal enger wird... Wir halten die Luft an, steuern genau nach Handbuch, und nach zwanzig Minuten sind wir durch! Ruhiges, türkisfarbenes Wasser auf der anderen Seite, zahlreiche Ankerlieger. Gleich ist es viel angenehmer. Wir atmen auf.

Bald steuern wir Castelsardo an. Rund um einen hohen Hügel gruppieren sich eindrucksvoll lehm- und ockerfarbene Häuser, darüber das Castello und die Kirche mit der berühmten, gekachelten Kuppel. Ein einmaliger Anblick. Drei Tage verbringen wir hier. Erstens weil es uns gefällt, zweitens ist die Marina billig, und last not least haben wir mal wieder Starkwindwarnung für die Region.

Die Altstadt mit ihren steilen, verwinkelten Gäßchen lohnt durchaus ein paar Tage Aufenthalt. Am Abend gibts einen kurzen Schauer, den ersten seit langem, nicht viel, grad genug um unser frisch geputztes Deck wieder einzusauen...

In Anbetracht der Wetteraussichten mieten wir einen knallblauen Lancia und erkunden das Hinterland, die Gallura. In Sassari, der Hauptstadt der Region, bekommen wir endlich die lang gesuchte Seekarte vom Maddalena Archipel. Aufs flache Land muß man fahren, wenn man Seekarten sucht!

Für mich markiert dieser Ausflug einen wesentlichen Lebenseinschnitt. Da es hier so viele Otticos gibt, nutze ich die Gelegenheit gleich für einen Augencheck. Der Dottore staunt über meine Adleraugen, was die Fernsicht betrifft. Doch beim Zeitungslesetest schüttelt er vielsagend den Kopf. Zwei Stunden später bin ich Brillenträger. Lesebrillenträger zumindest. Gewöhnt euch schon mal dran!

Ab sofort nicht mehr ohne ...

12 | Freundliche Fischer – herrliche Inseln

Sardinien, Juli 2001. Der vorhergesagte Sturm hat uns verschont. Castelsardo liegt im Kielwasser. Seit einer Stunde sind wir wieder unterwegs, da meldet der UKW-Funk: „Sturmwarnung für Strasse von Bonifacio"! Mist, genau dorthin wollen wir. Weder auf der Karte noch im Handbuch ist eine sichere Bucht oder gar ein Hafen an diesem Küstenabschnitt verzeichnet. Zurück nach Castelsardo? Ausgeschlossen, da waren wir nun lange genug. Wir studieren den Bildband mit Luftaufnahmen der nordsardischen Küsten. Und siehe da: deutlich erkennen wir eine Marina ganz in der Nähe unseres momentanen Standortes. Ein Blick ins Internet enthüllt: „Marina Isola Rossa". Noch im Bau und nicht eröffnet, aber immerhin „utilizzabile come refugio", nutzbar zum Rückzug. Na das schau'n wir uns mal an!

In der Einfahrt ein großes Begrüßungs-Schild „Vietato l'accesso!". Glücklicherweise verstehen wir Italienisch nicht so gut. Also liegen wir am frühen Nachmittag längsseits an der Innenseite des Wellenbrechers. Weiter hinein wagen wir uns nicht, da wir keine Tiefenangaben haben und offenbar noch gebaggert wird. Kein Segler da außer uns! Abgesehen von einigen Fischerbooten ist die Marina fest in der Hand der einheimischen Gummibootbesitzer. Gegenüber wird gebaggert, geteert, gemauert. Aber wir werden geduldet, keiner wirft uns raus.

Gegen Abend ziehen die berüchtigten linsenförmigen Mistralwolken am Himmel auf, das Baro sinkt rasch auf 1008. Das hatten wir zuletzt am Capo Mannu! Schlechtes Zeichen! Sicherheitshalber bringen wir noch zwei zusätzliche Leinen aus. Dann liegen wir gut. Glauben wir. Den ganzen nächsten Tag kennt das Barometer nur eine Richtung: abwärts. Am frühen Abend steht es auf 1003 (gestern 1016). Und dann geht es schlagartig los: bis 1730 noch zwei bis drei Beaufort, 1830 schon sechs bis sieben, 1930 dann acht. In der Spitze zeigt unser Windmesser Windstärke 9 an. Hier pendelt sich der Wind dann auch ein. Wir machen kräftig Schräglage an der Betonpier. Unsere vier Festmacherleinen sind zum Zerreißen gespannt. Bald steigen auch die ersten Brecher über den massiven Wellenbrecher (sicher 10 Meter dick und 5 Meter hoch) in den

Hafen herein und landen auf unserem Schiff. Die Stimmung an Bord ist schlecht. Das soll zwei Tage so gehen. Herta kocht Abendessen, aber der Appetit ist uns gründlich vergangen.

Da hupt's draußen auf der Mole. Ich schaue raus. Durch den heulenden Wind schreien zwei Männer im zerbeulten Peugeot wild gestikulierend auf mich ein. Der Skipper einer französischen Yacht, die mittlerweile auch an unserer Pier Zuflucht gesucht hat, steht mit dabei. Die beiden Männer im Peugeot stellen sich als einheimische Fischer vor und erklären uns, daß wir hier an der Außenmole nicht liegen bleiben können. „Molto pericoloso". Weshalb, verstehen wir nicht, aber sie scheinen zu wissen wovon sie sprechen und geben nicht nach. Nach kurzer Beratschlagung mit Francis, dem Skipper der französischen Yacht, entscheiden wir uns, dem so eindringlich geäußerten Rat zu folgen und uns auf die andere Seite des Hafens zu verlegen. Dumm nur, dass es mittlerweile dunkel ist, dass es jetzt auch noch kräftig duscht und dass uns der Sturm mit weit über dreißig Knoten um die Ohren pfeift. Kräftiger Seegang herrscht im Hafen. Aber gesagt, getan, bringen wir's hinter uns! Gemeinsam und mit tatkräftiger Unterstützung der beiden Fischer verlegen wir beide Schiffe. Mit viel Glück liegen wir schließlich an der Innenmole, ohne größere Schäden, nur ein paar Schrammen im Gelcoat. Die Aktion dauert zirka eineinhalb Stunden, es kam mir vor wie fünf Minuten! Ich kann mich nicht erinnern, jemals zuvor derart schnell nachts durch eine Marina gefahren zu sein …

Nun sind nicht mehr unsere Leinen gefährdet, dafür die Fender. Unglaublich, wie dünn unsere dicken Fender unter dieser Belastung werden …! Einer der Fischer sieht das und bringt uns einen seiner großen roten Ballonfender. Das bewahrt uns vermutlich in den folgenden vierundzwanzig Stunden vor einigen Schäden am Schiff. Am nächsten Morgen checken wir die Lage: alle Fenderbezüge sind durch, sämtliche Fenderleinen auf Anschlag ausgeleiert, ein Ruckdämpfer an den Leinen ist gebrochen, der Rumpf hat eine Schramme von der Betonpier. Alles in allem aber nichts Dramatisches. Am frühen Vormittag kommen die beiden Fischer vorbei und bringen das Regenzeug zurück, das wir ih-

Coco schiebt kräftig Lage an der Pier, als die ersten Brecher über die Mauer kommen.

nen gestern für die Aktion geliehen hatten. Wir bedanken uns mit einigen Flaschen unseres besten Rotweins und plauschen noch eine Weile. Wenn wir irgend etwas brauchen, sollen wir nur fragen. Was für eine Gastfreundschaft!

Einer der beiden, Ezio, lädt uns auf sein Fischerboot ein und bietet uns zum Rundgang in Pappbechern sardischen Filuferru an. Echt harter Stoff am frühen Nachmittag! Doch ablehnen wäre sicher unhöflich … Ezios Schiff ist etwa so lang wie unseres und sieht von außen aus wie ein mittelgroßes Fischerboot am Mittelmeer eben so aussieht. Innen jedoch ist es mit High Tech vom Feinsten ausgestattet! Unter anderem mit zwei GPS-Systemen. Als Highlight gibt es einen Navigationscomputer mit elektronischem Seekartenmodul und 20-Zoll-Farbdisplay! Auf meine Frage, ob er denn auch nach Papierkarte navigiert, reagiert er überrascht: „Das macht doch kein Mensch, gibt's sowas überhaupt noch¿" Lass das bloss nicht unsere Segelausbilder zu Hause hören, denk' ich mir.

Leicht angeheitert revanchieren wir uns mit einer Besichtigung auf Coco. Diesmal muß Ezio unseren mallorquinischen Hierbas kosten. Er ist ziemlich begeistert ...

Am Abend stürzen wir uns ins Nachtleben von Isola Rossa. In einer der zwei Bars sitzen ein paar Leute um einen Tisch, es ist laut als wär' die Kneipe rappelvoll, der Fernseher läuft und gleichzeitig steht die Stereoanlage auf Anschlag. Hier ist's genau richtig für einen Absacker. Als wir zurück aufs Schiff kommen weht es nur noch mit 6 Bft, ein laues Lüftchen nach den Maßstäben der letzten Zeit.

Am nächsten Tag nimmt der Wind weiter ab, das Wetter wird besser. Kein Wunder, denn heute kommt Besuch aus Nürnberg: Andrea. Schon letztes Jahr hatte sie eine der schönsten Wochen unseres Törns erwischt, warum sollte es diesmal anders sein ...¿ Als Ezio von Andreas bevorstehender Ankunft hört, lädt er uns spontan alle drei zum Abendessen auf sein Boot „Minnie" ein. Wir nehmen natürlich freudig an. Gegen acht Uhr abends bringe ich seinen Ballonfender zurück und biete meine Assistenz in der Küche an (wer mich kennt weiß was das heißt ...). Und ehe ich mich versehe putze ich Vongole und schnippele Prezzemolo, Petersilie. Eine knappe Stunde später laufen die Mädels ein. Wir erleben einen unvergeßlichen Abend. Primo piatto: Spaghetti alle Vongole; Secondo: Cozze alla Marinero; Hauptgang: Rotbarbe in Folie. Dazu ein ausgezeichneter Vino, Vermentino di Gallura. Danach Dolci Sardi: Formagietti, Amarettini, Bianchetti undsoweiterundsofort. Schließlich noch Frutta. Ein wunderbarer Abend an Bord des Fischerbootes, mit vielsprachiger Unterhaltung! Erst um 0100 verlassen wir Ezio und seine „Minnie" und machen uns – schwer beladen mit einer dicken Melone – auf den Heimweg die dreissig Meter zu unserem Schiff.

Am folgenden Mittag lassen wir den Ort aufregender und unvergesslicher Erlebnisse im Kielwasser zurück. Auf dem Weg nach Capo Testa sehen wir „Minnie" auf Gegenkurs. Wir steuern auf sie zu und rufen ein letztes Arrividerci hinüber.

Mit Capo Testa beginnt der Abschnitt des Archipelago La Maddalena und dann der Costa Smeralda. Wir kommen nun in touristisch gut erschlossenes Gebiet, wie wir unschwer an der stark zunehmenden Zahl von Booten, am Strandrummel – und an den Preisen – erkennen. Kostete ein Liegeplatz bisher höchstens mal 50 000 Lire, dann ist man hier auch schon mal mit 250 000 dabei! Aber was stört's uns, wir ankern ohnehin meistens. Später werden wir erfahren, daß an den Ankerplätzen des Maddalena Archipels 30 000 Lire Gebühren pro Tag kassiert werden, nur fürs Befahren und Ankern. Man nennt's auch hier Naturschutz. Naja.

Die westlichste der Maddalena Inseln ist Isola Spargi. Die im Süden liegende Bucht namens Cala Corsara bietet türkisfarbenes Wasser, roten Granit und feinen Sandstrand. So schön es hier ist, so voll ist es auch. Ausflugsboote und Touristenmassen am Strand. Gegen Abend leert sich die Bucht, nachts liegen nur noch wenige Segelyachten hier. Am nächsten Morgen jedoch attackieren die Ausflugsboote wieder förmlich die Bucht. Nichts wie weg! Im Norden liegt Isola Santa Maria. Bei der Zufahrt in die südliche Cala erkennen wir im letzten Augenblick einen knapp überspülten Felsen vor uns im Wasser! Pffft, Glück gehabt! Ab sofort bleiben die „coastal features“ in unserem elektronischen Seekartenmodul auf ON! Nicht umsonst warnt unser Seehandbuch vor den zahlreichen Klippen, Felsen und Riffen rund um die Inseln.

Auch diese Bucht ist voll, doch wir finden für Coco noch einen Platz hinter einem großen Katamaran, gerade noch so zwischen einem Unterwasserfelsen und der Badeabsperrung. Nach einiger Zeit bemerken wir, daß der Kat, der bisher vor uns geankert hat, langsam auf uns zutreibt. Offenbar hält der Anker nicht. Leider springt dann auch deren Maschine nicht an, so daß der Kat nach allen Regeln der Kunst manövrierunfähig ist und uns immer mehr in die Zange nimmt. Nix wie weg hier, bevor er uns vollends den Ausweg versperrt! Die Kat-Besatzung versucht, ihr Schiff per Beiboot abzusichern, doch vergebens. Im Vorbeifahren geben wir noch eine Leine rüber, damit sie ihre verlängern und das Schiff provisorisch an einer der Muringtonnen sichern können, die hier für die Ausflugsboote reserviert sind. Ein Gutes hat die Sache dann doch: nun liegen wir am vorherigen Platz des Kats, in sicherer Distanz von Felsen und anderen Hindernissen.

Gegen Abend wird die Bucht wieder leer. Wir unternehmen Spaziergänge auf der Insel und genießen traumhafte Ausblicke bis hinüber nach Sardinien. Die Sonne geht langsam unter hinter den Inseln des Archipels, das Meer ist spiegelglatt und schimmert tief türkis über die macchiabewachsenen Granitfelsen zu uns herauf.

Wen interessiert da noch die Karibik ...!

13 | Massenansturm am Ankerplatz

Sardinien – Korsika, August 2001. Noch immer treiben wir uns im Inselarchipel der Maddalenas herum, zwischen Sardinien und Korsika. Nun fast schon einen Monat lang. Für einige Tage segeln wir gemeinsam mit Freunden, sozusagen Flottille. Herta segelt mal einen Tag lang auf der anderen Yacht mit, um die gegnerische Taktik im Detail zu studieren …

Ansonsten lassen wir uns gemächlich von Insel zu Insel treiben, von Bucht zu Bucht. Eine ist schöner als die andere. Aber leider oft überfüllt. Es ist August, Ferienzeit auch in Italien. Und alles, was nur irgendwie schwimmt, ist jetzt auf dem Wasser.

Anker-Idylle im Sonnenuntergang

Irgendwann wird uns der Trubel dann doch zu viel. Wir legen Coco für ein paar Tage in eine kleine Bucht im Golf von Arzachena, gleich um die Ecke bei Porto Cervo, und bringen die Mountainbikes mal wieder an Land. Von dieser Basis aus unternehmen wir Radausflüge hinüber an die Costa Smeralda. Einmal genehmigen wir uns eine kleine Erfrischung in Porto Cervo, mit 5 Euro die bisher wohl teuerste Dose Fanta meines Lebens! Die exquisiten Designerläden schauen wir danach nur noch von außen an, das Betreten verkneifen wir uns, denn das könnte sonst das vorzeitige Törnende bedeuten, wegen Trockenfallens der Bordkasse.

Geruhsame Tage wechseln sich ab mit ausgesprochenen Starkwindperioden. Nach einer ruhigen Ankerwoche geht's mal wieder zur Sache mit Windstärken sechs und sieben. Als eines morgens ein recht strammes auflandiges Lüftchen aufkommt und gleich entsprechend Schwell an unserem Ankerplatz steht (wir sind mal wieder die letzten hier, alle anderen sind schon weg) denken wir uns, nun sind mal wieder ein paar Hafentage angesagt. Und wenn schon Hafen, dann soll's möglichst ein schöner sein. Also brettern wir gegenan nach Gavetta, zur Haupt-„Stadt" der Insel La Maddalena. Überraschung: im kleinen Hafen ist alles belegt! Erst glauben wir es ja nicht, aber der Hafenmeister meint es ernst. Schade, denn den hübschen Ort, den wir zuvor schon mal kurz besucht hatten, und auch die Insel selbst, hätten wir gerne ausgiebiger erkundet. Es hackt schon ganz schön, laut UKW bleiben die Aussichten schlecht, aus Korsika soll es wieder mal Dicke kommen. Ein sicherer Hafen wäre erstrebenswert, also gehen wir gleich wieder rüber nach Sardinien! Doch heute ist Murphy's Tag. Nach dem altbewährten Motto „Pech zieht Pech an", ist der Suche nach einem Liegeplatz auch der nächste Hafen belegt. Als wir dort im engen Vorhafen vorübergehend ankern wollen um Alternativen zu überlegen, springt uns die Ankerkette von der Winsch und verklemmt sich. Also gut, dann ankern wir eben nicht. Das Problem lösen wir draußen auf See mit ein paar gezielten Hammerschlägen. Kurz darauf, es pfeift mit Stärke 6, mißglückt uns eine Halse und das Vorsegel dreht sich um sich selbst. Sch...! Was haben wir heute bloss verbrochen? Leicht genervt und stark gerefft segeln wir zurück in die Bucht von Arzachena, mit Ziel Marina von Cannigione.

Wie bitte? Ach ja, erraten: „Completo!“ Also gut, dann wettern wir eben vor Anker ab. Wir zwängen uns ins schon recht dichte Feld der zahlreichen Leidensgenossen, die ebenfalls hier vor der Marina liegen, und werfen den Anker auf grasdurchwachsenen Grund. Das Baro hält sich wacker, vielleicht verschont uns ja das korsische Unwetter?

Am nächsten Tag haben wir den Salat. Es pfeift, selbst hier in der flachen Bucht wird der Seegang unangenehm. Aber unser Bügelanker hält, trotz Gras. Jedenfalls bis Mittag ... Dann befinden wir uns plötzlich auf der Reise! Den drohenden Zusammenstoß mit den Nachbarn können wir gerade noch verhindern. Wir ankern erneut. Während unseres Manövers beobachten wir, wie in der Nähe eine andere Yacht, offenbar unbemannt, auf Drift geht. Jemand müßte rüber und mehr Kette geben, so lange es noch geht. Doch wir sind mit uns selbst beschäftigt, jetzt ist nicht der Zeitpunkt für unsere gute Tat des Tages. Wir rufen die Capitaneria per Funk, doch da rührt sich keiner, es ist Sonntag. Wir beobachten, wie die Yacht wenige Meter vor dem Ufer aufläuft und stehen bleibt; der Grund dort scheint zumindest nicht Fels zu sein, Glück gehabt! Nach einiger Zeit kommen zwei Jungs im Motorboot, ziehen das Schiff herunter und schleppen es in die Marina. Jetzt bleiben wir wachsam. Wir bringen noch unseren Zweitanker aus, das beruhigt.

Im Lauf des Tages und der folgenden Nacht sehen wir noch einige Schiffe am Ankerplatz auf Drift gehen, drei Segler drehen nachts gar beständig Kreise draußen vor der Bucht. Doch Coco mit ihren zwei Ankern bleibt sicher am Platz.

Morgendämmerung. 7 Beaufort. Schaumkronen am Ankerplatz! Nebenan ist England auf Drift, mit drei (!) Ankern! Aber keine Vorurteile bitte, alle Nationalitäten waren schon unterwegs; es sind nicht mehr viele in unserer Bucht, die noch nicht zum Drifter's Club gehören. Die Böen zerren und reißen. Mittags sind wir wieder dran. Diesmal kommt ein Motorschiff auf uns zugetrieben, das seit zwei Tagen fest und sicher vor uns lag. Wenige Meter vor unserem Bugkorb schafft's der Skipper gerade noch mit Vollgas abzustoppen. Leider fängt er dabei mit seinem Anker unseren Zweitanker ein. Coco hängt nun also unter vollem Zug zwischen ihren beiden Ankern, es knirscht verdächtig im Gebälk. Lange wird das nicht gutgehen, also geben wir die Ankerleine frei, bevor sich die Klampe verabschiedet. Damit wären wir erst mal unseren Zweitanker los. Eine gute Stunde später haben die Schuldigen den Ankersalat entwirrt, bringen uns den unseren zurück und wir belegen neu. Am Abend meldet der Funk Wetterbesserung in Sicht. Am nächsten Tag nur noch fünf bis sechs Beaufort. Neben uns driftet ein Schweizer, währenddessen ankert eine französische Yacht direkt vor unserer Nase. Wir sehen, wie er knapp zehn Meter Kette gibt ...! Es dauert dann auch nicht lange, und er treibt auf uns zu. Wir rufen rüber, sie merken's und ankern neu. Wieder geben sie nur zehn Meter Kette. Bald driften sie wieder. Aber dann greift der Anker wie durch ein Wunder doch noch. Glück braucht der Mensch. Mal sehen, wie lange das hält.

Irgendwann ist wieder Ruhe. Da wir nun den Golf von Arzachena zur Genüge kennen, wollen wir uns Abwechslung gönnen: Korsika steht auf dem Plan. Doch erst ist Arbeit angesagt, Diesel bunkern. Heute ist Großkampftag, alle wollen los. Mit uns drängeln sich zahlreiche Motoryachten vor der Tankstelle und warten auf einen freien Platz an der Zapfsäule. Eine echte Herausforderung für uns, Coco einigermassen auf Position zu halten, so auf engstem Raum und ohne Bugstrahlruder. Immer wieder, wenn wir grad an der Reihe wären und unser Anlegemanöver starten, drängelt sich schnell ein Motorboot dazwischen und verhunzt unser Manöver, das nun mal mit einer Segelyacht nicht schneller geht. Ist ja wohl kein Wunder, dass Motorboote bei uns Seglern so „beliebt" sind.

Frisch vollgetankt machen wir uns dann aber doch – nach eineinhalb Stunden Schweiß treibendem Kampf – endlich auf den Weg. Am Abend sind wir in korsischen Gewässern. Vor der an sich wunderschönen Bucht Rondinaria, die wir eigentlich als Ziel ausersehen hatten, packt uns das kalte Grauen: eine kompakte weiße Wand aus Schiffsrümpfen versperrt den Blick. Wegen Überfüllung geschlossen! Selbst für uns Mallorcaerfahrene ist das starker Tobak. Das tun wir uns nicht an. So suchen und finden wir einen ruhigen Ankerplatz in der Nähe.

Die nächsten Tage verbringen wir in der Umgebung von Porto Vecchio, dem Ort mit der hübschen, hoch am Berg gelegenen Altstadt. Wir stellen fest, daß sich das Lebensgefühl hier von dem im nur wenige Meilen weiter südlich gelegenen Sardinien erheblich unterscheidet. Bugholzstühle statt Plastikmöblierung, Pastis statt Campari.

Einige Tage später haben wir schon wieder Starkwindwarnung für die Straße von Bonifacio. Wir beschließen deshalb, dieses herrliche aber windige Segelrevier hinter uns zu lassen und uns weiter auf den Weg an die Ostküste Sardiniens zu machen. Die Überfahrt bei Windstärke Sieben wird zum wilden Ritt, aber wir sind pünktlich in Cannigione zur Stelle, wo sich unsere Freunde Ingrid und Alfred für heute angesagt haben. Gemeinsam wollen wir eine Woche lang Aga Khan's Paradies an der Costa Smeralda zu Wasser erforschen. Unsere neuen Gäste ergänzen unseren Bord-Fuhrpark um ein äußerst nützliches Utensil, einen Alu-Klapproller. Schon bald wissen wir nicht mehr, wie wir je ohne auskommen konnten in den Marinas, wo es vom Liegeplatz zu den Hafenbüros oft ziemlich weit ist; oder um einfach mal schnell was zu erledigen, Panini kaufen, Zeitung holen etc.

Auf dem Weg zur Smaragdküste müssen wir zunächst mal durch die Meerenge der Isola delle Bisce. An sich überhaupt kein Problem. Wenn da nicht unsere Lieblinge, die Motoryachten aus Porto Cervo wären … Wir haben zwar schönen Segelwind, aber auch einen unglaublichen Verkehr. Gewaltige Motoryachten jagen mehr oder weniger rücksichtsvoll kreuz und quer durch den Pass und verursachen einen Seegang wie bei Schwerwetter. Nicht ganz einfach, unter diesen Bedingungen Kurs zu halten. Ingrid trennt sich unterwegs schweren Herzens wieder vom Mittagessen.

Auch die Buchten und Inseln an der Costa Smeralda sind jetzt im August hoffnungslos überfüllt. An den bekannten Ankerplätzen ist praktisch kein Platz zu bekommen. Vor den Edelmarinas Porto Rotondo und Porto Portisco drehen die Megayachten Warteschleifen, bis ihnen über Funk ein Liegeplatz zugeteilt wird. Doch es bieten sich uns immer wieder spektakulare Aus- und Ansichten. Schöne Landschaften wechseln sich ab mit grandiosen Granitformationen; die Farben des Meeres sind fantastisch. Und abseits vom Trubel finden wir doch immer wieder wunderbare Ankerplätze.

Nach einer kurzweiligen Woche verlassen uns unsere Freunde in der neuen Marina Porto Ottiolu; zuhause rufen die Pflichten. Für uns ist dies nach dreißig Tagen Ankerbuchten unser erster Marinaaufenthalt. Und wieder mal Zeit, eine Entscheidung zu treffen. Wollen wir hinüber zu den pontinischen Inseln bei Neapel und dann ans italienische Festland, oder an der sardischen Ostküste entlang nach Süden segeln und dann direkt hinüber nach Sizilien? Wir entscheiden uns für die zweite Variante, weil sie uns mehr Zeit läßt.

Kaum befinden wir uns ein Stück südlich der Costa Smeralda kehrt wieder Ruhe ein. Es gibt kaum noch vorgelagerte Inseln, nur noch wenige Ankerplätze, weniger touristische Infrastruktur, und somit auch weniger Rummel. Nur vereinzelt verirren sich noch Segler, und noch viel weniger Motorboote, hierher. Die Sandstrände werden länger und menschenleerer. In einer weiträumigen Bucht mit dem obligatorischen kristallklaren und türkisblauen Wasser treffen wir nochmal unsere Freunde von der SY Michelle, die Sardinien in der anderen Richtung umrundet haben.

Bei wenig Wind motoren wir entlang einer fast lieblichen Küste: im Vordergrund Sandstrand, dahinter oft Wäldchen und baumbestandene Hügel, und im Hintergrund türmen sich hohe Granitberge. Wir machen fest in Cala Gonone, mit Bug voraus direkt an der Steinschüttung hinter dem Wellenbrecher. Hier ist Full Service geboten, das Festmachen übernehmen Marineros, einer kommt dazu schon in der Hafeneinfahrt extra an Bord. Nicht schlecht. An Land gelangt man von den Schiffen mit Hilfe einer Art Mini-Fallbrücke. Mal was Neues.

In diesem Ort mieten wir ein Auto und erkunden das Hinterland auf den atemberaubenden hochalpinen Straßen des Gennargentu. Eine ausgedehnte Wanderung führt uns zu einer einsamen Schlucht, die ein Flüsschen dreihundert Meter tief in die Gesteinsmassive hineingefressen hat: rosafarbene Blüten vor strahlend weiß gewaschenem Granit, tiefgrünes Süßwasser im ansonsten fast ausgetrockneten Flußbett. Einzigartig!

Einige Tage später führt uns unser Törn dann weiter entlang einer Felsküste, wie sie eindrucksvoller nicht sein könnte. Aus tausend Metern Höhe brechen die Berge unvermittelt ins Meer ab; es gibt unzählige Grotten und blau schimmernde Landeinschnitte, von denen die eine oder andere sogar, zumindest bei gutem Wetter, als Ankerplatz geeignet ist. Die Farben sind unbeschreiblich, bisweilen fast unnatürlich. Wir ankern in der Cala Golorize, berühmt wegen ihrer hohen Granitnadel und dem Felsentor. Das Wasser schimmert transparent wie blaues Glas. Wir schnorcheln, es ist unglaublich schön. An einer Stelle hinter dem Felsentor mündet unterirdisch der Abfluß eines Bergsees, das Wasser ist hier eiskalt und sehr erfrischend! Leider steht gegen abend Schwell in diese weit offene Bucht, so daß wir uns schweren Herzens wieder auf den Weg machen müssen. Dieser abgelegene Küstenabschnitt zählt für uns zu den eindrucksvollsten Gegenden Sardiniens.

Über Arbatax und Porto Corallo – riesigen und dennoch fast leeren Hafenanlagen – führt der Weg weiter, entlang an rot leuchtenden Porphyrklippen, an kilometerlangen, menschenleeren, immer dunkleren Sandstränden, die sich abwechseln mit grün-trockenem Hügelland. Hinter der südlichsten Landzunge Sardiniens, dem Capo Carbonara, legen wir uns vor Anker und hoffen auf guten Wind für die bevorstehende Überfahrt. Vor uns liegt Sizilien mit seinen Kulturschätzen, den Vulkaninseln, der nordafrikanisch geprägten Mentalität. Der tiefe europäische Süden sozusagen.

Sizilien, September 2001. Im Morgendunst schält sich am Horizont die Silhouette der Insel Marettima heraus. Nach und nach nimmt die westlichste der egadischen Inseln Konturen an. Nach sechsundzwanzig Stunden haben wir unser Ziel auf den Punkt erreicht. Coco schwimmt in sizilianischen Gewässern!

Gleich in der ersten Bucht gehen wir an eine der dort ausliegenden Bojen. An Schlaf ist nicht zu denken. Das Wasser ist herrlich klar, wir holen das Schnorchelequipment aus der Backskiste und stürzen uns hinein in die sizilianischen Fluten. Gleich machen wir eine Entdeckung, die sich in der nächsten Zeit noch oft bestätigen soll:

Sizilianisches Unterwasserballett

hier ankert man nicht bequem auf drei bis vier Metern Wassertiefe; man darf sich schon glücklich schätzen, wenn es mal „nur" acht oder zehn Meter sind, gerne auch mehr. Die Inseln hier sind eben vulkanischen Ursprungs und ragen dementsprechend steil und unvermittelt aus der felsigen Tiefe auf. Demzufolge finden wir auch jetzt keinen sicheren Ankerplatz in der Nähe, an dem wir vor Schwell geschützt wären. So segeln wir am späten Nachmittag weiter zu unserem ersten Ziel auf Sizilien, nach Trapani.

Wrack im Fischereihafen von Trapani

Nach der herrlichen Natur und der offenen Herzlichkeit der Sarden erleben wir hier zunächst einen wahrhaften Kulturschock: dreckige Gassen, Lärm, Schmutz, Gestank, Verfall allerorten. Die Gesichter erscheinen uns verschlossen. Wir glauben sogleich, die Vorurteile der Norditaliener gegen das Mezzogiorno, den tiefen Süden, verstehen zu können. Unser erster Eindruck ist jedenfalls niederschmetternd. Erschwerend kommt hinzu, daß hier offenbar gar nicht die uns mittlerweile vertraute italienische Sprache gesprochen wird ...! Zumindest ist das hiesige Idiom für uns, die wir uns nach zwei Monaten Sardinien schon vermeintlich recht gut verständigen konnten, nahezu unverständlich. Zwischen all den kehligen Lauten vermeint man zwar, hin und wieder ein bekanntes italienisches Wort herauszuhören, doch klingt die Sprache oft eher wie Arabisch. Überhaupt, der nordafrikanische Einfluß läßt sich nicht leugnen. Heimweh nach Sardinien befällt uns.

Andererseits ist Sizilien überaus reich an Geschichte und an Kulturschätzen. Es gibt wohl wenige Orte am Mittelmeer, wo über die Jahrtausende die unterschiedlichsten Kulturen eine derartige Vielfalt bemerkenswerter Kulturgüter und Bauwerke hinterlassen haben. Für die geschichtlich Interessierten hier ein Auszug der früheren Besucher aus unserem Reiseführer: Karthager, Griechen, Römer, Germanen, Wandalen, Byzantiner, Araber, Sarazenen, Normannen, Aragonesen, Bourbonen.

Fast eine Woche liegt Coco in der Marina direkt gegenüber dem nordafrikanisch anmutenden Fischerviertel. Wir versuchen uns zu akklimatisieren. Trapani war in der Antike als Hafenstadt gebaut worden und lebte über Jahrhunderte von den Werften, vom Tunfischfang und von der Salzgewinnung auf den nahe gelegenen Salinenfeldern. Auch heute noch sind diese Industrien, mit Ausnahme des Salzes, wesentliche Säulen des sizilianischen Wohlstands. Außerdem ist Trapani touristischer Ausgangspunkt zu den egadischen Inseln sowie nach Pantelleria und Lampedusa.

Selbstverständlich steht auch Erice auf unserem Besuchsprogramm. Der alte Ort liegt auf einem Berg hoch über Trapani und hat sein mittelalterliches Stadtbild fast vollständig bewahrt. Mit dem öffentlichen Bus geht es in halsbrecherischer Fahrt die engen Serpentinen hinauf. Glücklich oben angekommen, bewundern wir die uralten, dicken Stadtmauern, die grau gepflasterten Gäßchen, die grauen Steinhäuser. Erice ist ein Augenschmaus, ganz

Im Bergdorf Erice

in Grau. Überragt wird das Stadtbild von der gut erhaltenen Normannenburg gewaltigen Ausmaßes. Und es ist kühl hier oben. Auch deshalb ein lohnender Ausflug!

Nach ein paar Tagen mit Wolken, Windböen und Regenschauern geht unsere Reise weiter. San Vito lo Capo heißt diesmal unser Ziel. Wir motoren bei fast null Wind; der Wind der letzten Zeit hat allerdings eine eklige Dünung aufgebaut, die mir die fünfundzwanzig Seemeilen so ziemlich vergällt. Ich schlucke mal wieder mein bewährtes Stutgeron, und so ertrage ich die vier Motorstunden einigermaßen mit Anstand. Der Hafen von San Vito empfängt uns mit sauberem, klarem Wasser: wieder einmal liegen heute Frust und Freude des Segelns nahe beieinander.

Sofort fällt ins Auge, dass der Ort voll auf Tourismus eingestellt ist. Plastikstühle, Eisdielen, dunkelhäutige Straßenhändler. Erstaunt stellen wir fest, daß es keine Verbindung zum doch so nahe gelegenen Zingaro Nationalpark gibt, wo wir eine Wandertour machen wollen. Kein Bus, kein Taxi, kein Mietwagen, niente. Schade. Wir verwerfen den Gedanken hin zu radeln, weil wir danach wohl kaum noch zu anstrengenden Bergwanderungen fähig wären. Also segeln wir am nächsten Tag weiter nach Castellamare, vielleicht gibt's von dort aus bessere Verbindungen. Doch als wir ankommen, finden wir einen mit Motor-, Schlauch- und kleinen Fischerbooten vollgestopften Hafen vor, kein einziger Platz ist frei. Wir unternehmen einen halbherzigen Ankerversuch hinter dem Wellenbrecher, doch der Grund hält schlecht. In Anbetracht der Windstärken, die wieder mal für heute Nacht und morgen angesagt sind, ist uns das zu unsicher.

Also suchen wir in den Seekarten nach Alternativen. Finden aber keine. Weit und breit kein vernünftiger Ankerplatz, der gegen den vorhergesagten Wind auch nur halbwegs geschützt ist. Und die nächste brauchbare Marina ist rund dreißig Meilen weit entfernt, bei Palermo! Tja, dann bleibt wohl nichts übrig als nochmal zurück nach San Vito. So was hatten wir auch noch nicht!

Irgendwo in einem Reiseführer haben wir gelesen, Sizilien sei ein Paradies für Segler. Doch wo sind sie, die geschützten Ankerplätze mit klarem Wasser, die Marinas mit den netten Bars und Trattorias, die für uns Segler doch das Paradies ausmachen? Fehlanzeige! Die Suche nach Ankerplätzen und Häfen entwickelt sich oft zu einem Problem. Entweder gibt es auf langen Streckenabschnitten gar keine, oder sie sind mit lokalen Fischerbooten oder mit Schlauchbooten belegt, oder zu flach oder es wird gebaut. Das hier sind eben doch nicht die bequemen Balearen.

Am Abend in San Vito, nach einem guten Essen in einer winzigen Hinterhoftrattoria mit nur einem einzigen Menü, keine Speisekarte, nehmen wir noch einen Absacker in einer der häßlichen Plastiktouristenbars am Strand. Irgendwann greift sich der Wirt die Gitarre, setzt sich zwischen die Gäste und schmettert herzerweichend die schönsten italienischen Schnulzen. Einige weibliche Gäste stimmen ein, zu unserem Erstaunen sogar ausgezeichnet und mit viel Sentimento. Nach drei Amari und ebensovielen caffès brechen wir weit nach Mitternacht auf mit dem Eindruck, heute etwas vom echten sizilianischen Lebensgefühl erlebt zu haben.

Bei pfeifendem Wind und kräftigen Böen basteln wir uns einen Plan für die letzten Wochen dieses Törns: Palermo ist ein absolutes Muss, dorthin wollen wir auf jeden Fall noch. Dann noch in die mittelalterliche Stadt Cefalu, und vielleicht noch zu einer der nördlich gelegenen Liparischen Inseln. Am Rückweg nach Trapani vielleicht nochmal ein Abstecher zu den Egadischen Inseln. Und auf jeden Fall wollen wir zum Abschluss noch einen Wagen mieten und für einige Tage die Insel erkunden. Mehr ist nicht mehr zu schaffen.

Also dann auf nach Palermo. Der Wind hat abgeflaut, wir werfen die Leinen los. Draußen empfängt uns eine Mordswelle, langgezogen und bestimmt zweieinhalb bis drei Meter hoch. Der Meeresgrund steigt hier erst kurz vor der Küste sehr steil an und erzeugt so eine unangenehme Kreuzsee. Wieder ein Stutgeron-Tag. Nach fünf Stunden elendem Rumgehaue laufen wir erschöpft ein in den Handelshafen von Palermo. Ein rostiger Seelenverkäufer aus irgendeinem obskuren Land hat am Wellenbrecher festgemacht, zwei riesige Frachter liegen in Trockendocks, Kräne überragen wie erstarrte Riesenvögel die Szenerie. Wir wollen nicht in die moderne und teure Sportbootmarina draußen vor der Stadt, sondern in den Porto Commerciale, wo es hinten im Hafenbecken Anlegemöglichkeiten für Yachten geben soll. Ein ausgesprochen freundlicher Marinero verschafft uns auf Zuruf tatsächlich noch einen Liegeplatz in einer eigentlich viel zu engen Box, wir sind in Süditalien, da geht's immer noch irgendwie. Super, nun liegen wir direkt in der Altstadt! Das soll zwar nur für zwei Nächte möglich sein, danach sei der Platz reserviert, aber nach unseren bisherigen Erfahrungen lautet die Devise: „wer liegt der liegt". Warten wir's einfach ab.

Abends machen wir uns auf zur Erkundungstour. Mit zwiespältigen Gefühlen, wer hat nicht schon von Palermos hoher Kriminalität gehört¿ Wir erinnern uns an den Rat des Marineros und verschliessen beim Verlassen sorgfältig das Stahltor zur Pier. Sogleich begrüßt uns eine verfallende, aber bewohnte, Häuserzeile. Dieser erste Eindruck des Verfalls der einstmals sicher wunderbaren, mittelalterlichen Stadt wird uns die folgenden Tage auf Schritt und Tritt begleiten. Ringsum sieht es aus, als sei gestern der Krieg zu Ende gegangen. Die ehemals herrlichen Häuser sind teilweise nur noch Ruinen, ausgebrannte Fensterlöcher starren uns entgegen, Schutt liegt herum. Sehen wir da etwa Einschußlöcher an den Fassaden¿¿ Wunderbare Bausubstanz ist unrettbar dem Zerfall preisgegeben. Wenige Generationen nach uns werden das nicht mehr erleben können.

Die Gassen von Palermo

Doch zwischen Ruinen und Bauschutt, Abfällen und Baugerüsten brodelt das Leben. Der berühmt-berüchtigte Vucciria-Markt ist ein faszinierendes Kaleidoskop von Sinneseindrücken. Die finsteren Gassen, die in Deutschland sicherlich wegen unmittelbarer Einsturzgefahr gesperrt wären, sind voller Leben. Gemüsestände, Schnapsläden, Fleischereien, Backwarenhändler, Süßwarenverkäufer, Zigarettenläden, alles drängt sich dicht an dicht. Halbwüchsige Vespapiloten brausen in den engen Pflastergassen halsbrecherisch vorbei an aufgetürmten Olivenbergen und meterlangen (!), an die Wand gelehnten Zucchinifrüchten. Es ist ein Fest für Augen und Ohren. Und immer die Tasche wachsam umklammert halten!

Die Altstadt ist nach arabischem Muster angelegt, die Gassen verlaufen ohne erkennbares System kreuz und quer, damit sich ungebetene Eindringlinge schwer zurechtfinden. Es ist Nacht geworden, und wir irren im wahrsten Sinn des Wortes durch ein dunkles Labyrinth. Zwischendurch tun sich erstaunliche Anblicke auf, mal finden wir uns auf einem beleuchteten Platz wieder, wo offenbar unterbrochene Ausgrabungen einer ungewissen Zukunft harren, mal vor einer heruntergekommenen Kirchenfassade, mal vor einem prunkvollem Palazzo, mal vor einer Straßenbar, vor der sich lärmende Gestalten orientalisch geprägt auf laufenden Vespas schreiend miteinander verständigen. Um die Beklemmung zu vertreiben, sprechen wir hin und wieder mal eine der dunklen Figuren an und fragen nach dem Weg, und siehe da, wir erhalten meist freundlich Auskunft. Alles halb so wild.

7. September. Hochzeitstag! Unser elfter!! Das muß angemessen gefeiert werden. Doch zuerst nimmt sich die geliebte Göttergattin meine Lockenpracht vor, die seit drei Monaten ungehindert spriesst. Bald ist Coco's Deck übersät mit Haarschnipseln; entdecke ich da vereinzelt sogar die eine oder andere graue Strähne … ¿ Na egal, bestimmt zwanzig Euro gespart, die hauen wir heute abend auf den Putz! Wir wollen in einem Ristorante feiern, das laut Führer in einem herrlichen alten Palazzo aus dem siebzehnten Jahrhundert untergebracht ist und als ein „Hort der Ruhe im Großstadtlärm“ gelobt wird. Auch sei „die Qualität der Gerichte der Atmosphäre ebenbürtig“. Na wenn das nicht genau wie für uns gemacht ist!¿ Die frische Frisur noch mit Gel aufgepeppt, und schon sehen wir aus wie Einheimische. Wir ziehen los, und bald haben wir das Lokal gefunden. Doch leider wird der Palazzo zurzeit renoviert. Das Ristorante ist aber geöffnet, allerdings nur im Außenbereich. Wenn da nur nicht die dunklen Regenwolken über uns wären! Aber wie sagt doch der Kellner auf meine besorgte Frage: „Baah, in Palermo hat es seit Monaten nicht geregnet. Ecco …“ Na gut. Das Ambiente im Innenhof

Die gewaltige Kathedrale von Palermo

ist durchaus erinnerungswürdig: zwischen Zementmischmaschine und Baugerüst, Wasserschläuchen und Bretterverschalung begehen wir also unseren Festtag. Selbstredend erwischt uns schließlich doch noch ein Schauer. Alle Gäste stürzen von den Tischen in den Schutz der überdachten Einfahrt, und wir erleben echte südländische Krisenbewältigung! Unvergeßlich!

Zu Fuss und per Bus besuchen wir noch zahlreiche Sehenswürdigkeiten, darunter selbstverständlich auch die berühmte Kathedrale, die 1187 auf den Ruinen einer von den Arabern zur Moschee umgebauten Basilika

errichtet und über die Jahrhunderte vielfach umgestaltet und erweitert wurde. Gewaltig.

So ganz nebenbei entdecken wir auf unseren Streifzügen auch noch das moderne Palermo: eine mittlere Großstadt wie viele andere, nicht weiter erwähnenswert.

Doch den mit Abstand stärksten Eindruck hinterläßt bei uns eindeutig das Altstadtviertel. Etwas Vergleichbares haben wir noch nicht gesehen. Schönheit und Häßlichkeit, Leben und Morbidität, Licht und Schatten liegen hier im Wortsinn unmittelbar beieinander.

Unser Tipp für zukünftige Palermo-Besucher: Startet euren Besuch unbedingt in der Altstadt, und nehmt euch dafür mindestens zwei Tage Zeit. Schaut euch erst danach den Rest Palermos an. Der Eindruck ist garantiert ein völlig anderer als wenn man sich von außen nach innen „arbeitet“.

15 | Inselleben und Werftabenteuer

Sizilien – Egadische Inseln, Oktober 2001. Heute Abend essen wir an Bord, in „unserer" Werft in Trapani. Herta kocht. Kulinarisch scheint Trapani absolutes Entwicklungsland. Das lokale Highlight ist Fischcouscous: gedünsteter Weizengrieß, mit einer Fischsauce serviert – nein, eigentlich ist es eher eine Art dünne Fischbrühe – also eigentlich warmes Wasser mit mehr oder weniger intensivem Fischgeschmack. Also man hat dann gewissermaßen gewässerten gedünsteten Weizengrieß ... Hört sich an wie es schmeckt.

Also, wie dem auch sei, heute ist unser letzter Tag zu Wasser. Morgen früh wird Coco gekrant und an Land gestellt. Dann sitzen wir wieder auf dem Trockenen. Wir werden noch eine letzte Nacht an Bord kampieren, bevor es für eine knappe Woche quer durch Sizilien geht, per Mietwagen.

Seit zwei Tagen liegen wir nun in der Werft. Es stinkt. Abfall und tote Fische treiben fröhlich im Hafenwasser. Vor den Werfttoren schiebt der Wind eine bunte Müllvielfalt vor sich her. Doch für die Schönheiten der Umgebung haben wir zurzeit ohnehin keinen Sinn. Wir haben Schwielen an den Händen vom Putzen, Polieren, Wachsen, Ölen, Fetten, vom Stauen, Zerren und Zurren. Derart harte körperliche Arbeit ist uns ja eher fremd, wie jedermann weiss. Doch Coco ist bald landfein, pieksauber. Kein Stäubchen findet sich mehr im Schiff, die Außenhaut ist dick konserviert, alle Lager und Blöcke sind geschmiert, Silikonfugen sind erneuert, die Bilge ist trockengelegt, die Hölzer eingeölt, die Maschine blitzt und blinkt wie neu. Selbst die Chromleuchten in den Kabinen haben einen feinen Ölfilm abbekommen. Da rostet nix mehr, bis wir nächstes Jahr zurückkommen, jede Wette! Morgen werden wir noch packen, viel ist es ja nicht, das meiste bleibt auf unserem schwimmenden Zweitwohnsitz. Eine Tasche mit Büchern, eine mit Klamotten, mein Notebook, das war's im wesentlichen.

Die Werft in Trapani haben wir ausgesucht, weil sie für unsere Pläne günstig liegt, weil sie preiswert ist (billig im vergleich zu den Balearen),

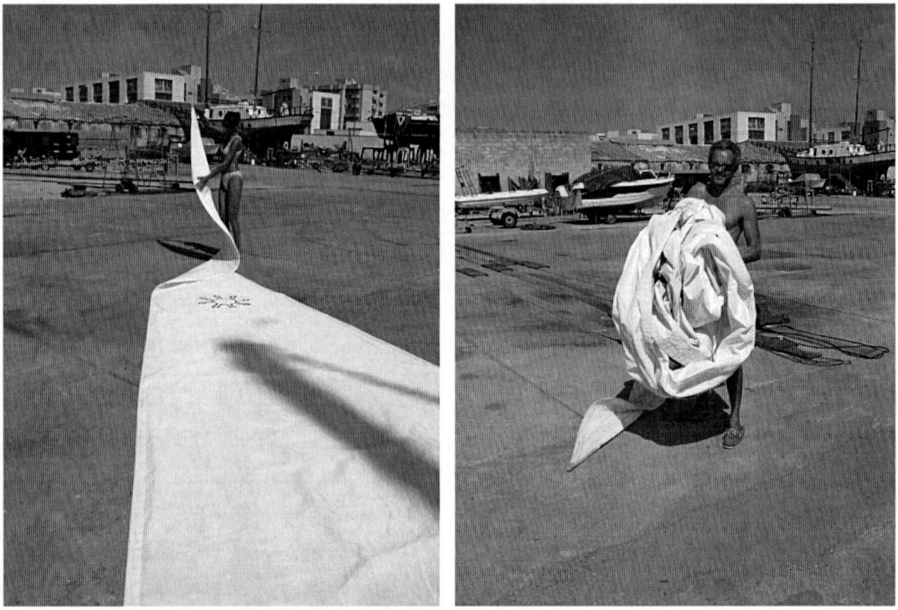

Wie kriegen wir die Dinger bloss sauber zusammengerollt ...?

weil Coco hier sicher an Land stehen kann, und weil Pietro, der General Manager, nach eigenem Bekunden all unsere Wünsche möglich machen will. Die von uns aufgezählten notwendigen Winterarbeiten seien alle „no problemo". Doch trotz unserer derzeit geruhsamen Lebensart haben wir mit der sizilianischen Arbeitsweise noch so unsere Schwierigkeiten. Ein Beispiel: Wir wollen, daß die Segel nicht nur gewaschen, sondern auch geprüft und wo nötig repariert werden. Die Verständigung bei der konkreten Abwicklung des Auftrags muß man sich dann etwa folgendermaßen vorstellen (mehrsprachig, natürlich):
Vormittag: „Pietro, die Segel müssen gewaschen und repariert werden." – „Ok, no problemo, machen wir." – „Perfetto, wann¿" – „Ich schicke euch gleich jemanden rüber, dieci minuti."

Drei Stunden später, am Mobiltelefon: „Pietro, wo ist der Segelmann¿" – „Scusi, wer¿" – „Na der Segelmann. Sollte doch gleich kommen!¿" – „Aah, ja, kommt gleich!" – „Ok, perfetto."

Gegen Abend: „Pietro ..." – „Ciao, come stai¿" – „Äh, ja, danke, gut. Sag, wo ist der Segelmensch¿" – „Wer¿" – „Na, der Segelmensch, der Mann für die Segel, specialista per vele, capisci¿!" – „Wie bitte¿" – „Ok, warte, ich komm mal rüber."

Im ufficio: „Pietro, die Segel sollen doch gewaschen ..." – „Sisisi, ich weiss. Heute ist aber keiner mehr da, kommt gleich morgen früh!" – „Wann, früh¿" – „Wann ihr wollt!" – „Ok, sagen wir um zehn¿" – „Gut, zehn, schönen Abend noch, sonst alles a posto¿ Wohin geht ihr essen¿" (uswusw ...).

Am nachsten Tag, so gegen Mittag, am Handy: „Pietro! Der Segelmensch! Sag: wann¿¿" – „Subito!" – „Prego, veramente, pronto!"

Und tatsächlich, schon kommt auch einer. Ein kleiner alter Mann, ölverschmiert. Das also ist der Segelspezialist der Werft, aha. Der Gute regt sich erst mal in einem ganz speziellen, sizilianischen Idiom ein wenig auf, keine Ahnung was los ist. Nach einigem Hinundher bekommen wir raus, er wurde geschickt die Segel zu waschen. Aber ja, das wissen wir. Nur, WO soll er das denn machen, auf dem Teerboden vielleicht¿ Ja wasweißdennich, SIE sind doch die Fachleute, das soll er halt bitte mit seinem Chef abklären!

Also ruft er Pietro. Der meint, den Boden mit Dampfstrahler abspritzen, dann paßt das. Wir schauen uns an, wundern uns ein wenig, sagen aber nichts, schließlich sind das ja Spezialisten.

Nach der solcherart durchgeführten fachmännischen Reinigung taucht die Frage des Trocknens auf. Flugs sind ein paar rostige Eisengerüste zusammengestellt und die Segel mit Brettern darauf „fixiert" (DAS haben wir glücklicherweise nicht gleich gesehen, sondern erst später ...!).

Am nächsten Morgen liegen die Segel noch immer da. Allerdings nicht auf dem „Trockengestell", sondern daneben. Im Dreck. Über Nacht hat sie der Wind runtergeweht. Nun ist es genug! Ich protestiere: „So geht das nicht. Ihr habt doch wohl einen Fachmann, einen Segelmacher oder sowas?" - „Ja, certo, aber nicht hier. In Palermo!" - „Ah ja. Na, gut, dann schickt eben die Segel zum Check und Ausbessern dorthin!" – Gesagt, getan, so vereinbaren wir das; ist ja alles „no problemo".

Wir sind gespannt, wo unsere Segel nächstes Jahr sein werden, wenn wir wiederkommen ...

Doch nun zurück zu den letzten Törn-Tagen:

Nach unserem sehr beeindruckenden Aufenthalt in Palermo geht es weiter entlang an der sizilianischen Nordküste, zunächst mit Ostkurs. Im Hafen von Cefalu treffen wir unsere Freunde von der SY Eternamente. Das Wiedersehen feiern wir in einer netten Trattoria in dem mittelalterlichen Ort. Die beiden segeln am nächsten Tag weiter zu den liparischen Vulkaninseln. Wir bleiben noch einige Tage hier liegen und erkunden Cefalu und die Umgebung. Auch den Hausberg, den Rocca di Cefalu, gilt es zu besteigen. Unser grenzenloser Konsum der berühmten sizilianischen Süßspeisen (die wirklichen kulinarischen Highlights der

Die Bucht von Cefalu

Insel!) macht uns derartige sportlichen Aktivitäten nicht gerade leicht, doch natürlich meistern wir schließlich auch diese Herausforderung.

Seglerisch ist die Nordküste Siziliens für uns keine große Freude. Wir erleben harte See, schlechtes Wetter, haben Probleme, geeignete Liegeplätze für die Nacht zu finden. Kulturell ist die Region dagegen äußerst interessant, und auch landschaftlich. Eines schönen Tages schaffen wir sogar noch unsere lang ersehnte Wanderung durch den Zingaro Nationalpark. Der Zingaro liegt bei San Vito. Dieser Name wird aufmerksamen Lesern bekannt vorkommen. Ja, tatsächlich, da waren wir schon mal. Dann ist euch auch aufgefallen, daß wir uns nun schon auf dem Rückweg befinden.

Von Cefalu geht es also zurück nach Palermo, wo wir in der Bucht von Mondello, dem angesagten Wochenendziel der Palermitaner, ankern wollen. Doch leider macht uns das Wetter wieder mal einen Strich durch die Rechnung. Auflandiger Wind und Schwell, Ankern ist nicht. Also Hafen! Da in unserem bekannt-bewährten, schmuddelig-schönen Altstadthafen heute leider wirklich kein Platz mehr frei ist, legen wir uns für zwei Nächte in den neuen, aber recht unpersönlichen Sportboothafen, und warten ab daß es draußen besser wird. Nach zwei teuren Nächten (65 Euro je Nacht!) fahren wir dann also unter Maschine bei brutaler Welle – doppelt stutgerongestärkt! – genau gegenan, nach nach San Vito. „Gentlemen never go windward" ist eigentlich ein kluger Ratschlag, aber wir wissen's ja besser! Und bekommen prompt die Quittung präsentiert. Laut Handbuch baut sich an dieser Küste wegen des besonderen Tiefenprofils eine derartige Welle auf, daß sie kleinen Booten gefährlich werden kann. Wir haben es überprüft, es stimmt! Zweimal denken wir an Abdrehen, doch dann gäbe es nur eine Alternative: zurück. Dann denken wir uns, wenn Coco das mitmacht, können wir uns auch nicht hängen lassen. Für Kurzweil ist also gesorgt, und nach viereinhalb Stunden laufen wir schließlich in San Vito ein. Unseren Sundowner nehmen *wir* heute kräftig gerührt und geschüttelt.

Wie schon einmal erwähnt, ist San Vito bekannt für seine günstige Lage in der Nähe zum Nationalpark. Also suchen wir heute zuversichtlich noch einmal die Tourist Information auf und fragen nach Busverbindungen. Fehlanzeige: kein Bus, kein Taxi. Nun wissen wir jedenfalls mit Sicherheit, dass es beim letzten Mal kein Missverständnis war; es gibt tatsächlich keine öffentliche Verbindung dort hin. Wir überlegen mit dem Fahrrad hinzufahren. Doch nach den zwölf Kilometern hätten wir dann wohl kaum noch Lust auf eine lange Fusswanderung, zumal wir ja auch noch zurück radeln müßten; und es ist durchaus bergig hier.

Neben uns in der Marina liegt ein Charterschiff mit italienischer Crew, zwei Pärchen in unserer Altersklasse. Wir kommen ins Gespräch, auch die würden gerne den Park besuchen. Und tatsächlich, sie finden im Ort jemanden, der uns alle mit seinem Wagen hinbringen und wieder abholen will.

So verbringen wir also doch noch einen Tag im Naturpark. Die vier Italiener entspannt an einem der unberührten Badestrände, wir Deutschen auf Schusters Rappen. Nationalitätsunterschiede, Mentalitätsunterschiede. Südländer halten uns Nordeuropäer für nicht ganz normal im Kopf, wenn wir uns zwischen elf und siebzehn Uhr in freier Natur körperlich betätigen. Trotzdem, für uns lohnt sich die Mühe, wir wandern über gepflegte Wege zwischen Meer und Berghängen entlang und genießen wunderschöne Aussichten.

Mit unseren neuen italienischen Freunden verabreden wir uns zum Abendessen. Unser Fahrer hat dazu einen absoluten Geheimtipp. Und wahrhaftig, unter all den kulinarisch eher zweifelhaften, auf Touristen ausgerichteten Lokalen findet sich bei „Bruno Bruni", etwas abseits gelegen, ein exzellentes Lokal mit hervorragenden Antipasti und dem absolut besten Fisch unseres Törns! Drei Gänge, dazu ein guter sizilianischer Weißwein, und wieder alles zusammen umgerechnet gerade mal zwanzig Euro! Überhaupt, die Weine: auf den Karten finden sich kaum je Weine über fünfzehn Euro; und gute, einfache Tischweine kosten selten mehr als 10 000 Lire. In dieser Hinsicht ist Sizilien ein Paradies, zweifellos!

Zwei Tage später kehren wir der Nordküste endgültig den Rücken. Unser Ziel ist Favignana, die größte Insel des egadischen Archipels, westlich vor Sizilien gelegen. Die drei kleinen Inseln haben wir damals nach der Überfahrt von Sardinien praktisch nur im Vorübergehen gesehen. Diesmal wollen wir für ein paar Tage bleiben und Favignana erkunden, die über eine Seltenheit in dieser Gegend verfügt: drei gute Ankerplätze! Gegen fast jede Windrichtung kann man Schutz finden. Zunächst werfen wir Anker in einer namenlosen Bucht im Südosten und treffen unerwartet unsere italienische Chartercrew aus San Vito wieder. Nach einem kurzen Schnorchelgang im kühlen Wasser nehmen wir freudig die Einladung zum Mittagessen an. Die Bordküche tischt kräftig auf. Währenddessen sagen die Wetterberichte Sturm oder Gewitter oder gleich beides zusammen voraus. Wir sind uns alle einig, unter diesen Vorzeichen wäre ein Hafen gut.

Der kleine Fischerhafen von Favignana ist allerdings für balearenverwöhnte Segler eine echte Herausforderung. Der Haupthafen ist mit zwei Reihen von Fischerbooten voll belegt. Daneben soll es zwar noch Anlegenmöglichkeiten im Becken des örtlichen Segelclubs geben, Genaueres ist aber nicht zu erfahren. Am UKW-Funk antwortet keiner. Von außen kann man nur sehen, daß es eng ist. Während wir noch eine Warteschleife auf Beobachtungsposition drehen, läuft ein kleines Segelboot an uns vorbei – und geht prompt auf Grund; doch die freundlichen, hier stationierten Carabinieri helfen beim Bergemanöver mit ihrem starken Schnellboot. Wir sind nun gewarnt und drücken uns ganz nahe am Kai vorbei und gelangen so unversehrt, wenn auch knapp, an einen der wenigen, für unseren Tiefgang geeigneten, Liegeplätze im Clubbecken.

Der einzige Ort der Insel, benannt nach der Insel (oder umgekehrt?) ist recht hübsch und bietet einige Bars und Trattorias unmittelbar in Hafennähe, was auf den italienischen Inseln eher die Ausnahme ist. Die Strassen sind mit großen Steinen gepflastert, den Häusern sieht man den nordafrikanischen Einfluss deutlich an, es gibt eine schlichte kleine Kirche und mehrere Piazzas, auf denen sich das beschauliche Leben abspielt. Ansonsten scheint die Insel sich dem Alternativtourismus verschrieben zu haben, zumindest den Gesichtern und Gestalten vieler Touristen nach zu urteilen. Dennoch sind Umweltschutz oder gar Müllvermeidung hier wie auch sonst überall in Südeuropa noch weitgehend

Die Tuffsteinbrüche von Favignana

unbekannte Begriffe. Der Umweltschutzgedanke manifestiert sich bestenfalls in den mahnenden Aufdrucken auf den Plastiktüten, die am Straßenrand verrotten.

Doch wir mögen den überschaubaren Ort und auch die kleine Insel, die wir leicht an einem guten halben Tag per Rad erkunden. Die westliche Hälfte Favignanas ist bergig, die Ostseite dagegen flach und durchzogen von ausgedehnten Tuffsteinbrüchen, bizarren, von Menschenhand geschaffenen Krater- und Höhlenlandschaften. Hin und wieder entdecken wir darin sogar karge Behausungen! Wer dort wohl leben mag?

In letzter Zeit ist das einzig Konstante am Wetter, daß es sich meist anders entwickelt als vorhergesagt. Seit zwei Tagen liegen wir nun mit Sturmwarnung im Hafen, doch tatsächlich hat es nur Windstärke Zwei. Wir haben genug gesehen vom Stadtleben, wollen wieder ankern. Vorhersage Südost 3 bis 4, das ist okay für unsere Pläne. Wir verabreden uns mit Gianni und seiner Crew in der Cala Rotonda, die nur nach Westen offen ist, und segeln los. In der Bucht ankert bereits ein einsames Segelschiff, das französische Eignerpaar haben wir vor kurzem in Palermo kennengelernt. Sie sind am Anfang ihrer Weltumsegelung. Bald kommen auch unsere Italiener, und mit drei Schiffen ist die Bucht voll. Das Wasser ist kristallklar, Schwimmen und Schnorcheln ist ein Vergnügen. Am Spätnachmittag bezieht sich der Himmel mit einer Dunstschicht, er ist nicht bewölkt aber auch nicht klar. Die Sonne ist nur zu ahnen. Später wird das Licht milchig weiß, dann bleigrau. Eine gespenstische Atmosphäre. Nach dem Abendessen rudern wir rüber zu den Italienern auf einen Plausch. Die erste Nacht ist herrlich ruhig.

Die zweite Nacht nicht. Gegen Mitternacht wird es windig, Böen fallen ein, es rüttelt und pfeift in den Wanten, Schwell läuft in die Bucht.

Wir drei Ankerlieger schwojen unruhig hin und her. Unvermittelt finden *wir* uns in der Lage derjenigen, die etwas nahe am französischen Nachbarn liegen. Immer wieder gehen unsere beiden Schiffe auf Gegenkurs und drehen erst im letzten Augenblick ab. Neu zu ankern wagen wir in dieser Enge und bei diesem Wind nicht in der Dunkelheit. Also gehen wir Ankerwache im Zweistundenrythmus. Ätzend. Am Morgen sehen wir, daß sich die Wellen in der Einfahrt brechen, sehr beeindruckend! Sollte der Wind weiter auf West drehen, sitzen wir in der Falle. Doch an Auslaufen ist so nicht zu denken.

„Gale", „Burrasche", „Starkwind". Dieser Wortschatz ist uns schon in Fleisch und Blut übergegangen. Langsam reicht es. Schließlich sind wir Schönwettersegler!

Wir blättern in einem Buch über die griechischen Inseln im ionischen Meer. Zitat: „Das Wetter gibt selten Anlaß zur Beunruhigung." Und: „Nachts kann die Crew ohne Ankerängste ruhig schlafen." Damit spricht der Autor unsere tiefsten Sehnsüchte an! Das Ziel des nächsten Jahres wird greifbar!

Der Wind: Seglers Freund und Feind zugleich.

Am Nachmittag flaut der Wind ab auf Stärke vier bis fünf, die Brecher werden seltener. Darauf haben wir gewartet. Wir raffen unseren Mut zusammen, holen den Anker an Bord, geben Vollgas und gehen durch. Nach einigen kräftigen Schüttlern sind wir auf See und pflügen mit drittem Reff in Groß und Vorsegel mit Rumpfgeschwindigkeit gen Trapani.

Hier liegen wir nun in der Werft, machen Coco winterfest und erdulden die kulinarischen Errungenschaften West-Siziliens.

* * *

Coco kreuzt unter Vollzeug
zwischen Korsika und Sardinien

Alghero bei Nacht

Blick über die Dächer von Castelsardo auf den Hafen

Typisch Sardinien:
mal rau und hart,
mal zart und lieblich.

Sardinien verwöhnt uns mit
kristallklarem Wasser

Marettimo voraus im Morgendunst

Trapani im Abendlicht

Sizilianische Kontraste
in Trapani

Kathedrale von Palermo

Palermo at night

Vucciria Markt

Trapani

Abendstimmung
auf Favignana

Coco auf dem Weg
zum Winterstellplatz

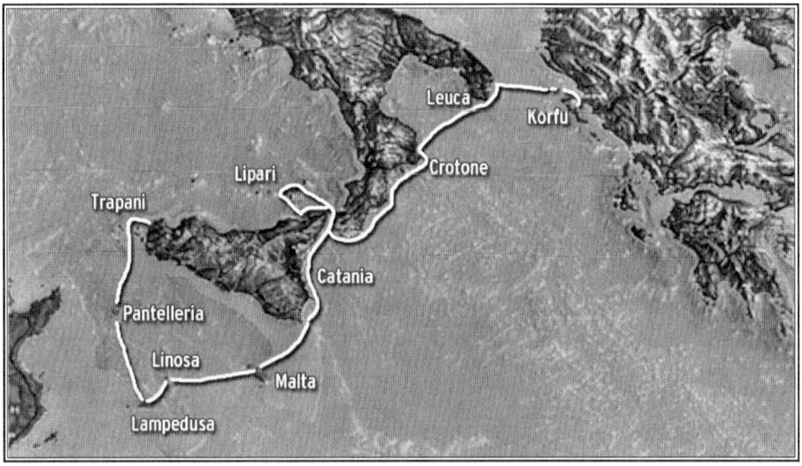

Coco's Reiseroute 2002 (1350 Seemeilen, ca. 2 500 Kilometer):
Sizilien – Pantelleria – Pelagische Inseln – Malta – Äolische Inseln – Ionische Inseln

16 | Inseln, Werften und die Fussball-WM

Sizilien West, Juni 2002. Weißer Granit, grüne Macchia, drüber strahlend blauer Himmel, drunter türkisfarbenes Wasser. Das ist das Panorama, das sich oberhalb meines Laptopbildschirms zeigt. Wir schaukeln gemütlich in einer winzigen Ankerbucht vor Isola Levanzo, knapp acht Seemeilen westlich Sizilien. Wassertemperatur schätzungsweise 22 Grad (Herta schätzt 16 bis 18). Im Dunst ist Trapani noch zu erahnen, die Heimat unserer Coco während der letzten acht Monate.

Dort verbrachten wir auch die vergangene Woche, von Schiffsausrüster zu Schiffsausrüster pilgernd, Schäkel und Blöcke, Desinfektionsmittel für den Wassertank, Öl für den Kompass suchend. Manches auch findend. Die Besitzer der sechs oder sieben lokalen Nautic Shops kennen wir mittlerweile alle. Das Zeremoniell ist immer das gleiche: Du betrittst den Laden. Oft ein finsterer Schuppen oder eine Art Garage ohne Tageslicht. Darin türmen sich auf siebeneinhalb Quadratmetern die Schätze der Branche bis unter die Decke. Manchmal steht, Platz vorausgesetzt, ein Grüppchen Fischer in einer Ecke, lautstark palavernd. Wenn du eintrittst verstummt alles schlagartig und du bist der ungeteilte Mittelpunkt des Interesses. Dann sitzt da ein Typ, die wollene Strickmütze tief ins Gesicht gezogen, Sechstagebart und die unvermeidliche kalte Peroni im Mundwinkel und mustert dich von oben bis unten. Das ist für dich das Zielobjekt. Der sieht alles und weiß alles. Den steuerst du an. Dann stellst du deine Frage, in deinem besten Italienisch, anders geht's nicht, und dann entwickelt sich eine von zwei Varianten: (a) der Blick verdüstert sich, dein Gegenüber bleibt stumm (du weißt nicht, liegt es an deinem schlechten Italienisch oder kann er das Gewünschte nicht bieten¿), oder (b) ein Redeschwall ergießt sich über dich; wenn du diese Prüfung einigermaßen bestehen willst, mußt du jetzt mehrmals ein lautes „Si!“ oder – noch besser – „Sisisi!!“ einwerfen und dabei bedeutungsvoll den Kopf neigen. Dann stehst du entweder gleich wieder auf der Straße und versuchst dein Glück beim nächsten, oder das Lager wird auf den Kopf gestellt bis das Gesuchte gefunden ist.

Sodann folgt der harte Part: Kopfüber im Ankerkasten, im Maschinenraum oder sonstwo hängend, bei fünfunddreißig Grad im Schatten, kannst du das Teil einbauen – und von Glück sagen, wenn du Leatherman und Spannungsprüfer hast.

Ihr merkt es schon, wir genießen wieder die Freuden des Seglerlebens!

Vergangene Nacht hatten wir einen Wassereinbruch zu vermelden! Unser grünes Volvo-Monster plätscherte fröhlich gerade noch über der Oberfläche. Ursache: Undichtes Wellenlager! Da hilft auch der Leatherman nix, wenn man nicht weiß, wie die Dinge funktionieren. Also zurück zur Werft. Der Mechanico repariert die Sache, ich schaue zu. Das nächste Mal können wir uns selber helfen. Segeln ist lehrreich.

Gekostet hat's übrigens nichts, außer Trinkgeld. Überhaupt war die Entscheidung für die Werft in Trapani aus heutiger Sicht gut. Alles hat funktioniert, alle Abmachungen wurden eingehalten (darauf waren wir nicht vorbereitet) und für Mallorca-Geschädigte sind die Preise absolut akzeptabel. Es ist schon ein gewaltiger Unterschied, ob man vor Mallorca segelt, wo es in den Marinas alles gibt, was das Seglerherz begehrt, und wo man sich im Notfall immer auf Deutsch verständigen kann (wer weiss schon, wie Wellenlager auf spanisch oder italienisch heißt¿). Oder ob man vor Sizilien segelt. Hier sind andere Tugenden gefordert: Genügsamkeit, Improvisationstalent, Schauspielkunst – und eine kräftige Portion Geduld. Damit erreicht man alles. Früher oder später. Auch ein gewisses Maß an Leidensfähigkeit kann hilfreich sein: das geringe Angebot an brauchbaren Marinas und guten Ankerplätzen plagt den Freizeitskipper; längsseits gehen an ölverschmierten Fischtrawlern oder an mit rostigem Eisen bewehrten Industriepiers ist jedermanns Sache nicht. Allerdings entschädigt Sizilien auch reichlich: Mit einer Herzlichkeit, die auf den ersten Blick überhaupt nicht sichtbar ist, und mit Kultur im Überfluss. Griechen, Römer, Araber, Normannen und viele andere haben hier ihre Spuren hinterlassen: normannische Kirchen mit leuchtend rosafarbenen arabischen Kuppeln in Palermo, weiße oder braune kubische Häuser auf Isola Marettimo, Fisch-Couscous in Castellamare, das Multikulturelle ist in vielen Bereichen erlebbar.

Nun aber zieht es uns Ruhelose vehement weiter Richtung Griechenland, hinüber zu den Inseln mit den zahlreichen herrlichen Ankerplätzen, günstigen Tavernen und traumhaften Sonnenuntergängen. Die weiteren Kulturstopps in Sizilien werden deshalb wohl eher knapp bemessen sein. In den nächsten Tagen gehts hinunter nach Süden, einen 65-Meilen-Schlag zur Lavainsel Pantelleria, die näher an Afrika als an Europa liegt. Von dort weiter über Lampedusa und Linosa (die Inseln liegen abseits, etwa auf der Höhe von Casablanca und Damaskus; wann kommt man da sonst schon mal hin¿), und von dort nach Malta und Gozo. Dann zurück an die Ostküste Siziliens, natürlich wollen wir uns Syrakus und Taormina ansehen. Aber danach wird es an der Stiefelsohle entlang schnellstens ostwärts gehen. Wir sind gespannt.

Auch das aktuelle Sportgeschehen bleibt uns hier auf dem Schiff nicht verborgen. Heute waren wir auf der Deutschen Welle mit on air, als Deutschland gegen USA das 1:0 hinüberzitterte. Sportlich steht der

Start zum diesjährigen Törn also unter besten Vorzeichen. Deutschland wird Weltmeister, und Coco ist wieder in ihrem Element! Italien ist leider schon draussen, ein Endspiel Deutschland – Italien wäre hier sicher eine Sensation gewesen. Unser Tankwart (wir hatten letzte Woche einen Mietwagen) raunte mir am Tag nach dem Golden Goal zu, dass das Ganze ein abgekartetes Spiel war, logisch, das sehe man ja! Mafia, Bestechung, que Bordello ...! Italien gegen Korea verloren, völlig unmöglich sowas. Ich hab die Gelegenheit genutzt und schnell noch ein paar Wörter gelernt, die ich sicher noch mal gut gebrauchen kann ...

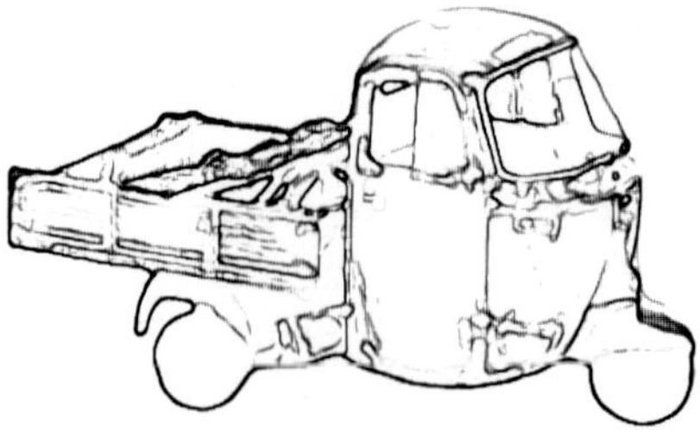

17 | Vorurteile und Geheimtipps

Pantelleria – Lampedusa, Juni 2002. „Wenn du glaubst, Trapani sei ein finsteres Loch, dann komm' erst mal nach Mazara del Vallo!" Das war wieder mal einer dieser erster Eindrücke, die uns bald zeigen, dass man kein vorschnelles Urteil treffen soll.

Am 22. Juni kommen wir mit dreißig Knoten Wind im Rücken in Mazara del Vallo an. Der 40 000 Seelen-Ort liegt südlich von Marsala, wo der berühmte süße Wein herkommt. Der Hafen ist voll mit Fischtrawlern, der kleine Steg des hiesigen Segelclubs ist auf Gastlieger nicht eingestellt. Der Vorhafen ist aber riesig, und so ankern wir hinter dem wuchtigen Wellenbrecher. Ist uns eh lieber, kost' ja nix. Es ist mit Stärke 7 mal wieder windig und böig und der Wind ist brutal heiß. Aber hier liegen wir sicher. Als gegen 1900 die Hitze etwas nachlässt, gehen wir mit dem Beiboot an Land. Wir spazieren durch die Kasbah – die Altstadt wird hier tatsächlich genannt wie in Nordafrika. Riesige rostige und ausgeschlachtete Fischereikähne knarren längsseits der Mole in ihren Landleinen, leere Luken gähnen uns entgegen, zerfetzte Netze und Reste alter Schiffsmotoren beleben das Bild. Die Mole zieht sich an einem kleinen Flüßchen entlang, das dem Ort dem Namen gab, bis hinein in die Altstadt. Auf der anderen Straßenseite schlichte Wohnhäuser. Im rosigen Abendlicht hat das Ganze noch einigen mediterranen Charme, doch wenn man es sich in der Mittagshitze vorstellt …! Grobschlächtige, wettergegerbte Gesellen dösen im Schatten, und so ganz wohl ist uns bei diesem Spaziergang nicht. Doch natürlich passiert gar nichts, wir schauen und werden beschaut, das ist alles.

Aber wir lassen uns nicht abbringen, dies ist ein ganz finsterer Ort. Doch irgendwann gelangen wir auf unserem Irrweg durch die Gassen unvermutet auf eine luftige Piazza. Umgeben ist sie von einem beeindrucken Palazzo und der Kathedrale. Der Himmel glänzt dunkelblau, die Bogengänge sind beleuchtet, der Vollmond steht über den grün glasierten Kuppeln. Wir gönnen uns einen Aperitiv im Cafè. Wunderbar, dieses Mazara.

Heute ist Volksfest in der Stadt. Eine Band beschallt die Strandpromenade und den Vorhafen. Mehr laut als schön. Bis Mitternacht dröhnen die Bässe, plärren die Lautsprecher. Südländischer Frohsinn. Dann ist Ruhe. Kurz. Nach Mitternacht geht der erste Fischer raus. Dann der nächste. Und dann bis zum frühen Morgen im Fünfmitutentakt. Von wegen, Fischer arbeiten sonntags nicht … Jeder auslaufende Kahn macht einen Mordsschwell, und so sind wir dann auch schon früh putzmunter, lichten um 0730 Anker und machen uns auf zur Überfahrt nach Pantelleria.

Null Wind. Kein Hauch. Dunst rundum. Wir motoren. Unterwegs bringen wir Rasmus, dem Gott der Seefahrer, ein Opfer in Form mehrerer großzügiger Schlucke unseres guten, teuren Mahon-Gins. Der scheint ihm zu schmecken, denn er schiebt uns mit eineinhalb Knoten Strom südwärts, was uns auf der sechzig Meilen langen Strecke gut sieben Meilen erspart (wg. Differenz von Fahrt durchs Wasser gegen Fahrt über Grund – für die, die es interessiert). Außerdem sind wir natürlich schnell, in der Spitze 9 Knoten über Grund (bei 7,5 kt durchs Wasser). Auf dem Weg liegen Positionen mit einschüchternd klingenden Namen wie „Adventure Bank“ oder „Terrible Bank“. Aber alles geht klar. Bis der Nebel kommt. Mittags um 1130! Richtig dicke Suppe, wir sehen eine Stunde lang gerade noch unseren eigenen Bugkorb. Der erste echte Einsatz für unser Radar. Es ist zwar kaum was los hier, aber wenn man mit Topspeed blind durchs Nichts braust, dann fühlt man sich mit dem dritten Auge schon viel wohler.

Die „Insel der Winde“ empfängt uns mit Flaute. Doch dank Diesels Erfindung und Rasmus' Hilfe liegen wir schon nach acht Stunden, statt der kalkulierten elf, im Hafen von Pantelleria auf der gleichnamigen Insel. Gut vertäut „im Päckchen“ neben einer herrlichen luxemburgischen 50 Fuß Super Maramu. Der nette Skipper hat uns herangewunken, längsseits zu gehen! Und als Zugabe bekommen wir auch noch einen prima Tipp für's Abendessen. Den Rest des Nachmittags verbringen wir dösend im Cockpit und unter Deck, der Sonne entfliehend, und versuchen den verlorenen Schlaf der letzten Nacht nachzuholen.

Abends nach 2100 erwacht der Ort zum Leben. Auf der Uferpromenade um den Porto Vecchio ist Massenauflauf. Fare Bella Figura ist angesagt. Jung und alt, alles ist auf den Beinen. Wir lassen uns erst die Pizza im Geheimtipp der Luxemburger schmecken, und machen danach selbst auch bella figura, so gut es halt geht im verschwitzen Seglershirt.

Der Ort scheint gerade entdeckt zu werden. Aussteiger mit Häkelmützchen auf dem Kopf, New-Ager, Alt-Achtundzechziger, alles ist vertreten. Das Völkchen ist bunt, easy going ist die Devise, alles erinnert ein bißchen an Ibiza vor zwanzig Jahren. Wir fühlen uns recht wohl hier.

Am nächsten Morgen holen wir unsere Mountainbikes raus und erkunden die Insel. An einem Tag ein paar Kilometer westlich, am anderen etwas östlich. Schließlich wollen wir's wissen und radeln einmal ganz rundrum. Rechnerisch sind fünfundvierzig Kilometer locker in vier Stunden zu schaffen. Aber nicht bei fünfunddreißig Grad Hitze ohne Schatten, und ständiger Berg- und Talfahrt (wir hatten zwar zuvor gefragt, aber wie das so ist, von Einheimischen hören wir immer: „no problemo" ...). Naja, jedenfalls sind wir vor Einbruch der Dunkelheit zurück. Am Ende unserer Kräfte zwar, aber voll mit neuen Eindrücken.

Die Insel fasziniert mit ausgedehnten schwarzen Lavafeldern, manchmal unterbrochen von sattgrünem Bewuchs, dazwischen immer wieder rote und lilafarbene Blütenpracht. Und überall blühende, wilde Kapernsträucher, die Spezialität der Insel.
In den höheren Lagen finden wir Palmen unmittelbar neben Nadelbäumen!

Kapernblüte

Ein typisches Dammuso auf Pantelleria

Die flachen Häuser im typischen Inselstil, „Dammusi" genannt, sind quaderförmig aus schwarzem Lavastein geschichtet, die bis zu zwei Meter dicken Mauern halten die Hitze draußen, die leuchtend weiß gekalkten Dächer dienen zum Auffangen des raren Regenwassers.

Im Hafen hat mittlerweile eine deutsche 20-Meter-Yacht festgemacht. Der Skipper erzählt uns, dass er sein Geld u.a. mit der Entwicklung von Katalysatoren für Jaguar-Oldtimer gemacht habe. Und dass sein Zweimaster im zweiten Weltkrieg in Deutschland geplant worden sei, dann aber nach dem Krieg in England gebaut wurde und seither mit viel Aufwand ständig restauriert wird. Das Schiff hat zwei Masten, dazu zwei gewaltige Panzerdiesel, außerdem zwei Buganker, zwei Geschirrspül- und zwei Waschmaschinen! Wir fragen gar nicht erst, was sonst noch so alles doppelt drin ist. So was wiegt dann am Ende auch knapp einhundert Tonnen. Aber ein extra Haus braucht man da nicht mehr. Die Einladung für's Abendbrot schlagen wir natürlich nicht aus, und so schlemmen wir am Abend, was Küche und Weinkeller hergeben.

Von den Sünden der Völlerei erholen wir uns anderntags am Schwefelsee. Ein türkisfarben schimmernder Salzwassersee mitten in der Insel. Der Grund ist zäher, stinkender Schlamm. Die Leute schmieren sich das klebrige Zeug begeistert auf die Haut, wir machen das auch, und als das Zeug trocknet, sehen wir aus wie die fränkische Guerilla beim Angriff auf Pantelleria. Sehr spaßig. Hauptsache es macht schön!

Doch wir sind ja nicht nur zum Vergnügen hier. Schließlich müssen wir auch mal wieder was tun, segeltechnisch. So beschließen wir, an die Südseite der Insel zu verholen und am Abend von dort aus zur Überfahrt nach Lampedusa zu starten. So kochen wir uns an der einsamsten Stelle der Welt noch ein schönes Abendessen an Bord, und um 2200 geht's dann hinein ins Blaue, im wahrsten Sinn des Worts.

Der größte Teil der Strecke verläuft durch afrikanische Gewässer. Viel anders als europäische Gewässer sehen die auch nicht aus. Zwölf Stunden später, nach einer ruhigen Fahrt, größtenteils unter Maschine, sichten wir Lampedusa voraus im Morgenlicht. Wir passieren die unter Naturschutz stehenden Isole de Coniglia, wo eine kleine Kolonie der letzten Karettschildkröten des Mittelmeeres leben soll, und legen uns dann vor Anker in eine Bucht auf ..., jawohl: Sandgrund. Herrlich haltender, sicherer Sandgrund! Wir glauben's kaum. Tatsächlich gibt es hier zwei Sandstrände, die einzigen der pelagischen Inseln. Das sind Ankerplätze nach unserem Geschmack!

Wir holen Schlaf nach, machen einen Schnorchelgang. Später tauche ich ein in die letzten Geheimnisse unseres Funkgeräts und unseres Navigationssystems. Es gibt doch immer wieder was Neues zu finden!

Am nächsten Abend werfen wir Anker im Vorhafen von Porto Lampedusa. Optisch ist der Ort wieder eine Mischung aus Italien und Nordafrika, kubische Häuser in Ocker, Weiß und Rosa.

Porto Lampedusa

Hier auf Lampedusa entdecken wir ein Lokal, das wir zu den besten unserer gesamten bisherigen Seglerzeit zählen: das „Polpo Escondito“. Es ist ein Ristorante mit viel Geschmack. Das gilt für die Einrichtung, für die Speisen, und besonders auch für das Personal. Die fünf, sechs Leute wurden offenbar geschlossen aus einer Model-Agentur abgeworben. Aber nicht nur schön, auch noch supernett sind die Mädels. Es ist nicht leicht, sich auf die Speisen zu konzentrieren. Naturalmente hatten wir keine prenotazione, doch das ist no problemo. Due posti sind schnell gefunden, und um uns die ohnehin kurze Wartezeit zu versüßen, reicht der Wirt vorn an der Bar erst mal zwei kleine Prosecci auf Kosten des Hauses. Wir verbringen hier einen sehr schönen Abend. Das Essen übertrifft alle Erwartungen. Immerhin ist Lampedusa ja nicht Mailand ... Und last not least wird nicht einmal unser Budget übermäßig strapaziert. Also: das ist unser Geheimtipp für alle, die demnächst mal hierher kommen wollen.

Auf Sonne folgt bekanntlich Regen, und auf einen wunderschönen Abend folgt eine durchschaukelte Nacht. So verlassen wir morgens genervt und übernächtigt den unruhig gewordenen Ankerplatz in Lampedusa und setzen Segel. Das Eiland Linosa ist unser Ziel.

18 | Von kleinen Eilanden und kulinarischen Fehltritten

Linosa – Malta, Juli 2002. Unsere Inseln werden auch immer kleiner. Isola Linosa ist wirklich das, was man sich bildhaft unter einem „Eiland“ vorstellt. Eigentlich sind es nur zwei Vulkankegel, Gesamtfläche 5,3 Quadratkilometer. Laut Handbuch gibt es zwei Häfen, keiner ist sicher. Trotzdem, wir wollen hin. Nach einer rauschenden Überfahrt mit 7 bis 8 Knoten Speed und kräftiger Stutgeron-Welle erreichen wir die Insel nach fünf Stunden.

Der Hafen ist leicht zu finden. Das Ambiente ist unvergleichlich: Es sieht aus, als sei der Hafen (oder was sich dafür hält – siehe weiter unten) mitten in das Kraterbecker eines Vulkans hineingebaut worden. Rundum erhebt sich eine steile schwarze Lavawand, vorn ist eine Betonpier zementiert. Am inneren Ende sehen wir eine Art Badestrand mit drei Sonnenschirmen, die sich blendend weiß vom schwarzen Sand abheben.

Am Molenkopf schaukeln vier riesige französische Tunfisch-Trawler im Päckchen kräftig auf und ab und versperren die Sicht auf's Innere; vor der Einfahrt drehen noch ein paar weitere ihre Kreise. Wir wundern uns, was die Riesendinger so fern der Heimat hier auf dieser Mini-Insel tun; als wir später fragen, erfahren wir, dass sie hier Schutz suchen bis die See wieder ruhiger wird.

Vorsichtig tasten wir uns gegen den Wind an die Mole heran, Meter um Meter. Wir sehen, dass hinter den Trawlern der Rest der Mole bis auf einen einzigen Fischerkahn völlig frei ist. Super, da gehen wir längsseits, e basta! Aber – Überraschung: entlang der gesamten Mole liegen große Steine am Grund! An längsseits gehen ist überhaupt nicht zu denken. Also Abbruch, Kreise drehen. Es pfeift nicht schlecht und wir bemühen uns nach Kräften, Kontakt mit den Steinen, den Trawlern und dem Grund zu vermeiden.

Wir unternehmen mehrere Ankerversuche im Hafenbecken. Doch im gesamten Bereich liegen immer wieder Brocken knapp unter der Oberfläche. Irgendeiner stört immer. Schließlich legen wir den Haken provisorisch auf den Grund, beten, daß Coco für eine Zeit lang selbst aufpaßt und berufen im Cockpit eine Krisensitzung ein. Die Situation:

Wind 5 bis 6 aus Ost-Südost, zunehmend; kräftige Welle im Vorhafen; erträglicher Schwell hinter der Mole, dort aber viele Steine; Ankermöglichkeiten miserabel; längsseits an der Mole unmöglich. Die Alternativen: Sizilien liegt zirka 100 Meilen nördlich, dorthin wollen wir nicht. Zurück nach Lampedusa? Niemals. Freiwillig schenken wir doch keine Meile her! Und gleich weiter nach Malta? Achtzig Meilen hart am Wind, nein danke, heute nicht mehr! Also bleiben wir. Schließlich finden wir eine brauchbare Lösung: wir gehen römisch-katholisch, also mit Buganker, Heck voraus, an die Pier und halten uns mit unseren längsten Landleinen gut zehn Meter fern von Beton und Steinen. Auf dem kleinen Fischerboot sind derweil zwei Mann aufgetaucht, sie helfen uns mit einer eigenen Leine. Mit vereinter Kraft liegen wir schließlich gut.

Tagesfazit: fünf Stunden Segeln, drei Stunden Anlegen.

Wir teilen uns den Hafen mit französischen Fischtrawlern

Was wären wir Freizeitskipper ohne die hilfsbereiten Berufsfischer? Für Herta sind sie die wahren Helden der Meere. Wenn uns bei kräftigem Wetter vom Geschaukele angst und bang wird, und wir sichten irgendwo weit draußen einen dieser kleinen Kähne, wie er ohne den sicheren, schweren Bleikiel einer Segeljacht in den Wellen auf und ab tanzt, dann wird klar, daß die Jungs diesen Titel wahrhaft verdienen.

Bei der Anlegeaktion im Westhafen von Linosa lerne ich auch gleich das beste Schnorchelrevier der Insel kennen: es ist hier, mitten im Hafen. Dort befindet sich zugleich auch der beste – weil einzige – Sandstrand der Insel. Pechschwarz, wie alles hier. Nein, nicht alles: die Häuser im nahe gelegenen Dorf sind knallig bunt bemalt, knallgelb, lippenstiftrot, himmelblau, grasgrün. Wir fühlen uns an einem unwirklichen Platz, einerseits die düstere Vulkaninsel, andererseits eine fröhlich karibische Dorfidylle! Phantastisch!

Selbstverständlich erklimmen wir den Gipfel unseres Vulkans. Auf dem Weg kommen wir an mehreren Kratern vorbei. Mitten drin, am Kratergrund, sind kleine Plantagen mit niedrigen Natursteinmauern umgrenzt, darin Kakteen. Wir steigen weiter auf, über Schutt- und Geröll, rutschig und steil aufwärts. Oben angelangt, eröffnet sich ein atemberaubender Anblick. Bis zum Horizont die silberne See, zu unseren Füssen der einsame kleine Hafen, darin ein paar helle Flecke, die Boote, im tiefdunkelgrünen Wasser, und rundum in Schwarz, Rot und Hellbraun die Insel. Einen solchen Anblick genießt man nicht oft, dafür lohnt sich jeder Weg!

Wieder zurück im Hafen, schnappen wir beim Plausch mit den Fischern was von „Mistral“ auf. Nichts Bestimmtes, aber einer der Fischer hat „so ein Gefühl“. Wir legen mal den Zweitanker noch in Luv auf den Grund und harren gemeinsam der Dinge. Gegen Abend läßt der Südwind nach, der seit zwei Tagen kräftig weht. Wir entspannen uns, es ist fast Flaute. Kurz vor Einbruch der Dunkelheit legen die Fischer dann aber überraschend ab und ankern in der Bucht gegenüber. Wir fragen uns, ob die was wissen und wir nicht, bleiben aber. Den Platz an der Mole hatten wir uns ja schließlich hart erkämpft.

Das bereuen wir in den folgenden zwölf Stunden bitter. Eine Stunde später, es ist stockdunkel, beginnt der Tanz. Der Wind hat gedreht, jetzt bläst der Maestrale kräftig aus Nordwest um den mittlerweile unsichtbaren Vulkankegel und drückt gegen die Pier. Binnen kurzem steht kräftiger Schwell und läßt uns fröhlich Aufzug fahren. Wie gut, dass wir den zweiten Anker draußen haben und mit unseren längsten Leinen gut weg sind vom Beton. Trotzdem wird es eine Höllennacht. Kein Auge tun wir zu. Im ersten Morgenlicht klaren wir auf, lösen die Leinen, gehen Anker auf und verlegen uns demütig in die Nähe unserer klügeren Freunde. Man weiß es ja immer besser, und der deutsche Wetterbericht hat ja nichts davon gesagt (den guten italienischen Meteomar über UKW-Funk konnten wir hier nicht reinkriegen). Ich jedenfalls verspreche Herta, dass wir das nächste Mal, wenn sich ein Fischer in unserer Nähe auch nur zehn Meter weit bewegt, sofort mit dabei sind.

Am Ende des Tages hat sich das Wetter beruhigt. Zwar steht noch die ruppige Welle, die der Mistral aufgebaut hat, aber alle Vorzeichen sind gut. So fassen wir mal wieder einen unserer schnellen Entschlüsse, lichten Anker und verlassen mit der untergehenden Sonne das malerische Eiland Linosa mit rechtweisendem Kurs 82 Grad, Malta.

Die Überfahrt ist teils heftig, teils ruhig. Die erste Hälfte legen wir unter Segeln mit schönem raumem fünfer Wind in schneller Fahrt zurück. Die immer wieder von backbord anrollenden Brecher nimmt Coco eins-A. Als dann aber um 0200 Uhr der fahle Mond genau vor uns aufgeht, geht der Wind fast schlagartig zurück auf nahe Null. Die Dünung aber bleibt. Maschine an. Unter diesen Bedingungen die Segel stehen zu lassen bedeutet massiven Materialverschleiß, weil sie mit jeder Welle rabiat hin und her flappen. Also weg damit. Nur ein kleiner Rest des Großsegels bleibt stehen, zwecks Stabilisierung. Uns haut's rum, aber beim Wachwechsel stehen wir vor Gozo, unter den rosa-goldenen Strahlen der Morgensonne.

Wir setzen die maltesische Flagge und gehen durch den Comino-Channel, runden das nordwestliche Kap Maltas und legen uns erst mal in der St. Paul's Bay vor Anker. Genau hier hat damals der heilige Paulus Schiffbruch erlitten, und bei der Gelegenheit gleich Malta missioniert. Was für ein herrlicher Platz! Hellbraune Klippen über dem glasklaren Wasser. Coco schwebt förmlich über dem Sandgrund, wir erkennen am Boden jedes Steinchen klar wie durch eine Glasscheibe.

Im Augenblick sind wir illegale Einwanderer, die vorgeschriebenen Einklarierungen bei Zoll und Immigration haben wir noch nicht erledigt. Aber erst ist mal Ausschlafen auf dem Plan. Man will den Offiziellen ja nicht mit tiefen Ringen unter den Augen gegenüber treten. Schnell noch zur Erfrischung eine kleine Runde ums Boot geschwommen, dann ab in die Koje.

Kurz nach Mittag ist die Besatzung der Coco de Mer wieder vollzählig und bei einigermaßen klarem Bewußtsein an Deck versammelt. Um den Formalien Genüge zu tun, aber auch, um unsere Wasser- und Dieselvorräte wieder aufzufüllen, setzen wir vorschriftsmäßig die gelbe Quarantäne-Flagge unter der Steuerbordsaling und laufen Valetta an. Je näher wir an die Hauptstadt kommen, um so dichter ist die Küste besiedelt. Kein Quadratmeter ist ungenutzt. Ein Hochhaus neben dem anderen, die Hügel dahinter dicht an dicht bebaut. Beim Einlaufen begrüßen uns die gewaltigen Festungsanlagen des Fort St. Elmo, wir kommen uns winzig klein vor. Nach der vielen Natur auf unserer bisherigen Reise wirkt das alles hier auf uns gigantisch und überdimensioniert. Auch der Naturhafen von Marsamxett Harbour mit seinen drei Seitenarmen und Manoel Island in der Mitte ist riesig. Unmittelbar südlich von Marsamxett liegt noch der gigantische Grand Harbour, der aber vorwiegend der Großschifffahrt vorbehalten ist. Dort liegen unsere natürlichen Feinde (besonders auf Nachtfahrten), die Riesen der Meere: Containerfrachter, Tanker und Kreuzfahrtschiffe. Getrennt sind die beiden Häfen durch die Landzunge, auf der die Stadt Valetta liegt.

Vor Manoel Island legen wir an. Laut Handbuch sollen dort die Behörden ihre Büros haben. Hier ist gerade eine neue private Marina im Entstehen, die wir so zufällig entdecken. Marc, der freundliche Manager, weist uns persönlich einen Platz zu mit zwei Grundleinen, ein seltener Luxus. Als wir dann einklarieren wollen, erfahren wir, dass die Zollbehörden hier schon lange nicht mehr ihren Sitz haben, sie sind vor Jahren umgezogen zur Msida Marina im nächsten Seitenarm, wo es Liegeplätze für 900 (!) Jachten gibt. Was soll's, ich packe den Klapproller aus und düse hinüber. Doch wir haben 35 Grad im Schatten, und so stehe ich trotz des erfrischenden Fahrtwinds kurze Zeit später im Schweiße meines Angesichts vor dem Immigration Officer. Unseren vorangegangenen Ankerstopp verschweige ich auf die entsprechende Frage, und so geht alles reibungslos, ich bin bald wieder entlassen. Nun sind wir legalisiert. Solcherart im Status gestiegen, führt der erste Weg zum Bancomat. Malta ist (zurzeit noch) kein EU-Staat und hat als Währung das Maltesische Pfund, auch Lira genannt. Euros werden nur widerwillig akzeptiert. Kurz nach der Euroumstellung gewöhnen wir uns hier wieder ans Bezahlen mit Kupfer- und Nickelmünzen; hier ist Kleingeld noch was wert, und entsprechend häufig im Gebrauch.

Valetta erscheint riesig, doch beim Spaziergang durch die Stadt zeigt sich, dass sie gut zu Fuß zu erlaufen ist. Die Stadt zählt zu den ersten, die vollständig am Reißbrett entworfen wurden, und das bereits Mitte des 16. Jahrhunderts. Die Gassen verlaufen schachbrettartig, führen manchmal steil bergauf und bergab, mit Treppen statt Gehsteigen. Oft hat man einen Blick bis zum Meer auf der anderen Seite. Die Häuserfassaden aus helbraunem Sandstein wirken vornehm, leicht und luftig. Wesentlich zu dieser Wirkung tragen die berühmten Holzbalkone bei, die an nahezu jedem Haus zu finden sind. Fast immer grün gestrichen, erlauben sie durch die Variierung der Fensterstellungen eine Klimatisierung der Innenräume, und ausreichend privacy für die Bewohner.

Mit unserem kleinen Beiboot und dem 3 PS Yamaha Außenborder unternehmen wir eine kleine Hafenrundfahrt. Leider geht uns dabei der Sprit aus, und unser Quirl will nicht mehr anspringen. Natürlich passiert das genau beim Queren der Hafeneinfahrt. Hatte ich schon erwähnt, dass es sich hier um einen größeren Hafen handelt …¿ Einen der größten im Mittelmeer, um genau zu sein …¿ Klar, dass gerade eine Regatta zu Ende ist und die Heimkehrer in großer Zahl dem heimatlichen Hafen zustreben. Es gelingt uns, auf unser Mißgeschick aufmerksam zu machen, und eine schöne Yacht unter Kevlarsegeln fährt dicht bei uns

Die Holzbalkone sind ein Wahrzeichen Valettas

eine sportliche Wende, wir halten den Atem an, sie geben eine Leine über und nehmen uns in Schlepp. Alles sehr gekonnt und molto elegante, die Flagge weist die Crew als Italiener aus, bella figura, claro. Leider versinkt ihre flugs noch zugeworfene Visitenkarte in den Fluten, so können wir später unseren Dank nicht gebührend abstatten.

Zu den weniger ruhmreichen Kapiteln Maltas gehört die maltesische Küche. Sie ist englisch beeinflußt. Jeder weiß was das heißt: man träumt beim Essen von Italien! Nach einigen als gescheitert zu bezeichnenden Versuchen, uns der maltesischen Küche vorurteilsfrei und freundschaftlich zu nähern, konzentrieren wir unsere maltesische Diät auf Spare Ribs und Chicken Wings und fühlen uns damit zunächst einigermaßen sicher. Doch auch da ist man vor Überraschungen nicht gefeit. So entpuppen sich „Spicy Chicken Wings with Chili Sauce“ schon mal als Gummibroiler mit Ketchup. Man kann uns ja nun wirklich nicht nachsagen, wir würden Engländer nicht schätzen. Einige unserer interessantesten Segelbekanntschaften sind Engländer, und wir freuen uns immer, wenn Engländer neben uns ankern, weil die das nach unseren Erfahrungen am besten machen. Last not least segeln wir ja auch selbst ein englisches Schiff. Doch was das Essen angeht, so können wir nur schwer nachvollziehen, wie diese Nation den Lauf der Geschichte bei solch einer Kost überleben konnte.

Unsere Streifzüge durch maltesische Supermärkte waren bisher auch nicht die reine Freude. Das Sortiment trifft den englischen Geschmack, natürlich. „Liver and Apple Paste“ hört sich nicht berauschend an, ebensowenig „Mushroom Garlic Soup“. Wenn man dazu noch die Fotos auf den Packungen betrachtet, beschließt man gerne, zunächst die Brotreste an Bord nochmal aufzubacken. Und natürlich gibt es die berüchtigte englische Dosenspezialität in ‘zig Variationen: Cooked Beans, White Beans, Red Beans, Black Beans, Kidney Beans, Elephant Beans, Baked Beans, Butter Beans …

Neben den bekannten internationalen Biermarken in grünen Flaschen oder Dosen, kommt hier selbstredend vor allem englisches Bier, gerne verspottet, zum Ausschank. Als Franke, also gewissermaßen von

Geburt an in Bierfragen durchaus bewandert, wage ich zu behaupten, dass das englische Bier – Ale, Lager oder Stout – so übel gar nicht ist. Allerdings braucht man, um es zu genießen, die Atmosphäre eines guten Pub. In fränkischen Biergärten käme es sicher zu Ausschreitungen.

Neben dergleichen gewagten kulinarischen Ausflügen unternehmen wir auch allerlei kulturelle und naturkundliche Streifzüge durch die maltesische Inselwelt. Doch dazu später mehr.

19 | Käpt'n Morgan und die Blaue Lagune

Malta – Comino – Gozo, Juli 2002. Ein Hitzerekord jagt den anderen. Wir hängen ab, machen statt zweien oder dreien nur ein „Projekt" pro Tag. So besteht der Logbucheintrag am 6. Juli lediglich aus fünf Zeilen. Bißchen wenig für's Protokoll. Nach kurzer Gewöhnungsphase gibt's aber von den nächsten Tagen schon wieder mehr zu berichten:

Wie wir erfahren, besitzen die maltesischen Inseln eben so viele Kirchen wie Rom, mehr als dreihundert an der Zahl! Darunter auch – mit fünfundsiebzig Metern Durchmesser – eine der größten Kuppelbauten Europas, und das auf der kleinen Insel Gozo. Jeder Haushalt hat neben der Tür oder im Fenster seinen persönlichen Heiligen hängen oder stehen. In die Gotteshäuser darf aber nur, wer lange Beinkleider trägt, mit Shorts und T-Shirts finden wir vor den Augen der Kirche keine Gnade. Dafür werden die Kirchen der Hauptstadt nachts mit grellbunten Lichterketten illuminiert. Und Abertausende maltesischer Lira werden für Feuerwerke im wahrsten Sinn des Wortes verpulvert. Kein Tag ohne Kriegslärm. Jede Gemeinde will die benachbarte übertreffen. Am Anfang zucken wir noch zusammen, wenn am hellichten Tag plötzlich in der Nähe eine Salve loskracht, aber nach einigen Tagen haben wir uns an die geräuschvollen Glaubensbekundungen gewöhnt. Am frühen Abend, manchmal noch bei hellem Tageslicht, geht's irgendwo los, und irgendwann kurz vor Mitternacht endet es. So weiß man auch, wofür man beim Kirchenbesuch seine Groschen spendet.

Unsere Ausflüge unternehmen wir mit den orange-bunten Bussen, von denen wohl kaum einer jünger ist als dreißig, vierzig Lenze. Wahrscheinlich wurden sie nach ihrer regulären Dienstzeit in England erst noch in diversen Overseas Departments geschunden, bevor sie nun hier auf Malta ihr Gnadenbrot empfangen. Die Busfahrer schert's wenig, die knüppeln durch die engsten Gassen was das Zeug hält. Ersatzteile, z.B. für Kupplungen, dürfte es wohl nicht mehr geben. So heißt denn auch die Devise „Schalten durch Reißen". Die Klimatisierung ist quasi digital, es gibt nur ganz oder gar nicht: beim Stopp brät einen die unbarmherzige Sonne auf den Plastiksitzen, dafür kühlt bei rasender Fahrt der Wind, der mit Sturmstärke durch die geöffneten Fenster bläst.

Hin- und hergerissen zwischen Frostschaden und Hitzeschlag erreichen wir so unsere verschiedenen Kulturziele: Wir besichtigen die beeindruckenden, jungsteinzeitlichen Tempelanlagen von Tarxien, statten der urzeitlichen „Höhle der Finsternis" (was für ein Name) in Ghar Dalam einen Besuch ab, und auch die „Blue Grotto", die der von Capri kaum nachstehen soll, fehlt nicht im Repertoire.

Ein absolutes Muß für jeden Maltabesucher ist das „Hypogäum". Diese neolithische Tempelanlage wurde um die Wende des neunzehnten zum zwanzigsten Jahrhunderts beim Bau eines Kellers mitten in der Ortschaft Tarxien zufällig entdeckt. Die Anlage, heute ein UNESCO-Weltkulturerbe, wurde in der Jungsteinzeit als Begräbnis- und Kultstätte genutzt. Vor rund fünfeinhalbtausend Jahren hatten die damaligen Einwohner begonnen, eine Art negativer Kopie ihrer oberirdischen Tempel in den Boden zu graben. Es ist faszinierend, mit welcher Präzision diese steinzeitlichen Inselbewohner, die ja nur Feuerstein und Obsidian als Werkzeuge besaßen, diese Anlage schufen. Anhand von Funden schätzt man, dass an der dreistöckigen Anlage über einen Zeitraum von knapp eintausend Jahren gebaut wurde. Etwa um 2600 v. Chr. verschwand diese Kultur dann innerhalb eines kurzen Zeitraums vollständig von den Inseln. Bis heute ist nicht bekannt, wer sie waren, wodurch sie ausgelöscht wurden, welche Götter sie verehrten.

Abends bietet sich überall auf der Insel der gleiche Anblick: Grillfeuer beleuchten zu Hunderten die felsigen Ufer, die Strände und Strandpromenaden füllen sich mit picknickenden, fischenden, flanierenden Maltesern. Alles was laufen kann ist auf den Beinen. Meist nach Geschlechtern getrennt, stehen oder sitzen Männer und Frauen in Gruppen beieinander. Dazwischen flitzen Kinder auf Scootern oder BMX-Bikes halsbrecherisch die Betonpisten auf und ab. Trotz des unübersehbaren Antennenwalds auf den Hausdächern der Orte, wir glauben nicht, dass die TV Prime Time hier recht gefragt ist. Hier wird das Abendprogramm noch durch klassische Mensch-zu-Mensch-

Kommunikation gestaltet. Von den Unterhaltungen verstehen wir kein Wort, Malti ist eine Sprachmischung aus Arabisch, Italienisch, Französisch und Englisch. Exotische Ortsnamen wie Marsaxlokk, Rabat, Ghainsjelem und Xaghra geben davon einen Eindruck.

Dienstag, der 9. Juli, ist einer jener seltenen Tage, an denen wir tatsächlich das tun, was wir am Vorabend geplant haben. Wir dampfen hinüber nach Comino, dem kleinen Inselchen zwischen Malta und Gozo. Die „Blue Lagoon", eine der schönsten Naturbuchten des Archipels, heißt so wegen der herrlich türkisblauen Farbe ihres Wasser über dem weißen Sandgrund. Das ist sicher.

Aber uns drängt sich noch eine andere Interpretation auf: Nämlich, daß man hier sein blaues Wunder erleben kann. Kurz nach unserer spätvormittäglichen Ankunft – wir freuen uns gerade über den wunderschönen Ankerplatz mit dem glasklaren Wasser – sehen wir mit Schrecken, wie Captain Morgan mehrere seiner großen Ausflugsdampfer gegen uns in den Kampf wirft. Gleich vier bedrängen uns fast zeitgleich an unserem Ankerplatz. Die romantische Bucht füllt sich mit Scharen fröhlicher Ausflügler, die jeden Winkel mit Matten, Schirmen und Kühltaschen belagern. Die Wände hallen vor Geschrei wieder, auch eine Bierdose segelt schon mal durch die Luft zur nassen Endlagerung. Dies ist sicherlich eine der malerischsten Buchten im Mittelmeer, aber kein bißchen idyllisch mehr. Sehr schade! Wir hoffen auf den Abend. Und tatsächlich – die Umgebung hüllt sich in zartes rosa Licht, und der Schauplatz leert sich. Wir wollen schon den Schampus rausholen, – doch was ist das …¿! Captain Morgan am Horizont. It's Partytime again! Schwimmen im Mondlicht bei Discomusik und Karaoke! Wir suchen verzweifelt unsere Ohrstöpsel.

Am nächsten Morgen – die ersten Touristendampfer fahren um acht Uhr schon wieder ihre Angriffe aufs Paradies – verlegen wir uns eiligst in eine weniger schöne, aber dafür ruhigere, Nachbarbucht. Hier testen wir ausgiebig unsere Neuerwerbung, den Mini-Breather, das kleine 4-Liter-Bordtauchgerät. Abwechselnd tauchen wir die Grotten der Umgebung ab; für etwas mehr als eine halbe Stunde reicht es locker. Und im Tauchshop des Strandhotels ist die Flasche schnell wieder gefüllt.

Unsere Bord-Vorratskammern bieten mittlerweile ein Bild des Jammers. Auch sie müssen dringend neu gefüllt werden. Dazu geht es nochmal rüber nach Malta. Bugibba ist ein typischer Urlaubsort oberhalb von Valetta. Betonburgen und Neonlicht bestimmen das Bild. Bingohallen reihen sich an Souvenirstände, Fastfoodlokale an Plastikbars. Volksfeststimmung. Die Auswahl in den Supermärkten ist bedauernswürdig. Die Wurst- und Käsetheken locken nicht mit optischen Reizen, und die blassen Obst- und Gemüseleichen schrecken uns ab. Ausbeute: zwei Äpfel – und zwei neue Shorts. Damit sind wir nun zumindest modisch optimal gerüstet für unsere bald bevorstehende Rückkehr ins Land der Bella Figura.

Zum Abschluß unseres außereuropäischen Ausflugs besuchen wir noch die Insel Gozo. Zur Abenddämmerung treffen wir im Hafen von Mgarr (sprich: „Mdscharr“) ein. Der raume Fünfer-Segelwind, der uns so schön hierher geschoben hat, verfolgt uns leider auch noch im Hafen und verursacht einigen Schwell, der das bevorstehende Anlegemanöver am tanzenden Schwimmsteg ziemlich spannend werden läßt. Doch Herta ist Skipper of the Day, und so klappt es perfekt. Das Hafenstädtchen belohnt uns dafür mit gleich mehreren guten Restaurants. Die Sehenswürdigkeiten der Insel erkunden wir per Bike. Dabei wird uns leider das einzige geklaut, was wir nicht mit angekettet haben: das Werkzeug aus der Satteltasche. Naja, wenigstens haben wir diesmal die Vorderräder behalten …

Dafür sind die Marina-Mitarbeiter die Freundlichkeit in Person. Wegen des Schwells haben wir uns am Ankunftstag an einen der geschützteren Privatplätze gelegt. Erst nach einigen Tagen werden wir sehr freundlich gebeten, doch bitte „gelegentlich“ und nur „wenn es uns keine Mühe macht“, an den Gastliegersteg zu verholen. Es ist den Marineros sichtlich unangenehm, uns mit diesem Ansinnen zu belästigen. Dem kommen wir dann aber auch gerne nach, soviel Höflichkeit in Marinas ist selten.

Und als wir eines Tages an der Bushaltestelle stehen, dauert es keine zwei Minuten, bis eine nette alte Dame in einem klapprigen Vehikel neben uns anhält und uns einen free ride zu unserem Ziel anbietet. Das sind nur zwei Beispiele von vielen; die Menschen hier haben bei uns insgesamt einen sehr freundlichen, aufgeschlossenen Eindruck hinterlassen.

Am Vorabend unserer Ausreise klarieren wir vorschriftsmäßig bei Customs und Immigrations aus. Wir haben den Eindruck, daß dieses strikt vorgeschriebene Prozedere zumindest hier in Gozo von den Yachties nicht gerade akribisch genau befolgt wird. So richtig klar ist den Officers nämlich nicht, was wir von ihnen wollen. Schließlich wird aber doch der Sportteil der Tageszeitung beiseite gelegt, und nach einigen wichtig klingenden Telefonaten knattert schließlich der Police Officer des Dorfs auf dem Mofa heran, setzt eine ungemein beeindruckende amtliche Mine auf, sieht sich unsere Papiere sehr intensiv an, und entläßt uns schließlich offiziell aus maltesischen Gewässern.

Syrakus – Catania, Juli 2002. Am Donnerstag, den 18. Juli, starten wir morgens um 0800 zur Überfahrt von Gozo nach Sizilien. Die letzten Tage pfiff es noch aus der falschen Richtung, aber jetzt paßt's. Heute abend sind wir wieder im gelobten Land der Pasta und Pesce!! Die Vorhersage ist perfekt: „Northwest 3 – 4, sea moderate". Das bedeutet ideale Bedingungen. Theoretisch. Praktisch dagegen kommen wir in den Genuß der gesamten Bandbreite der sommerlichen Beaufort-Skala: nach der halben Strecke steigt der Windanzeiger stündlich um ein Beaufort. Bei einem angenehmen Lüftchen von drei Beaufort sind wir gestartet, mit Windstärke acht erreichen wir Sizilien.

Unterwegs vertreiben wir uns die Zeit, indem wir die unterschiedlichen Wellentypen anhand ihrer variantenreichen Erscheinungsformen klassifizieren: Wir entdecken darunter die „gemeine Bodenwelle", den „Magenheber", den „Cockpitspotzer", den „flotten Dreier", die „Überraschungswelle" ...

Bei dieser Überfahrt wird uns auch ein oft übersehener Zusatznutzen des Bimini klar (das ist der Sonnenschutz, der an einer Art Zeltgestänge über dem Cockpit aufgebaut ist). Unter leistungstechnischen Gesichtspunkten ist ein Bimini natürlich nur was für Bequemsegler („Schattensegler"). Und es zwingt auch dazu, dass der Baum relativ hoch oben angebracht werden muß; das wiederum bringt eine schlechte Druckpunktlage und läßt nur eine geringere Segelfläche zu. So gesehen also seglerisch nur nachteilig. Doch seinen großen Vorteil spielt das Teil dann aus, wenn du vor dem Wind segelst und versehentlich der Baum mal schlagartig und mit voller Wucht überkommt („Patenthalse"). Dann nämlich – unter Lebenserhaltungsgesichtspunkten – ist ein hoch angebrachter Baum unbezahlbar! Andernfalls würde den eventuell im Cockpit „Hinterbliebenen" schnell klar, weshalb die Briten den Baum auch liebevoll „widowmaker" nennen.

Doch zurück zur Geschichte: Kaum runden wir das sizilianische Südkap, Capo Passero, nehmen Wind und Welle mit einem Schlag ab. In der neuen Marina von Marzamemi laufen wir eine Stunde später bei Flaute ein. Es ist wieder mal unglaublich, in welch kurzer Zeit sich die Bedingungen im Mittelmeer radikal ändern können. Trotz Reffs waren wir schnell unterwegs: neun Stunden Überfahrt mit einer Durchschnitts-(!)Geschwindigkeit von 6,3 Knoten! In der noch im Aufbau befindlichen, weit abseits gelegene, Marina von Marzamemi nehmen sie unverschämte 44 Euro für den Liegeplatz. Wir protestieren erfolglos und bleiben widerwillig, weil es schon spät ist und wir mal in Ruhe ausschlafen wollen.

Am nächsten Morgen starten wir früh und segeln Syrakus entgegen, der Stadt, die vor zweieinhalbtausend Jahren einmal eine der mächtigsten des Mittelmeerraumes war. Der Wind kommt achterlich, wir baumen aus und segeln unter Vollzeug „Schmetterling". Unterwegs begleitet uns die größte Delfinschule, die wir bisher gesehen haben: bestimmt zwanzig dieser Prachtexemplare spielen mit Coco, tauchen unter ihr hindurch und vollführen Freudensprünge vor unserem Bug.

Am Hungerkai von Syrakus

In Syrakus legen wir uns an den Hungerkai. Der Liegeplatz kostet nichts, und obendrein kriegt man noch gratis Kontakt zur italienischen Obrigkeit in ihren vielfältigen Formen: Carabinieri, Guardia Costiera, Polizia Municipale, Guardia Finanza. Wir versuchen ja seit einiger Zeit, die teuren Marinas zu meiden, und sind damit eigentlich meist recht gut gefahren. Oft ist es so auch schöner, hier trifft man eher die interessanten Seglertypen. Von denen gibt's meist auch ausgezeichnete Spartipps. So erfahren wir zum Beispiel von einem Discount-Großmarkt, der gut per Beiboot erreichbar ist; dort bunkern wir dann auch tatsächlich ausgesprochen günstig (und saufen am Rückweg zum Schiff mit der schweren Fracht im Gummiboot fast ab).

Ortigia, die Altstadt von Syrakus, liegt auf einer Halbinsel und bezaubert uns schnell. Die Stadt strahlt eine freundliche, heitere Atmosphäre aus. Die Häuser aus hellgelbem Stein. Die verwinkelten Gassen, in denen Sonne und Schatten ihre Lichtspiele an den Wänden malen. Der Minervatempel aus griechischer Zeit, auf dessen noch sichtbaren dorischen Säulen die christliche Kathedrale mit ihrer barocken Fassade gebaut wurde. Die Piazza Duomo mit Cafès und Restaurants in abendlicher Illumination, ein optischer Leckerbissen. Wir bleiben eine gute Woche, viel länger als geplant.

Die Kathedrale von Ortigia

Am letzten Abend in Ortigia schmeissen wir gleich zwei Parties an Bord. Wir sitzen an Deck, die Sonne geht unter, die Promenade belebt sich. Gerade sind wir mit dem Abendessen fertig, als ein Paar von der Pier herüberwinkt. Die beiden hatten wir auf der Insel Comino kennengelernt, wo sie mit ihrer schönen Amel Santorin neben uns lagen. Sie segeln unter tschechischer Flagge, eine Seltenheit. Heute sind sie hier in Syrakus angekommen. Die ideale Gelegenheit, unsere gestern neu gekauften Weingläser einzuweihen; wir laden sie zu einer Spontanparty an Bord ein. Nach ein, zwei netten Stunden verabschieden sie sich, sie wollen morgen schon früh weiter Richtung Griechenland. Kurz darauf kommt der Skipper der französischen Yacht, die neben uns liegt, aus der Stadt zurück. Da er ein Moped an Bord hat, hatte er heute ein paar Dinge für uns besorgt. Wir nutzen die Gelegenheit der Übergabe, um auch gleich noch die restlichen der acht Gläser einzuweihen. So wird es ein schöner, langer, feuchtfröhlicher Abend.

Am nächsten Morgen, mit schwerem Kopf, raffen wir uns auf. Nach sieben Tagen in dieser schönen Stadt wollen wir weiter. So ignorieren wir die Gewitterwarnungen, der Himmel sieht doch gar nicht so schlecht aus. Wir setzen Segel. Und wieder mal kommt was kommen muss: Nach ein paar Stunden schönem Segeln mit ausgebaumter Genua sehen wir recht voraus am wolkenverhangenen Himmel, wie sich eine prachtvolle, schulbuchmäßige Gewitterwolke aufbaut. Oben schneeweiß, unten rabenschwarz. Wir werden aktiv. Gerade noch rechtzeitig schaffen wir es, den Genuabaum zu bergen und das Vorsegel zu reffen, da dreht der Wind schlagartig und kommt vierkant gegenan. Und das nicht zu knapp. Wir haben zur Zeit einen Gast an Bord, Franz, Hertas Bruder. Für ihn ist es der erste Tag auf einem Segelschiff. Er besteht seine Seetaufe glänzend, beweist sich als absolut seefest. Die Wellen, die gegen das Schiff anrennen, und die Gischt, die über Coco hinweggeht, beeindrucken ihn nicht sonderlich (mich schon, nur nebenbei bemerkt).

In Regenzeug gekleidet, retten wir uns – bei mittlerweile sieben Beaufort; das wird bei uns langsam Standard – vor dem herannahenden Gewitter gerade noch in eine einigermaßen geschützte Bucht, da geht es auch schon los. Wir beobachten, wie sich rundum aus schwarzen Wolkenbergen Blitze entladen. Es leuchtet und kracht, eine graue Wand wälzt sich uns entgegen. Die mächtige Silhouette des Ätna verschwindet darin, und dann schnell nacheinander die Hügel, die Häuser, das Ufer, das Wasser. Sicht Null. Regen prasselt herunter. Es hagelt. Vor zwei Ankern liegen wir gut, wir verziehen uns unter Deck.

Gegen Abend kehrt die Sonne zurück. Coco glänzt frisch nach der Dusche. Es ist kühl, ich nutze die Gelegenheit und verpasse ihr endlich die Namens-Schriftzüge auf dem Baum, die wir in Syrakus haben plotten lassen. Sehr schick, und endlich wird man uns überall erkennen.

Wir lesen, hören Musik, ich gehe online und pflege unsere Homepage. Wir wollen abwarten, bis das Mistwetter vorbei ist. Am Abend und am nächsten Morgen tickert regelmäßig unser Navtex, und immer wieder der gleiche Forecast: „gale warning, wind NW force 7, isolated thunderstorms".

Über die Industriestadt Augusta, in deren Nähe unsere Bucht liegt, sagt unser Hafenhandbuch folgendes: „Selbst mit allergrößtem Wohlwollen kann man diesem Hafen nichts Anziehendes abgewinnen ...". Besichtigung fällt aus.

Rundum schwarze Wolken, laufend miese Forecasts, und die Tatsachen bestätigen die Vorhersagen. Dennoch, am zweiten Morgen hält es uns nicht mehr. Wir gehen ankerauf. Von Hand, weil die Batterien fast leer sind (Herta lädt nicht gern am Ankerplatz, weil die Maschine ja so laut ist ...). Ich mache also Frühsport, zerre die vierzig Meter Edelstahl an Bord, und wir machen uns auf den Weg. Das Ziel ist Aci Trezza; den Ort mit dem kleinen Hafen haben wir von der Heimfahrt im letzten Jahr noch in guter Erinnerung. Die dunklen Wolken bleiben in einiger Distanz querab, der Wind schläft, wir haben Glück. Bis wir ankommen. Die gigantischen schwarzen Felsbrocken, die der geblendete Zyklop damals dem flüchtenden Odysseus nachgeschmissen haben soll, liegen vor dem kleinen Hafen. Es wimmelt von den Motorbooten der Sonntagsausflügler aus dem nahen Catania. Und der Hafen ist bis auf den letzten Platz belegt mit Fischerei und Gummibooten. Keine Chance.

Dummerweise ist unser Wassertank fast leer, zum Bunkern hatten wir fest mit Aci Trezza gerechnet. Die Alternative lautet Catania. Das Hafenhandbuch sagt darüber: „... großer, schmutziger Hafen ...". In der zweitgrößten Stadt der Insel stehen aber zumindest die Chancen gut, einen Elektriker zu finden, der sich mal die Ankerwinsch ansieht, die mittlerweile ihr Leben völlig ausgehaucht hat.

Wenn schon, denn schon, denken wir uns und gehen am Abend mal wieder schön essen. „Schön" ist vielleicht nicht das richtige Wort, aber „gut" trifft es auf jeden Fall! Direkt am Fischmarkt liegt eine kleine, dunkle Trattoria, die bekannt ist für ihre Fischspezialitäten. Dort genießen wir herrliche Vorspeisen: zarte gebackene Kalamaren, rohe Krabben in Öl und Limone eingelegt, Oliven in saurem Gemüse, Caponata (ein süßsaures Gemüsegericht aus Auberginen, Tomaten, Kapern, Pinienkernen und Knoblauch, mmmh...) und diverse andere feine Sachen. Der ausgezeichnete Fisch zum Hauptgang rundet das Mahl ab. Gut dass wir telefonisch reserviert haben, wir hätten sonst sicher keinen Platz bekommen, es ist bummsvoll.

Solcherart auf den Geschmack gekommen, stürzen wir uns am folgenden Morgen ins bunte Treiben des catanischen Fischmarkts. Es geht handfest zu. Die Stände biegen sich unter der feuchten Last, die Kunden drängen sich, die Händler schreien lautstark ihr Angebot hinaus. Neben Schwertfischköpfen mit meterlangen, senkrecht in den Himmel ragenden Schwertern liegen alle denkbaren Sorten fangfrischer Fisch, Brassen, Knurrhahn, Barsche, Tintenfisch, Sardinen, sogar Muränen; es gibt Berge von Muscheln in allen Variationen, schwarz, weiß, dunkelbraun, hellbraun, Seeigel im Ganzen oder geöffnet, winzige Krabben, die roh mariniert werden, jede Art von Meeresfrüchten und Schalentieren.

Wir kaufen drei Fische für's Abendessen an Bord, sie werden gleich vor Ort geputzt, die Abfälle landen auf dem Kopfsteinpflaster. Der Markt ist ein Fest für Auge und Ohr, wenn auch vielleicht etwas heftig zu dieser morgendlichen Stunde.

Buntes Treiben frühmorgens auf dem Fischmarkt in Catania

In einem nahe gelegenen Café verarbeiten wir die Eindrücke bei Granite und Brioche. Granita ist eine sizilianische Spezialität, ein schmelzendes Wassereis im Glas, farbenfroh, fruchtig, kühl und süss. Ein Hochgenuß zusammen mit dem warmen Hefegebäck!

Ihr merkt es: längst haben wir uns mit Sizilien versöhnt! Was sind schon schlechte Häfen und unsichere Ankerplätze, wenn dahinter solche Köstlichkeiten auf den Segler warten. Wir haben die Insel schätzen gelernt, mit ihren vielfältigen Eindrücken, ihrem Lärm, ihrer Lebenslust und ihren prallen Gaumenfreuden. Der zwiespältige Eindruck des letzten Jahres hat sich in Nichts aufgelöst; das Fisch-Couscous von Trapani ist vergessen!

21 | Nahkampftage auf den Inseln des Windgottes

Taormina – Äolische Inseln, August 2002. Vielleicht erinnert sich der eine oder andere: so gegen Ende unserer letzten Cocomail gab es einen kleinen, unscheinbaren Nebensatz bezüglich Problemen mit unserer Ankerwinsch. Diese Probleme bescheren uns nun einen unerwartet verlängerten Aufenthalt im Hafen von Catania.

Die Winsch gibt keinerlei Lebenszeichen mehr von sich. Alle elektrischen Anschlüsse sind okay, bis zum Motor ist alles im grünen Bereich; jedes einzelne Volt kommt an wo es hingehört. Mittlerweile zum Schiffsmechaniker avanciert, baue ich also – wieder bei 35 Grad im Schatten kopfüber im Ankerkasten hängend – den schweren Elektromotor aus. Dann schraube ich den gekapselten Deckel auf, und ans Tageslicht quillt eine kompakt verklebte, braun-silberne Masse: Metallspäne, Kohlereste, Sand, Salz. Sieht nicht gut aus! Wenig optimistisch schleppe ich das Teil hinüber zum Schiffszubehörhändler. Nach einem kurzen Blick darauf ziehen sich die Augenbrauen des Sizilianers zusammen, die Stirn legt sich in Falten, der Blick trübt sich ein, und es kommt die unausweichliche Diagnose: „Morto!!"

An eine Reparatur sei nicht mehr zu denken. Ein Original Ersatzteil ist nicht am Lager. Ich schlage vor, das Teil per Luftexpress aus Deutschland kommen zu lassen. Doch so einfach gibt sich ein sizilianisches Improvisationstalent nun auch wieder nicht nicht geschlagen. Nur mit Mühe kann ich Signore Guiseppe, dem hilfsbereiten Manager der Magazzini Generali, den Vorschlag eines selbst gebauten Ersatzmotors ausreden. So stürzt man sich schließlich per Vespa ins Verkehrsgewühl Catanias auf der Suche nach dem Original. Am Abend erreicht uns zumindest eine Art Erfolgsmeldung: Der Motor kann bestellt wer-

Diagnose: „Morto!!"

den, in drei Tagen könnte er da sein! Nun, so bekommen wir Gelegenheit, uns mit den Sehenswürdigkeiten Catanias intensiver vertraut zu machen …

Signore Giuseppe wächst uns ans Herz. Er ist hilfsbereit und zuverlässig – und leidet mit uns. Am 1. August, dem erwarteten Ankunftstermin des Ersatzteils, steht er persönlich morgens auf der Pier. Mit betrübter Mine teilt er uns mit, dass sich – „mi dispiace molto moltissimo“ – die Lieferung um einen Tag verzögern wird. Er ist so untröstlich, dass er uns anbietet, mit seinem Auto für uns zu besorgen, was immer wir aus dem Supermercato brauchen. Wir wissen gar nicht, wie wir ihm danken sollen. Der Mann weiss, wo Segler der Schuh drückt! Natürlich nehmen wir die großzügige Offerte dankbar an, und so stapelt sich am Nachmittag der schwere Getränkenachschub palettenweise im Vorschiff.

Am nächsten Mittag dann aber die gute Nachricht: Das Teil ist da! Sofort bricht an Bord hektische Betriebsamkeit aus. Winschmotor einbauen, Wasser bunkern, Schiff aufklaren und ablegen sind in nicht mal dreißig Minuten erledigt!

Wir sind wieder auf See! Giardini Naxos, das kleine Seebad am Fuß Taorminas, ist unser Ziel. Im Schutz der massiven Kaimauer fällt abends der Anker auf gut haltendem Sandgrund. Was für ein Gefühl, wieder frei vor Anker, nach sechs Tagen an der Pier im Großstadtmief!

Taormina entpuppt sich als das erwartete „Rothenburg Siziliens“. Touristenströme pilgern durch die hübschen Gassen des Ortes und ergießen sich über die Ränge des antiken griechischen Theaters. Den

Atemberaubender Ausblick vom Theater in Taormina

atemberaubenden Blick vom Theater über den Ort Taormina, die Bucht und das Meer muß man allerdings wirklich einmal erlebt haben! Auch dem idyllischen, über Taormina thronenden Bergnest Calstelmola statten wir noch einen Besuch ab. In einem Cafè, das wie ein Adlerhorst am Berg klebt, erfrischen wir uns bei unserer heiß geliebten, eiskalten Granita und lesen mal wieder eine deutsche Zeitung: Politiker-Rücktritte, Unternehmenszusammenbrüche, Kriegsgeschrei ... O wie das gut tut, selten Zeitung zu lesen!

Mit der obligatorischen Gewitterwarnung im Gepäck machen wir uns am 4. August auf den Weg nordwärts, nach Messina. Der ebenfalls vorhergesagte Südwind entpuppt sich als gegenan stehender Nordwind, naja, ist ja nichts Neues. Mittags erreichen wir Messina, die

Strasse von Messina: Ein Schwertfisch-Fangboot mit den typischen Auslegern

Wetterbedingungen sind mittlerweile annehmbar, und so setzen wir Kurs auf die berüchtigte Meerenge. Mit atemberaubenden 10 Knoten in der Spitze schießen wir schließlich durch den Schlund, hinweg über Wasserwirbel und Strudel, durch kochendes Kabbelwasser, Strömungen und Gegenströmungen. Wir sehen einige Schwertfischfänger mit ihren zwanzig Meter hohen Turmaufbauten, können uns denen aber nicht recht widmen, so schnell sind wir unterwegs! Ein, zwei Mal weichen wir Fährschiffen aus, die Sizilien mit dem Festland nahezu im Minutentakt verbinden und aus allen Richtungen auf uns zuzustürzen scheinen. Dann sind wir durch.

Das Tyrrhenische Meer empfängt uns mit spiegelglattem Wasser ... und Flaute. Zur Begrüßung vollführt ein Schwertfisch nahebei filmreife Sprünge. Es läuft gut, und so lassen wir Sizilien links liegen und nehmen direkt Kurs auf Isola Vulcano. Sechs Stunden später erreichen wir die erste der äolischen Inseln, auch liparische Inseln genannt, im Licht der Abenddämmerung. So rechte Freude kommt aber nicht auf. Der vorgesehene Ankerplatz (es gibt nur diesen für die heutige Windrichtung) birgt nämlich einige Überraschungen für uns. Zunächst wäre da die weiße Mauer aus Yachten zu nennen, die uns das ersehnte Ziel versperrt. Als wir das Feld der vor Anker liegenden Seglerkollegen erreichen, staunen wir nicht schlecht: da wird auf dreißig bis vierzig Metern Wassertiefe geankert, in Abständen, die uns die Haare zu Berge stehen lassen! Hatte in unserer Seekarte nicht was von 8 Metern gestanden? Wir schlängeln uns also hindurch durch das enge Feld, und stehen schließlich vor der zweiten Überraschung: einer Badeabsperrung! Dahinter wären dann wohl unsere acht Meter zu finden! Also müssen wir wohl oder übel draußen bleiben. Jetzt verstehen wir auch, weshalb die hier alle so haarsträubend eng liegen. Es geht schlicht nicht anders, will man nicht seine 50 Meter Ankerkette frei hängend über dem tiefen Meeresgrund werfen. Also quetschen auch wir uns noch hinein, und tun's den anderen nach, indem wir alle Fender raushängen. Ein kurzes Stoßgebet noch, dann liegen wir. Die Italiener sind das gewohnt, da regt sich keiner auf, einer passt immer noch mit rein. Wind darf heute Nacht aber keiner aufkommen! Landgang ist undenkbar, wir bleiben an Bord und verzichten auf die berühmten Schwefelschlammbäder. Den unverkennbaren Schwefelgeruch bekommen wir gratis.

Um fünf Uhr morgens bin ich blitzartig an Deck, als hinter uns eine Sirene ertönt. Doch – o Glückes Geschick – das galt nicht uns. Da kollidieren gerade zwei Yachten. Ein Anker hat nicht gehalten, und treibenderweise hat der Verursacher gleich noch den Anker des hinter ihm liegenden Schiffs mit rausgerissen. Im Dunkel des frühen Morgens erkenne ich dahinter weitere Fahrtlichter, die sich im Kreise bewegen; also hat auch andere das Schicksal schon ereilt. Gut, dass wir uns so weit nach vorn reingezwängt hatten!

Dennoch, schon früh verlassen wir diesen Platz, und segeln hinüber zur Nachbarinsel Lipari, der größten des Archipels. Vor dem Hauptort sind neuerdings Schwimmstege ausgelegt; wo man bis vor kurzem noch ankern konnte, darf man jetzt für teures Geld im Schwell liegen und die Fender quälen. Wir verzichten darauf. Wir finden jedoch in der näheren Umgebung keine Ankertiefen unter zwanzig Metern, so drehen wir ab und gehen um die Osthuk herum. Gleich dahinter ankern wir einsam (!) und halbwegs geschützt auf 6 m! Na bitte, geht doch!

Einmal mehr erleben wir den Unterschied zwischen 33 Grad Celsius mit und ohne Wind! Bei Windstille braten wir in der Hitze, lesen. Unsere Buchtipps für Sizilieninteressierte: „Der Leopard" von Guiseppe di Lampedusa, und „Sizilianische Vendetta" von Frank Viviano. Diese beiden Romane vermitteln ein gutes Verständnis für die sizilianische Lebens- und Denkweise.

Um Coco herum treiben kleine weiße Kügelchen im Wasser. Ich fische ein paar heraus, es ist Bimsstein, leichter als Wasser und vulkanischen Ursprungs. Des Nachts beobachten wir oben auf dem Vulkan, in etwa tausend Metern Entfernung etwas, was wir per Fernglas nur als Vulkanausbruch deuten können. Etwa eine Stunde lange brodelt und spritzt es feurig in die Höhe, glühende Lichtfahnen zischen in die Luft. Angeblich sollen die Vulkane auf der Insel Lipari doch schon vor Jahrtausenden ihre Tätigkeit eingestellt haben …¿ Ein Waldbrand¿

Wir besuchen die Ortschaften Canneto und Lipari, bewundern im archäologischen Museum die Funde an antiken Vasen, Amphoren und Figuren. Am Nachmittag lassen wir uns mal Landluft um die Nase wehen, mieten einen Motorroller und umrunden die Insel. Das ist in zwei Stunden locker erledigt. Zurück an Bord stellen wir fest: das Baro ist kräftig gefallen. Und so wechseln wir uns dann die folgende Nacht und den folgenden Tag über im Zweistundenrythmus mit der Ankerwache ab, während Coco von peitschenden Fallböen hin- und hergedrückt wird und wild an der Ankerkette zerrt. Gut, dass hier nur wenige Schiffe liegen und genügend Raum zum Schwojen ist. Um nichts in der Welt möchten wir jetzt tauschen mit dem Ankerplatz auf Vulcano.

Nach zwei mehr oder weniger durchwachten Tagen und Nächten an Bord mit Sturmböen, Regen und Schwell siedeln wir um zur Schicki-Insel Panarea. Die Südbucht scheint uns einladend bei dem vorherschenden Nordwind. Das denken aber wohl auch andere. Und so liegen wir am Nachmittag vor Panarea, und die Bucht wird voller und voller. Immer wenn wir denken, jetzt geht wirklich nichts mehr, kommt garantiert noch einer und zwängt sich rein. Keinen kümmert die Platznot, dafür gibt's ja schließlich die Gummifender. Auf der Hälfte der Boote mindestens zehn Mann. Musik volle Lautstärke. It's Partytime. Es swingt und groovt auf allen Booten. Der Hit ist eine Beneteau, zirka dreizehn Meter lang, auf der sich sage und schreibe mehr als 35 (in Worten: fünfunddreißig) Mann tanzend und singend tummeln!! Vielleicht ein Belastungstest, den die Werft hier durchführen läßt?

Mastenwald vor Panarea

Wir liegen dicht an dicht, haben alle Hände voll zu tun, uns die Nachbarn fern zu halten. Es ist halt doch ein Unterschied, ob es das eigene Schiff ist oder ein Charterschiff... Wieder mal ist Landgang ausgeschlossen. Erst gegen Abend lichten sich die Reihen, und wir vertreten uns die Beine in dem hübschen Inseldörfchen, wo sich die Schönen und Reichen ein Stelldichein geben. Zwei Bier zehn Euro. Noch Fragen?

Der nächste Tag ist Badetag. Zwischen den vorgelagerten Miniinselchen kann man gut baden und schnorcheln. Beim Schnorchelgang sehen wir Unterwasserfumarolen, Luftbläschen aus vulkanischer Tätigkeit, die aus dem Boden hervorquellen und zur Wasseroberfläche aufsteigen.

Weiter geht es zur Insel Salina. Sie soll die malerischste und grünste Insel des Archipels sein. Ganz sicher ist es jedenfalls die berühmte Insel von Jim Knopf. Schon von weitem erkennt man die beiden perfekt geformten Kegel, die direkt aus dem Meer bis auf fast eintausend Meter Höhe aufragen. Wenn das nicht die „Insel mit zwei Bergen" ist!

Wir ankern vor der Ostküste. Innen im kleinen Hafen liegen die Yachten in Zweier- und Dreierreihen. Nicht im Päckchen, hintereinander! Die erste Reihe mit Muringleinen an der Pier, die nächste vor deren Bug mit Anker und Heckleinen. Und der Rest liegt kreuz und quer wo noch Platz ist. Es sieht aus wie auf einem süditalienischen Autoparkplatz. Wir finden kaum Platz, um durch die Marina mit dem Gummiboot an Land zu gelangen.

Der Ort Santa Marina Salina ist hübsch und lebhaft, es gefällt uns. Hier könnten wir mal ein paar Tage bleiben. Morgen wollen wir erst mal die Insel mit dem Scooter erkunden. Doch dazu soll es nicht mehr kommen ...

Was die lärmenden und drängelnden Urlaubermassen (selber Schuld, wer in der Ferienzeit italienische Inseln besegelt) nicht erreicht haben, schafft jetzt das Wetter: Nach sechs Tagen mit miserabler Wind- und Wetterbilanz verlassen wir die Liparischen Inseln fluchtartig. Als ich morgens einen Blick auf's Baro werfe, glaube ich es erst nicht: Schon wieder Keller!! Tiefststand. Abgerutscht über Nacht von 1022 auf 1012. Zehn Punkte in zehn Stunden! Und unser Barometer hat uns noch nie belogen. Das heißt, es ist wieder mal heftiger Wind zu erwarten. Als wir dann auch noch dem Navtex heftige Sturmwarnungen entnehmen, ist Schluß mit lustig. Für so was sind die tiefen und völlig ungeschützten Ankerplätze hier nicht geeignet. Herta wirft einen Blick auf die Karte und meint genervt: „Capo Tindari“. Das ist drüben auf Sizilien. Zehn Minuten später liegen die Inseln des Windgottes Äolus im Kielwasser. Die Überfahrt ist bei guten zwanzig Knoten halbem Wind schnell absolviert. Als wir gerade die flache Sanddüne an der Nordküste von Sizilien in Sichtweite haben, sehen wir auch schon die ersten weißen Krönchen auf uns zusausen! Und so ankern wir bei Stärke 7 aus Süd hinter dem sandigen Kap, im guten Schutz dieses von der Natur bereitgestellten Wellenbrechers.

Beeindruckende Wolkenungetüme treiben über uns hinweg, schwarzweiß, unten messerscharf vom Wind abgeschnitten, oben zerrissen und zerfranst. Der Blick hinüber zu den zwanzig Meilen entfernten, sonst meist vollständig im Dunst verborgenen Liparischen Inseln ist klar wie durch ein Fernglas. Auf Vulcano erkennen wir mit bloßem Auge jede Felsspalte! Der Segler weiß, was das heißt. Die Gleichung lautet: gute Sicht = viel Wind. Man sollte hinzufügen „sehr gute Sicht = sehr viel Wind“.

So ist es auch. Wir sehen deutlich die weißen Brecher und die Wellen, die vor der Sanddüne vorbeiziehen. Die Böen drücken unser Schiff kräftig auf die Seite. Dennoch, das Kap bietet uns guten Schutz, und so warten wir ab. Bei der Gelegenheit retten wir schnell noch einen Ruderer, der zu seinem ankernden Schiff zurück will und mit dem Gummiboot gegen den Wind ankämpft, dabei aber keinen Meter vorwärts kommt. Wir sind selbst erstaunt, um wieviel kräftiger da doch so ein kleiner 3 PS-Außenborder ist!

Die Wettermeldungen per Navtex werden immer länger. Ein Forecast verbraucht gar einen halben Meter unseres teuren Navtex-Papiers! Den meisten Raum darin nehmen die Sturm- und Gewitterwarnungen ein. Irgendwann wird es den Leuten des Senders aber wohl auch zu dumm, die betroffenen Seegebiete einzeln aufzuzählen, und so lautet die

Meldung am 11. August schlicht „Thunderstorm Forecast: Over all seas around Italy“.

Damit ist das Kapitel Italien für uns nahezu abgeschlossen. Wir warten noch auf einigermaßen günstige Winde, und dann geht es schnurstracks nach Griechenland. Unser geplantes Sizilien-Abschiedskonzert von Joe Cocker live im Griechischen Theater von Taormina müssen wir leider ausfallen lassen, Joe muß es eben ohne uns schaffen …

Was für ein August!

22 | Aufbruch zu neuen Gestaden

Kalabrien – Apulien – Griechenland, August/September 2002. Nach vier Tagen stabiler Seitenlage am Capo Tindari nimmt der Wind tatsächlich wieder ab. Fast wäre diese Sanddüne zu unserer zweiten Heimat geworden. Wir wollten schon die Standheizung checken, falls der Winter kommt. Apropos, die Temperaturen der letzten Tage sind auch eher deutsch als mediterran. Lange Hosen sind angesagt. Was Herta aber nicht hindert, des Nächtens beim Dingistart vom Strand aus über einen Brecher ins kühle Nass zu springen. Voll bekleidet, das macht sie doch sonst nicht!¿ Als ihr Gesicht aus den Fluten wieder auftaucht, glaube ich ein gefährliches Blitzen in ihren Augen zu sehen. Den Lacher hätte ich mir wohl besser verkniffen …

Als der Sturmwind also nun endlich abflaut, nutzen wir sofort die Möglichkeit zum Aufbruch. Wir segeln ostwärts entlang der sizilianischen Nordküste, dann südwärts durch die Straße von Messina. Wir haben Glück, auch diesmal wieder schiebt uns ein Strom mit gut 4 Knoten vorwärts, in der richtigen Richtung, so dass wir mit 11 Knoten über Grund durch die Enge brausen! Das ist nahezu doppelte Marschfahrt! Doch diesmal sind wir auf den Geschwindigkeitsrausch vorbereitet, und so können wir außer auf die Strömungen und Strudel auch noch auf die Fähren und die Boote der Schwertfischfänger achten, die – mit zwei Mann im zwanzig Meter hohen Ausguck – an der Wasseroberfläche schlafende Schwertfische harpunieren.

Kaum in ionischen Gewässern, brist es auch schon wieder kräftig auf. Das ist aber wohl eher dem Düseneffekt der Meerenge zuzuschreiben als der Gesamtwetterlage. Wie auch immer, die Brise peitscht uns zusammen mit entzückenden weißen Schaumkrönchen unserem Tagesziel entgegen, der Hafenstadt Reggio Calabria. Viel gibt es zu diesem Hafen nicht zu sagen, außer vielleicht, dass uns genau in der engen Einfahrt ein dickes maltesisches Fährschiff entgegenkommt, und dass ich vor lauter Schreck darüber beim Anlegemanöver vergesse, die Fender rauszuhängen. Doch heute muß unser Glückstag sein, es gibt keine Schramme! Herta steht am Steuer, und wie immer manövriert sie Coco butterweich und zielgenau auf Mittellinie in die Box, den häßlichen zwanzig Knoten Seitenwind zum Trotz.

In der Mafia-Hochburg Reggio bunkern wir nochmal kräftig für die bevorstehenden, in kulinarischer Hinsicht vermeintlich schweren Zeiten in Griechenland: Schinken, Wurst, Salami, Käse, und natürlich viel, viel Vino.

Bis nach Korfu liegen nun ein paar lange Tagesetappen entlang der Stiefelsohle vor uns. Bei kräftigem Rückenwind geht's am nächsten Tag los. Der Gipfel des Ätna grüßt letztmals über die Wolken herüber. Kaum haben wir den Einflußbereich der Messinastrasse verlassen und runden Capo d'Armi, die „Zehenspitze" des Stiefels, ist auch schon der kräftige Sechser Wind, der uns die letzten zwei Stunden vorwärtsgejagt hat, weg. Zack, einfach so. Wie ausgeschaltet. So laufen wir denn die nächsten Stunden in totaler Flaute unter Maschine nordostwärts, vorbei an der Marina Saline Ioniche, die mitsamt ihren enormen Wellenbrechern bereits wieder versandet ist. Auf der Düne, die die Einfahrt vollständig versperrt, bauen Kinder Sandburgen, und italienische Schönheiten räkeln sich unter Sonnenschirmen. Da wurde EU-Geld im wahrsten Wortsinn in den Sand gesetzt. Über die Kaimauer sehen wir Masten ragen – wie die Yachten da wohl jemals wieder rauskommen wollen?

Wie auch immer, diese Tatsache zwingt dem Segler einen Schlag von etwa sechzig Meilen auf, bis zum nächsten Hafen Roccella Ionica. Kilometerlange Sandstrände ziehen an Backbord vorbei, meist menschenleer. Dahinter steigen wie geschwungene Mauern in mehreren Stufen die Bergmassive des Aspromonte in die Höhe, des südlichsten Gebirges der italienischen Halbinsel. Die Beton- und Plattenbauweise der vereinzelten Ortschaften am Küstenstreifen deutet darauf hin, dass diese alle neueren Datums sind. Die alten Orte oder Ortsteile wurden wegen der in früheren Zeiten häufigen Überfälle oben im sicheren Schutz der Berge angelegt. In einigen dieser abgelegenen Bergdörfer soll noch heute griechisch gesprochen werden, behauptet jedenfalls unser Polyglott.

Gegen Abend nähern wir uns dem Hafen von Roccella Ionica. Drei Meilen vor der Einfahrt, wir beobachten gerade einen Schwarm Delfine in der Ferne, macht es leise „Pschhhh...!“ und da ist er wieder, der Wind. Wie angeknipst. Und so laufen wir mit kräftiger Lage durch schon wieder brechenden Kämme auf die trickreiche Hafeneinfahrt zu.

Glücklicherweise sind wir vorgewarnt, und so bleibt uns das Schicksal einer anderen Yacht erspart, die (durchaus verständlich) meinte, geradeaus durch die Einfahrt sei der richtige, weil allgemein übliche Weg, und die daraufhin von der Sandbank, auf die sie aufgelaufen war, Notraketen abfeuern mußte, um nicht gegen die Wellenbrecher gespült zu werden. Wir jedenfalls halten uns an unsere Hinweise, steuern zielstrebig auf den Strand zu, und erst, als die ersten Badegäste schon furchtsam ihre Handtücher ergreifen, drehen wir ab und steuern – quasi von hinten – in die Einfahrt. Tja, muß man eben wissen ...

Einfahrt verpaßt? – Strandgut vor Rocella Ionica

Großes „Hallo“, als wir einlaufen: alte Bekannte aus Trapani liegen schon hier! Coco ist noch nicht richtig festgemacht, da zischen schon die ersten Bierkapseln von den Flaschenhälsen. Die Begrüßungsschlucke gehen nahtlos in ein Abendessen in der nahe gelegenen Pizzeria über, ein engliches Seglerpärchen gesellt sich noch dazu, die – wie sich herausstellt – wiederum alte Bekannte aus Palma kennen. Die Seglerwelt ist klein. Die Geschichten sind umso größer.

An den Stegen der Marina hat sich die kleine Seglergemeinde bequem eingerichtet, und alle nutzen den großen Vorteil dieses Hafens: er ist kostenlos. Die Arbeiten ruhen weitgehend, das Marinabüro hat seinen Betrieb noch nicht aufgenommen. Aber man liegt perfekt an nagelneuen Schwimmstegen. Sogar Wasseranschluß gibt es, wenn auch keinen Strom. Der ideale Platz zum Ausruhen, Verschnaufen, oder auch für kleinere Arbeiten am Boot, wie Relingstützen polieren und dergleichen. Doch trotz der schönen Atmosphäre, ewig wollen wir hier auch nicht bleiben. Als wir am dritten Morgen aus den Luken schauen und endlich mal keine Regenwolken sehen, brechen wir unverzüglich die Zelte ab.

Weiter geht es, mit siebzig Meilen wieder eine lange Tagesetappe, quer über den berüchtigten Golfo de Squillace, von manchen Seglerkollegen mit dem freundlichen Beinamen „Squillace, der Mistkerl“ belegt. Nach gut zehn Stunden mit ständig drohenden, dunklen Wolkengebirgen an Backbord und „Securité“-Sturmwarnungen auf Funk liegt schließlich die Hafenstadt Crotone vor uns. Wir segeln an Gasbohrinseln vorbei, die wie stählerne Monster von einem anderen Stern im Meer stehen. Die Überfahrt war insgesamt ruhig, und wieder mal haben wir erlebt, dass die Unruhe in Erwartung eines Unwetters stärker an den Nerven zerrt als ein Unwetter selbst, wenn es einen mal erwischt.

In Crotone bleiben wir zwei Tage. Der Ort hat eine recht hübsche Altstadt mit einem mächtigen Kastell. In den Gassen der Altstadt duftet es aprilfrisch, es ist Waschtag, an den kreuz und quer gespannten Leinen flattert bunte Wäsche. Auch wir nutzen die Gelegenheit und lassen nochmal Wäsche waschen, in Italien ein teurer Luxus. Des Abends pflegen wir dann an Bord, bei Spaghetti mit frischen Vongole vom Fischmarkt, unsere Vorfreude auf die ionischen Inseln, indem wir unseren Kleinoth ausgiebig studieren, das Buch mit Luftaufnahmen der griechischen Inselwelt. Die Bilder sind Seglers Traum, wir können es kaum noch erwarten!

Rund achtzig Meilen quer über den Golf von Taranto liegen noch vor uns, dann sind wir in Santa Maria Leuca, unserem Absprunghafen nach Korfu. Um 0600 heisst es also „Leinen los!", und wir segeln wieder der aufgehenden Sonne entgegen. Gut zwölf Stunden später, mit der untergehenden Sonne im Rücken, laufen wir in Leuca ein. Nachdem die Wäscherei in Crotone ein recht großes Loch in unsere Bordklasse gerissen hat, ist heute mal wieder Spartag und wir legen uns längsseits gratis an die Fischermole. Das Glück ist uns hold, keiner jagt uns weg. Dafür dringt allerdings der penetrante Dieselduft der Fischereiflotte durch sämtliche Luken ins Schiff. So verbringen wir die letzte italienische Nacht zwar geräuchert, aber kostenlos und ruhig, zwischen den großen Fischerbooten direkt gegenüber der Marina, wo die Yachten gegen teures Geld unruhig im Schwell auf und ab tanzen, den es zur Hafeneinfahrt hereindrückt. Schadenfreude ist doch immer wieder die schönste Freude ...

Am nächsten Morgen heisst es dann: Aufbruch zu den griechischen Inseln!! Ein letzter, etwas wehmütiger Blick zurück nach Italien, und als das Festland im Dunst verschwindet, schieben wir eine griechische CD in den Player, holen die italienische Flagge ein und setzen die griechische Gastlandflagge unter der Steuerbordsaling.

Ein schöner Südwind füllt unsere Segel und schiebt uns mit angenehmer Fahrt gen Korfu. Besser gesagt, gen Othonoi. Diese winzige Insel nordwestlich von Korfu soll unser erstes Ziel sein. Die kleine Südbucht vor dem einzigen Ort kommt wegen des heutigen Südwinds freilich nicht in Frage, und so legen wir Ruder Richtung Nordküste. Von der wissen wir lediglich, dass es dort eine weitläufige Einbuchtung gibt, ansonsten geben sich unsere Handbücher sehr diskret. Auf der sehr weltabgewandten Seite der Insel empfängt uns eine weite, halbmondförmige Bucht, umrahmt von grün bewaldeten Hügeln, rundum Nadelbäume, davor teils schwer zugänglicher Fels- und Kiesstrand. Das spiegelglat-

Ab sofort weht die griechische Flagge unter der Saling

te Wasser in dieser wildromantischen Bucht ist kristallklar, wir sehen jeden Felsen und jeden Stein am Grund. Glücklicherweise im letzten Moment auch den, der da heimtückisch versucht, uns den direkten Weg zum Ankerplatz zu versperren! Von dieser Sorte gibt es hier mehrere, also ist vorsichtige Navigation per Auge gefordert. Letztlich liegt der Anker aber perfekt verkeilt in einer Spalte, da kann nichts ausreißen. Ob wir ihn morgen wieder rauskriegen, ist freilich eine andere Frage.

Die gesamte Adria liegt uns nun gewissermaßen zu Füßen, wir haben freien Blick bis nach Venedig, jedenfalls theoretisch. Praktisch erahnen wir im Osten die Massive der albanischen Berge, die hin und wieder zwischen dem Wolkenvorhang hervorlugen. Coco wiegt sich sanft im Rythmus der Dünung. Als die Sonne hinter dem hohen Bergrücken der Insel im Westen versinkt, verschwindet der Horizont, Himmel und Meer fließen übergangslos ineinander, und bald sind wir eingehüllt in eine stahlgraue daunenweiche Düsternis, schweben förmlich im Nichts. Absolute Ruhe, kein Geräusch stört den tiefen Frieden.

Der nächste Tag bringt eine weitere freudige Überraschung. Nur z Seemeilen weiter – immerhin unsere kürzeste Etappe seit zwei Mona – liegt ein weiteres Mini-Inselchen: Erikoussa. Das nächste Paradies! Goldgelber Sandstrand, karibisch klares Wasser, Palmen, Zypressen, Laubbäume, ein, zwei Tavernen. Nur drei Yachten leuchten uns in der Morgensonne entgegen, was für ein Kontrast zu den überfüllten Plätzen der letzten Zeit! Was hindert uns eigentlich, gleich mehrere Tage zu bleiben …? So schön war Schwimmen und Schnorcheln in diesem Jahr noch nirgendwo!

23 | Gewitterwolken über Seglers Paradies

Korfu – Lefkas, September 2002. Zusammen mit wenigen anderen Yachten liegen wir in der wunderschönen Bucht Stefanos ganz oben im nördlichen Korfu Kanal. Unsere Begeisterung über das neue griechische Abenteuer kennt keine Grenzen. Von morgens bis abends hören wir uns ununterbrochen murmeln: „Ist das schön hier!"

Nach den malerischen Plätzen auf den Inseln Othonoi und Erikoussa haben wir mit Ormos Stefanos wiederum eine wahrhafte Bilderbuchbucht gefunden, gut geschützt gegen die vorherrschenden Winde, mit gutem Ankergrund, und last not least auch mit den in Italien so schmerzlich vermißten Tavernen.

Wer die „Entbehrungen" im italienischen Süden hinter sich hat, was Ankerplätze, Buchten und Tavernen betrifft, wird die Schönheiten hier ganz besonders genießen. Vor Jahren waren wir ja schon einmal hier chartersegeln, und schon damals fanden wir das Revier ganz nett; aber die wirkliche Schönheit erkennt mal wohl erst angesichts der Kontraste. Nun wollen wir das auch ausgiebig genießen, langsam im Zickzackkurs südwärts trödeln und alles mitnehmen, was am Weg liegt und irgendwie nach Ankerbucht aussieht.

Ormos Phtelias ist so eine Bucht, am Festland nordöstlich gegenüber Korfu Stadt. Als wir – dank GPS und elektronischem Kartenplotter – den gut verborgenen Einschnitt finden, fühlen wir uns alsbald wie die alten Entdecker. Einsam und fremd wirkt die Kulisse, schroff und abweisend an Backbord die graubraunen Hänge der unmarkierten Grenzregion.

Die Einfahrt wird immer enger, unwirtliche Ödnis, abgelöst von dichtem Bewuchs. Nur eine kleine Fischzucht läßt ahnen, dass hier Menschen leben. Es gibt nichts, keinerlei Versorgung, schon gar keine Taverne. Hierher verirrt sich wohl selten jemand. Ist ja auch kein Wunder: die Bucht ist zur Hälfte griechisch, zur Hälfte albanisch. Der englische „Greek Waters Pilot", die Bibel der hiesigen Seglerwelt, rät vom Besuch der Bucht ab wegen der Nähe zu Albanien. Gut für uns, so ist kein anderer Segler hier und wir haben die ganze Bucht für uns allein.

Wir ankern, erkunden die Gegend per Beiboot, und lassen die absolute Stille auf uns wirken.

Für den nächsten Tag steht ein weiterer Geheimtipp auf dem Plan: Ormos Pagania, wieder eine binnenseeähnliche Bucht am Festland, nur wenige Meilen weiter südlich. Auch diese abseits der üblichen Routen. Kaum jemand scheint sie zu kennen, nur ein verirrter Däne findet mal kurz herein, verläßt uns aber bald wieder.

Nach einer Woche Sonnenschein sind für heute Gewitter vorausgesagt. Wir entscheiden uns daher, eine zweite Nacht zu bleiben. Ein kluger Entschluß, wie sich zeigen soll. 27. August, 2230: So ähnlich muß es Brad und Janet zumute gewesen sein, als sie das Schloß von Rocky Horror im finsteren Wald der Karpaten entdeckten: den ganzen Tag schon gewittert und regnet es, mal mehr, mal weniger, immer wieder grelle Blitze, unangenehm nah. Längst haben wir sicherheitshalber unsere Batterien vom Bordnetz getrennt, alle Luken dicht gemacht und uns unter Deck verzogen. Während ich diese Zeilen im Zwielicht der Petroleumlampe tippe, zucken die Blitze pausenlos rundherum und knallen Donnerschläge. „360 Grad Sensurround Soundeffekt“ nennt man sowas im Kino. Bald scheint das Zentrum über uns zu sein. Der Nachthimmel ist jetzt fast dauerhaft taghell. Coco erbebt bei jedem Donnerschlag, und wir zittern mit. Wir drehen uns im Kreis, der rotierende Peilkompass zeigt es an. Es schüttet aus Kübeln was das Zeug hält. So ein Gewitter haben wir noch nicht erlebt. Hoffentlich hält der Anker! Wir liegen hier in dieser abgeschlossenen Bucht relativ sicher und wollen gar nicht daran denken, wie es wäre, wenn uns dieses Unwetter ungeschützt erwischt hätte! Dennoch, heute würden wir uns mal die Gesellschaft ein oder zwei anderer Yachties wünschen; die Nähe weiterer Leidensgenossen kann ja mental durchaus hilfreich sein. Andererseits, so haben wir ausreichend Raum zum Schwojen, was wir auch ausgiebig nutzen. Gegen Mitternacht zieht das Unwetter vorüber, erschöpft fallen wir in die Kojen.

Hinterher erfahren wir, dass der Sturm in dieser Nacht nur wenige Meilen weiter Dächer abgedeckt und aufgebockte Schiffe umgestürzt hat.

Am nächsten Morgen stellt sich beim Blick auf den Navtex-Forecast eine interessante Frage: Was ist schlimmer: „severe" thunderstorm oder „violent" thunderstorm. „Violent" hatten wir nämlich gestern, für heute ist „severe" versprochen. Die gewaltigen Wolkenmassen, die sich im Süden auftürmen, sehen vor dem Hintergrund dieser Information sehr beeindruckend aus …

Immerhin: Wir können uns nicht beklagen, dass das Wetter nicht ausgewogen wäre. Gestern kam der Mist aus Südwest, heute kommt er aus Nordost!

Nach der dritten einsamen Gewitternacht wird dann aber die Sehnsucht nach der Zivilisation übermächtig, und wir verlassen die Bucht mit Kurs Korfu. Acht Meilen, eineinhalb Stunden, ein Klacks. So kurze Schläge sind wir gar nicht mehr gewöhnt. Vor Korfu legen wir uns an den laut Handbuch „sehr sicheren" Kai des örtlichen Segelklubs, direkt unterhalb des beeindruckenden venezianischen Kastells aus dem sechzehnten Jahrhundert. War wohl ein Druckfehler. „Sehr teuer" hätte das im Handbuch wohl heißen sollen, denn man nimmt uns 20 Euro ab für einen unruhigen Liegeplatz vor eigenem Anker, ohne Wasser, ohne Strom, ohne Service. Von „sehr sicher" merken wir dagegen nicht viel.

Nach einem ausgedehnten Spaziergang durch die lebhafte Stadt Korfu machen wir am Abend kräftig einen auf Saturday Night Fever und tanzen Boogie Woogie. An der niedrigen Kaimauer im plötzlich aufkommenden Gewittersturm. Blitze zucken, Donner grollt (langsam wird's langweilig). Aber diesmal haben wir etwas Abwechslung: kräftige Gischtfahnen fliegen auflandig über das Kaimäuerchen, von achtern in unser Cockpit und den Niedergang hinunter. Schöner Salat. Wir verdoppeln die Leinen, verrammeln Luken und Niedergang, gehen downstairs und lassen uns durchschaukeln. Gut, dass wir keine direkten Nachbarlieger haben, so können wir die Rumhüpferei gelassen nehmen, es kann ja nicht viel passieren.

Am nächsten Morgen verlassen wir den Ort bei Flaute. Kurs Syvota-Inseln, ein malerisches, kleines Inselparadieschen vor der griechischen Festlandsküste. Am frühen Nachmittag kommen wir an und ankern in der Monastery Bay, die eher uninteressant, aber gut geschützt ist gegen nördliche Winde. Und nicht weit von den Tavernen.

Wir machen Landgang und sehen uns das kleine Örtchen Murtos an. Einige Lokale, ein paar Supermärkte, zahlreiche Hotels und Guesthouses; touristisch, aber nett. Als es zu regnen beginnt, fahren wir per Dingi zu Coco zurück. Lesen ist angesagt und e-Mails schreiben. Recht fröhlich wird es einmal, als ein PS-starkes Gummiboot volle Kanne durch die Bucht brettert und dabei kräftig Schwell erzeugt, der uns Ankerlieger gut durchwirbelt. Manch einer schickt einen herzlichen Fluch hinterher. Und siehe da, er wird erhört: Wir vernehmen ein seltsames Geräusch, hört sich an wie ein wildgewordener Hornissenschwarm. Das Bötchen hat sich selbständig gemacht und den wildgewordenen Angeber abgeschüttelt! Es kreiselt nun mit Vollgas auf der Stelle, und der Pilot rettet sich so schnell er kann schwimmend zu einem unserer Seglerkollegen. Irgendwann geht der Sprit aus und das Teil kann geborgen werden. Wir genießen das Spektakel sehr. Manchmal ist die Wirklichkeit besser als jedes Fernsehprogramm …!

Inzwischen ankert eine französische Yacht neben uns, ein großes, knallrotes Stahlschiff. Wir kennen den netten Einhand-Segler schon, hatten einen kleinen Schwatz vor einer Woche in der schönen Ormos Stefanos. Leider habe ich den starken Verdacht, dass sein Anker ziemlich nahe an unserem liegt, also schnorchle ich mal hin, und tatsächlich, die Ketten liegen über Kreuz und sein Anker genau zwei Meter neben unserem. Ich schwimme also rüber und teile meine neu gewonnene Information mit dem Skipper. Er meint, das sei schon ok, er bringe gleich noch ein Zwanzig-Kilo-Reitgewicht an seiner Siebzig-Meter-Kette aus, dann wird sein Schiff da drum rum schwojen und wir bräuchten uns keine Sorgen mehr zu machen. Französisches Savoir Vivre. Ich will kein Spielverderber sein, und so einigen wir uns darauf, dass er aber sofort weg muß, falls Wind aufkommt. Wir verstehen uns auf Anhieb ausgezeichnet, und schon haben wir eine Aperitiv-Einladung für den Abend auf „Maeva Nui“. Wir bewundern ausgiebig das Zwanzig-Tonnen-Schiff; den Stahlrumpf hat Jean Pierre vor zwanzig Jahren gekauft und selbst ausgebaut. Es ist riesig, nach unseren Maßstäben, und alles ist an Bord, einschließlich einer gut ausgestatteten Werkstatt. Nur das Schweißgerät führe er seit einiger Zeit nicht mehr mit ... Maeva Nui ist auch schon gut rumgekommen in der Welt, war schon über den Atlantik, in der Karibik, bis ein Riff dem Törn ein jähes Ende setzte. Aber Stahl hält was aus, und nach den fälligen Reparaturen schwimmt sie nun im Mittelmeer.

Aus unserem geplanten Abendessen an Land wird heute allerdings nichts mehr. Die rasch dunkler werdenden Grauabstufungen am Himmel lassen keinen Zweifel aufkommen: Gewitter im Anmarsch. Nach einem kräftigen Donnergrollen und unmittelbar einsetzendem Regenschauer brechen wir die Dingi-Ansteuerung der Taverne fünfzig Meter vor dem Ufer ab, machen auf der Stelle kehrt und eilen zurück zu unserem Schiffchen. Ein Unterschied zwischen Eignern und Charterern wird hier nebenbei offensichtlich: der Eigner kehrt beim ersten Donnergrollen zurück an Bord, gibt Kette und geht Wache; die Chartercrews verlassen eiligst ihr Schiff und schwärmen aus zu den Tavernen ...

Wegen des anhaltend schlechten Wetters heben wir uns die Erkundigung des Mini-Archipels für den Rückweg Ende September auf, und verlassen die Inselgruppe. Unser nächster Stopp heißt Paxos. Im Norden der Insel, in der Bucht von Lakka, ankern wir auf wunderbarem Sandgrund.

Die Bucht von Lakka auf Paxos

Coco vor Anker

Bald läuft auch Maeva Nui herein, mit der wir uns hier verabredet hatten, und so schwoit wieder unsere kleine weiße Plastikschüssel neben dem großen roten Blechtopf. Das nette Örtchen hat einige schöne Tavernen, darunter auch sehr gute wie das italienisch angehauchte „La Rosa di Paxos“ oder das „Klimataria“. Wir richten uns auf einen Aufenthalt von mehreren Tagen ein, schwimmen ausgiebig im klaren Wasser und erkunden die Insel auf Schusters Rappen, Regenschirm immer am Mann. Die Straße zum nächsten Ort an der Ostküste, Gaios, führt zwei Stunden lang durch dichtes Grün. Knorrige, grünsilberne Olivenbäume spenden Schatten und bilden einen herrlichen Kontrast zu farbenprächtigen Bougainvilleas, die sich an den gut gepflegten Häusern hinaufwinden. Dazwischen immer wieder schöne Ausblicke auf's Meer.

Nach vier Tagen – es hört gerade mal auf zu donnern und wir erblicken, o Wunder, sogar ein Stück blauen Himmels – nutzen wir die Gelegenheit und nehmen Reißaus vor einem italienischen Motorboot, das sich hierher verirrt hat und uns an unserem Ankerplatz unangenehm auf die Pelle rückt. Die Mongonisi-Bucht ist angesagt. Nach zwei Stunden erreichen wir die kleine Bucht an der Südostküste von Paxos. Der Ankergrund ist tief und hält wider Erwarten schlecht, so drücken wir uns rückwärts an der kleinen Pier zwischen zwei Engländern rein. Wir machen fest mit 45 Metern Kette, zwei Leinen und zwei Springs, gerade rechtzeitig bevor das nächste Unwetter hereinbricht.

Unseren zwölften Hochzeitstag begehen wir am Abend feierlich in der einzigen Taverne der kleinen Insel bei Kalamari und Retsina, mit Sirtaki aus plärrenden Lautsprechern, bunten Plastikstühlen unter grellen Glühbirnen und mit viel Campingplatz-Charme. Wir sind praktisch die einzigen Gäste. Der Himmel gibt dazu eine Sound-and-Light-Show, die uns unvergesslich bleibt.

Der Morgen weckt uns – womit wohl – mit einem kräftigen Donnerschlag! Da braucht man keinen Wecker. Wir lesen, schreiben, spazieren über die winzige Insel, vertrödeln den Rest des Tages. Gegen Abend läuft Maeva Nui in unsere einsame Bucht ein. Es wird wieder ein langer Abend an Bord von Coco. Erst werde ich vom Fachmann – ausgerüstet mit Taschenlampe und Schminkspiegel – im dunklen Bauch unseres Schiffs liegend, kriechend und hängend, ausführlich eingeweiht in die Geheimnisse von Dieselmaschinen. Und dann gibt es noch einen Grund zu feiern: Hertas Mutter begeht heute ihren Siebzigsten, und so trinken wir kräftig auf ihr Wohl, das ist Ehrensache.

Am nächsten Tag motoren wir mit Kurs Südost nach Lefkas. Dreißig Seemeilen, fast schon ein richtiger Tagestörn. Am Weg lockt Antipaxos mit kleinen Buchten und herrlichem, türkisfarbenem Wasser. Da müssen wir auch mal hin, doch nicht heute.

Nach einigen windlosen Stunden unter Maschine machen wir die nicht ganz leicht zu findende Einfahrt zum Kanal aus und reihen uns ein in die Warteschlange der Yachten vor der Drehbrücke. Jetzt brist es auf, logo. Wir halten unsere Position, und zur vollen Stunde ertönt ein

Signal. Die Armada setzt sich in Bewegung und mit Glück schlüpfen wir gerade noch mit rein, bevor die Durchfahrt nach wenigen Minuten schon wieder dicht ist.

In Lefkas treffen wir endlich den Katamaran Veligandu, mit dem wir seit Mallorca vor drei Jahren in lockerem e-Mail-Kontakt stehen. Persönlich gesehen haben wir uns noch nie. So freuen wir uns, als wir den Kat in der Marina liegen sehen und uns endlich kennen lernen. Skipper und Skipperin, zugleich Verfasser wohlbekannter Websites wie www.sailorsworld.com, www.schnellsuchen.com und www.scheisswetter.info, sind eine Fundgrube für Tipps und Informationen. So wird auch dieser Abend wieder lang. Umso mehr, als wir am Rückweg, weit nach Mitternacht, noch mit einem netten münchner Pärchen auf dem Schiff neben uns ins Gespräch kommen. Und da die am nächsten Tag abreisen, bitten sie uns noch freundlich um Unterstützung bei der Vernichtung ihrer Restvorräte an Retsina. Das können wir natürlich nicht ablehnen. Was sollen denn sonst die Münchner von uns Franken denken!

Doch Marinas sind ja unsere Sache schon lange nicht mehr, und so verlassen wir nach zwei Gewitternächten Lefkas und segeln gen Süden, auf Odysseus' Spuren weiteren paradiesischen Ankerplätzen entgegen. Namen wie Meganisi, Ithaka, Zakynthos und viele andere lassen Seglerherzen höher schlagen …

Lefkas – Meganisi – Atokos, September 2002. Von unserem Liegeplatz in der Marina aus haben wir soeben unseren französischen Freund mit seiner roten Stahlyacht gesichtet, wie er im Kanal an uns vorüberläuft. Per Funk verabreden wir uns für den Abend in der Tranquil Bay im Osten von Lefkas. Wind ist Null, und so holen wir ihn – dieselunterstützt – kurz vor dem Ziel ein; unsere fünfzig Pferdestärken müssen nur acht Tonnen schieben, seine immerhin zweiundzwanzig. Wir feiern das Wiedersehen am Abend beim Sundowner auf Maeva Nui. Der Name „Tranquil Bay" (ruhige Bucht) stammt allerdings ganz offensichtlich aus fernen Urzeiten; heutzutage macht die Bucht gegenüber von Nydri ihrem Namen keine Ehre mehr. Sie ist rappelvoll, es herrscht reger Dingiverkehr, Ankerlieger plärren Neuankömmlingen lautstark entgegen, wo sie gefälligst zu ankern hätten und wo nicht und schreien – offensichtlich bereits im nachmittäglichen Frührausch – quer über die Bucht. Nein, ruhig ist es hier wirklich nicht mehr!

Tags darauf mieten wir uns einen Motorroller und besuchen die berühmte Schlucht mit dem malerischen Wasserfall im Hinterland von Nydri. Sodann umrunden wir die gesamte bergige Insel. Immerhin bis über tausend Meter steigen die Berge auf. Gut, dass wir unsere Regenjacken dabei haben; den Regenschauern können wir zwar ausweichen, aber unter den dicken Wolken ist es dennoch knackig kühl. Für den Segler bietet die schroffe Westseite der Insel zwar keinen sicheren Ankerplatz, aber für den Rollerfahrer eröffnen sich unglaubliche Aussichten auf bizarre Kliffküsten und einsame Strände. Der Süden und der Osten Lefkas' dagegen sind wahre Segler-Idyllen, mit tiefen Fjorden, Buchten und Ankerplätzen. Einen guten halben Tag muss man für den Rundtrip schon einplanen, wenn man nicht hetzen will.

Das Handy piept, per SMS kommt eine Einladung zu einem Barbecue an Bord von Maeva Nui. Langsam fühlen wir uns drüben heimisch. So geniessen wir des Abends frische Sardinen vom Grill, griechischen Wein, gute Stimmung, und dazu das unvermeidliche Wetterleuchten am Nachthimmel.

Der nächste Tag bringt endlich mal schönen Segelwind. So machen wir aus fünf Meilen zehn Meilen, setzen Segel und kreuzen bei blauem Himmel gegenan. Das Ziel, die Insel Meganisi, ist wieder eines dieser kleinen Paradiese. Von Lefkas nur einen Katzensprung entfernt, bietet die Insel unzählige ausgezeichnete Ankerbuchten, gut geschützt gegen sämtliche Windrichtungen. Die Ufer sind bestanden mit Pinien und Olivenbäumen, hin und wieder ein kleiner Badestrand, hier und da ein paar Tavernen. Unsere kleine private Flottille ist auch wieder vollständig, denn Maeva Nui liegt auch schon hier. Sie ankert allerdings im tieferen Wasser einer vorgelagerten Bucht, hat ja auch mehr als hundert Meter Kette dabei. Wir dagegen gehen tiefer in die Ambelaki-Bucht hinein, und legen Coco auf angenehmen fünf Metern Wassertiefe vor Anker. Eine lange Landleine um den Stamm eines Olivenbaums, und wir liegen wie in Abrahams Schoß.

Am Nachmittag kommt ein fremdes Dingi längsseits. Der Kapitän stellt sich vor als „Didier, Peintre“. Ein Maler also. Er will unsere Coco im Aquarell verewigen. Unsere in solchen Situationen sofort vorhandene Skepsis ist bald zerstreut, als er uns Beispiele seines Könnens präsentiert. Schöne Bilder von Yachten vor Anker und unter Segeln, passend zum Thema in Wasserfarben gemalt. Und so erteilen wir den Auftrag. Am nächsten Morgen klopft es, Didier bringt das fertige Werk. Es ist ausgezeichnet gelungen, wir freuen uns und geben ihm gerne das geforderte Honorar. Nun wird unser Schiffchen – vor authentischer Gewitterwolken-Kulisse – bald als Kunstwerk die Wände unseres Heimes zieren! Natürlich nutzen wir auch diesen Anlaß wieder zum feiern, und laden Jean-Pierre zu einem formidablen Coco Special Dinner an Bord. Es gibt Spaghetti mit frischem Oktopus in Öl, Knoblauch und Kräutern. Ein schöner Abend, untermalt von himmlischen Leuchtzeichen, wie immer …

Eine der zahlreichten Buchten auf Meganisi, Ormos Spilia, beherbergt eine Einrichtung, die wohl jeder Ionio-Segler einmal kennenlernt: Die Taverne „Porto Spilia“ mit ihrer privaten Minimarina. Etwa fünfzehn Yachten finden dort Platz an einer Pier mit Grundleinen, kostenlos. Einzige Bedingung: man muß in der angeschlossenen Taverne essen gehen. Das tut man gerne, denn die gegrillten Spieße und andere duftende Köstlichkeiten zwingen förmlich dazu. Hier feiern wir Abschied von Jean-Pierre, der am nächsten Tag hinauf muß nach Preveza, um sein Boot dort einzuwintern.

Wir dagegen gehen am nächsten Tag südwärts, zur Ankerbucht Syvota auf Lefkas. Im Kanal zwischen Meganisi und Lefkas bläst uns ein kräftiges Lüftchen entgegen, der Himmel verfinstert sich zusehends, die Welle nimmt zu, und so kreuzen wir gegenan und erreichen schließlich bei kräftiger Hacksee im Dauerregen die hervorragend geschützte Bucht. Erst am späten Nachmittag des folgenden Tags wagt sich die Sonne wieder hervor, und tags darauf strahlt sie in voller Pracht.

Nach einem vom Wetter diktierten, unfreiwilligen Mehrtagesaufenthalt, der uns allerdings durch die zahlreichen Tavernen und Kneipen nicht langweilig wird, ist unser nächstes Ziel wieder Lefkas Stadt. Dort erwarten wir meinen Cousin Hansi, der für eine Woche an Bord kommt. Auf dem Weg dorthin beehren wir die Onassis-Insel Skorpios mit unserem Besuch, zumindest vor Anker, denn betreten ist streng verboten (der Securityservice der Insel soll ausgezeichnet sein ...). Lang bleiben wir nicht, Wind und die Wespen vertreiben uns bald wieder. So legen wir noch einen Badestopp ein vor einem menschenleeren Sandstrand kurz vor der Einfahrt zum Lefkas-Kanal, und erreichen gut erfrischt am Abend die Hauptstadt der Insel.

Zusammen segeln wir in den nächsten Tagen über Nydri und Syvota hinunter nach Ithaka, der Heimatinsel des Odysseus. Von dort geht es hinüber zur beeindruckenden, steilen Felseninsel Atokos, wo wir die bizarre Cliff Bay an der Südküste besuchen, und dann dicht östlich davon in einer kleinen Einbuchtung ohne Namen Anker werfen. Der Raum zum Schwojen reicht gerade für in Schiff; einer bleibt als Ankerwache an Bord, und zwei schnorcheln unter einer atemberaubenden Felsen-Szenerie in klarstem Wasser, blauschimmernd und absolut transparent. Schöner kann Wasser nicht sein! Unser absoluter Geheimtipp, aber haltbar nur bei absolut ruhiger Wetterlage.

Von diesem traumhaften Platz verlegen wir uns für die Nacht um's Eck, in die One House Bay. Sie hat den Namen von dem einsamen Haus, das, strahlend weiß gestrichenen, im Scheitel der Bucht inmitten dichter grüner Macchia steht. Dort ankern wir auf acht Metern Wassertiefe inmitten einer Charterflottille. Als pünktlich um 1500 Wind aufkommt, bläst die Flottille gesammelt zum Aufbruch, und wir bleiben allein zurück. Wir verlegen uns auf einen besseren Platz, und am Abend liegen nur zwei Schiffe hier, zwei Schiffe für eine ganze Insel. So ist's recht. Bald zaubert der Vollmond einen gigantischen schwarz-silbernen Schattenriß aus dem steil abfallenden Felskliff im Südosten, und wir genießen den schönen Anblick bei einem Fläschchen gutem, italienischem Vino.

Anderntags zuckt's an der Angel! Tatsächlich: Hansi hat ein Fisch am Haken! Beim Anblick des mickrigen Fischbabys überwältigt uns aber das Mitleid, und wir schenken ihm wieder die Freiheit. Der soll erst mal noch wachsen … Für diese noble Geste werden wir alsbald reich belohnt: unterwegs zu der flachen Insel Kastos, mit der Schleppangel achteraus, bekommen wir tatsächlich einen Dreiviertelkilo-Tunfisch an Bord! Das Mittagessen ist gesichert!

Das soll ein Fisch sein …??

DAS … ist ein Fisch!!

Vor Kastos ankern wir in einer Bucht neben dem kleinen Hafen, hinter dem Inselchen Prasonisi. Am Ufer finden wir eine Müllhalde vor: Plastik und Weißblech in allen Erscheinungsformen. Alles angeschwemmt. Dennoch, das Wasser ist klar und sauber, wir bringen eine Landleine aus und bleiben für die Nacht. Anderntags lichten wir am späten Vormittag Anker und segeln die Ostküsten von Kastos und Kalamos hinauf. Als wir die Nordosthuk von Kalamos runden, entdecken wir mehrere kleine, aber wunderschöne Strände. Malerisch reichen die Nadelbäume vom steilen Bergrücken hinab bis zum Ufer. In dem glasklaren Wasser vor dem goldgelben Sandstrand soll schon Onassis mit der Callas gebadet haben. Wir haben keine Gelegenheit dazu, leider, denn es pfeift kräftig um die Ecke und der Platz ist heute nicht haltbar. Wir runden also das Leuchtfeuer, und alsbald reffen wir die Segel, denn bei dem Südwind knallen kräftige Böen von den steilen Hängen der Insel herab. Gerade sind wir um die Huk rum, und schon wieder haben wir ein gutes halbes Kilo Tunfisch am Haken! Das tröstet einigermaßen über die entgangenen Ankerfreuden hinweg.

Mit dieser Beute laufen wir wieder unsere schon bekannte Insel Meganisi an. Der Forecast sagt 7 bis 8 Beaufort und Gewitter voraus, also legen wir uns sicher in die tiefste Einbuchtung und verköstigen uns mit köstlicher Pasta als Vorspeise und Fisch in Folie als Hauptgang. Unsere Vorräte an italienischem Wein reichen noch eine Zeit lang; wie gut, dass Bill Dixon, der Konstrukteur unserer Coco, so einen geräumigen Weinkeller vorgesehen hat.

Nach einer viel zu kurzen Woche reist Hansi wieder ab, und wir segeln wieder hinauf nach Norden. Oberhalb von Lefkas, in Preveza, gleich hinter dem Kanal zum Ambrakischen Golf, finden wir eine Marina vor, noch ohne Versorgungsanschlüsse, aber benutzbar. Hier liegt wieder mal eine kleine Seglergemeinde, Langfahrtsegler, von denen einige hier überwintern, weil es fast nichts kostet. Da bleiben auch wir für ein paar Tage, holen mal wieder die Bikes raus und wollen die landschaftlich schöne Umgebung erkunden. Auch für den kulturell Interessierten ist hier einiges geboten. So befinden sich zum Beispiel in der Nähe die Überreste der antiken Stadt Nikopolis, die Kaiser Augustus anno 31 v. Chr. gründete, zum Gedenken an seinen Sieg in der Seeschlacht gegen die Flotte Kleopatras, die damals hier stattfand.

Wir schaffen es gerade so hin und zurück, bevor das nächste Unwetter losbricht. So trainieren wir dann das Hirn statt der Muskeln, lesen statt zu radeln. Noch um zwölf Uhr mittags am nächsten Tag ist es dunkel und trist, wir lesen bei Kunstlicht! Abends gibt es heiße Suppe an Bord, eine angemessene Kost bei diesem Klima. Zur Erinnerung: wir befinden uns im Mittelmeer, und es ist eigentlich noch nicht Winter. Apropos Kunstlicht: in den letzten Monaten haben wir immer wieder über die Anschaffung von Solarpaneelen zur Stromerzeugung an Bord nachgedacht. Wenn wir aber die letzten Wochen betrachten, wäre ein Windgenerator wohl die bessere Lösung!

Fast jeden Tag Gewitter und Regen, langsam wird's wirklich ätzend. Seit nunmehr 32 (jawohl, zweiunddreißig!!) Tagen, nur mit kurzen Unterbrechungen. Nun ja, wie wir hören, ist es zuhause auch nicht viel besser. In wenigen Wochen werden auch wir wieder das heimatliche Herbstwetter genießen können. Ob wir unsere Restbräune vom Juli bis dahin werden hinüberretten können ...¿¿

25 | Mit Wollsocken ins Winterlager

Lefkas – Preveza – Korfu, Oktober 2002. Man muss ja immer alles positiv sehen! Und so erfreuen wir uns an dem, was bei diesem Wetter möglich ist: am Anblick farbenprächtiger Regenbögen, bizarr-beeindruckender Wolkengebirge, grell zuckender Blitze, und am Klang rollenden Donners. Hat man ja sonst nicht in dieser Vielfalt. Spaß beiseite, wir freuen uns so langsam auf's Winterlager. Ein untrügliches Zeichen für's nahende Saisonende ist es, wenn man beim Segeln Socken braucht.

Die kleine Seglergemeinde in Preveza zeigt auch schon die ersten Auflösungserscheinungen. Die einen haben ihr Schiff schon auf dem Trockenen, die anderen reisen ab – für ein Vierteljahr nach Südafrika („Urlaub machen"), die nächsten schrubben, putzen und bessern aus, schlagen Segel ab, stauen, zerren, zurren; naja, was halt so anfällt, wenn man ein Schiff sein eigen nennt.

So brechen auch wir nach einigen Tagen in der Marina Preveza unsere Zelte ab, und machen uns auf Richtung Korfu, wo in der neuen Marina Gouvia das Winterlager auf unser Schiffchen wartet. Unterwegs machen wir nochmal Stopp an einem unserer Lieblingsankerplätze, in Lakka auf Paxos. Abends sitzen wir mit doppelter Sweatshirtverpackung, dicken Socken und Fleecejacke im Freien und wettern in unserem hiesigen Lieblingslokal „Klimataria" bei unglaublich gutem Stifado und Lamm in Aprikosensauce die frostigen Temperaturen ab. Als Nachtisch gibt's „chocolate nemesis", eine Spezialität des englischen Eignerpaares: schwarz, süß, cremig; wir schätzen siebzig Prozent Fett und dreißig Prozent Schokolade. Nemesis = Untergang, Vergeltung; wird schon seinen Grund haben, die Namenswahl. Aber egal, es ist ein Hochgenuß – und schließlich brauchen wir ordentlich Brennstoff bei diesen Temperaturen!!

Und es gibt sie noch, die wunderschönen, einsamen Buchten im Charterparadies! In der Nähe der Syvota-Inseln vor dem griechischen Festland ankern wir in einer etwas „abseits der Zivilisation" gelegenen Bucht, die in keinem unserer Handbücher erwähnt wird. Ein kleiner Sandstrand ziert den Scheitel der Bucht, links und rechts Felsen, darüber ein Wäldchen und Schafe. Todesmutig springe ich abends nochmal mit Maske und Schnorchel in die kühlen Fluten, doch auch die Fische haben sich schon ins Winterlager verzogen und außer Sand und Seegras gibt es nicht viel zu sehen. Nach zehn Minuten komme ich mir vor wie ein sibirischer Eistaucher und breche die Expedition ab. Danach brauche ich eine Stunde um wieder auf Betriebstemperatur zu kommen.

Den letzten „freien" Ankertag verbringen wir nochmal in einer Bucht am Festland, Ormos Valtou, auch Igoumenitsa Creek genannt. Wieder finden wir einen Platz in völliger Einsamkeit – es ist halt schon Oktober. Rundum springen fröhlich Fische umher, stundenlang, unglaublich. Vermutlich alles Ausreißer aus der nahe gelegenen Fischzucht, die sich über ihre neu gewonnene Freiheit freuen. Kaum liegt also unser Anker unten, hänge ich auch schon beide Angeln raus. Ich versuche alle Tricks und sämtliche Köder, leiere mir die Schultern aus beim Rein- und Rauskurbeln. Erfolglos.

Nach drei Jahren Mittelmeerangeln fasse ich meine Erfahrungen folgendermaßen zusammen: (a) entweder du rundest mit exakt vierkommadreieinhalb Knoten Speed, Heckangel und Rapallo-Köder eine Landzunge, möglichst in der Dämmerung der frühen Morgen- oder späten Abendstunden; wenn überhaupt, dann beißen sie dort, oder (b) du angelst in Hafenbecken oder (c) du marschierst zum Fischmarkt vor Ort und kauftst den Fisch deiner Wahl beim Händler.

Zur Strafe für den Mißerfolg muß ich auf den letzten Drücker noch hinauf in den Mast. Lange habe ich's vor mir hergeschoben; auf Normal Null fühle ich mich doch viel wohler. Doch was sein muß, muß sein. Unser Windmesser zeigt nämlich seit einiger Zeit erst ab höheren Beaufortzahlen ein Lebenszeichen, und außerdem haben wir den Verdacht, dass mit unserer Funkantenne etwas nicht stimmt. Also erklimme ich im Affenklammersystem die sechzehn Meter über Deck, während Herta mit dem Spinnaker-Fall sichert. Von da oben sieht

die Welt sehr klein aus! Kräftig transpirierend, trotz der eher kühlen Außentemperaturen, werkle ich in der luftigen Höhe, und schieße auch gleich ein paar Fotos für die Nachwelt. Der Rückweg ist nicht minder schweißtreibend, und so kommt es, dass ich auch heute wieder ins kühle Nass springe. Selten so erfrischt!

Der nächste Tag bringt nochmal Sonne, und so machen wir uns in Short und T-Shirt auf zum letzten Schlag unseres diesjährigen Törns, ins Winterlager nach Korfu. Um die Ankunft hinauszuzögern, laufen wir jedes der drei Inselchen und Felsen an, die noch am Weg liegen. Doch schließlich stehen wir unvermeidlich vor der roten und grünen Tonne, die den Zufahrtskanal von Gouvia markieren. Wir sind am Ziel, die letzten Meter liegen vor uns.

Die folgenden Tage verbringen wir mit den üblichen Winterlagervorbereitungen: Segel und Leinen abschlagen, stehendes und laufendes Gut prüfen, putzen und polieren, schmieren und stauen. Ich als ausgewiesener Nichttechniker wage mich diesmal selbst an den Maschinenservice: Motor- und Getriebeölwechsel, Filterwechsel, Reinigen der Seewasserkühlung, Kontakte fetten – mit dem Handbuch in der Hand alles halb so wild. Im Rausch des ersten Erfolgs wird auch der Außenborder gleich noch verarztet. Das so gesparte Geld verprassen wir des abends in der Taverne bei Retsina und Lamm-Suvlaki mit unseren englischen Freunden Will & Gill, die wir in Italien kennen gelernt und nun hier in der Marina wiedergetroffen haben. Die beiden wollen auf ihrem Schiff überwintern und sich für allerlei Wartungs- und Reparaturarbeiten an Schiffen verdingen. Hartes Brot.

Unbarmherzig rückt nun auch der Krantermin näher. Am Tag X ist der Travellift von einem drängelnden fetten Motorschiff blockiert, deshalb wird Coco kurzerhand an den Kran verwiesen. Skeptisch blicken wir auf den Auslegerkran; auf die Frage, ob der denn unsere achteinhalb Tonnen trägt, kann der Marinero nur lachen: selbst fünfzig Tonnen seien kein Problem. Na wollen wir's hoffen. Es bleibt uns ohnehin keine Wahl, wenn wir noch aus dem Wasser wollen bevor der für heute angekündigte

Sturm kommt. Und so sehen wir bangen Blickes vom Boden aus zu, wie der gebrechlich wirkende Kran unser Schiffchen aus dem Wasser hebt, in kunstvollem Bogen haarscharf um einen Laternenpfahl schweben läßt, um es schließlich auf seinem endgültigen Winterstellplatz auf der anderen Straßenseite sanft abzustellen. Gut gemacht, die Starre löst sich, wir atmen auf.

Beim ersten Blick auf das Unterwasserschiff jubeln wir über den guten Zustand des Antifoulings. Ein paar Abblätterungen hier und da wie schon im letzten Jahr, aber im Großen und Ganzen scheint der Anstrich noch recht perfekt zu sein und wir haben kaum Bewuchs. Da muß nicht viel gemacht werden, ein paar Ausbesserungen, das können wir selber machen. Denken wir. Als dann aber eine Stunde später der Dampfstrahler sein reinigendes Werk vollbracht hat, tritt die Wahrheit in ihrem ganzen erschreckenden Ausmaß zutage: Rostflächen am Kiel und großflächig abblätterndes Antifouling inklusive Grundierung. Da muß wohl doch mal der Fachmann ran und das Ganze neu aufbauen. Besonders beim Kiel besteht akuter Handlungsbedarf, denn Eisen und Salzwasser vertragen sich schlecht, soviel wissen wir noch aus der Schule.

Wie es der Zufall so will, steht neben uns eine Yacht mit einem netten kärntner Ehepaar, das wiederum hier ein Pärchen kennt, welches einen guten Ruf für solche Arbeiten haben soll. Und zufällig sind die mit ihrem Schiff auch hier in der Marina. So lernen wir die beiden kennen: im früheren Leben Zahnärztin und Architekt, sind sie vor neun Jahren vor den Kriegswirren aus Ex-Jugoslawien geflohen; jetzt reparieren sie hier Schiffe. Sie sagen, so schlecht sei der Tausch letztlich nicht gewesen, weniger Stress, viel Sonne und frische Luft, die Arbeit macht Spaß und mit den Leuten kämen sie gut zurecht. Die beiden haben sich hier im Lauf der Jahre offensichtlich schon eine kleine Fangemeinde aufgebaut, denn mit jedem Vorübergehenden werden ein paar Worte gewechselt, und da auch alte Kunden noch fröhlich mit ihnen plaudern, nehmen wir das als gutes Vorzeichen für die Qualität ihrer Arbeit. Da auch der Preis stimmt, erteilen wir den Auftrag, durchzuführen in der Winterpause.

Nun erklimmen wir unsere mobile Behausung also per Leiter. Das ist ungewohnt, aber dafür ist der Ausblick eindeutig besser. Theoretisch jedenfalls. Praktisch ist er Grau in Grau, warum sollte das auch heute anders sein als die letzten Wochen. Über uns ziehen im Sturmschritt die Regenwolken hinweg, ein kräftiger Wind ist aufgekommen, gut dass Coco schon gekrant ist. Für die letzten zwei Tage hagelt es Sturmwarnungen, und so laben wir uns an den Erinnerungen und lassen bei einem Glas Ciro aus unserem italienischem Weinkeller die Stationen unseres diesjährigen Törns nochmal an uns vorüberziehen:

Im Kielwasser liegt das herbe Westsizilien mit den pittoresken egadischen Inseln; Pantelleria, die wunderbare Aussteigerinsel; das abseits gelegene und sehr beeindruckende Lampedusa, wo wir im TV zusehen mußen, wie Deutschland die 2:0 WM-Niederlage gegen Brasilien einsteckte; Linosa, das unglaubliche, bizarre Eiland mit dem Vulkanhafen irgendwo im Nirgendwo. Malta, Gozo und Comino, die englisch angehauchten Schwesterinseln, die uns in eine kulinarisch fragwürdige, aber historisch sehr beeindruckende Zivilisation zurückbrachten. Die Ostküste Siziliens mit den wunderbaren Orten Syrakus und Taormina; die liparischen Inseln Vulcano, Lipari, Panarea, Salina, wo noch heute der antike Wettergott Äolus das Sagen hat; die Straße von Messina mit ihren rasanten Strömungen, Wirbeln und mit den so fragil aussehenden Schiffen der Schwertfisch-Jäger; dann die Südküste Italiens mit ihren zigkilometerlangen menschenleeren Sandstränden und den teils versandenden Häfen. Und schließlich die westgriechischen Inseln, sattgrüne Oasen im ionischen Meer mit einer unglaublichen Vielzahl herrlicher Ankerplätze.

Unser Fazit aus dieser Saison: Sizilien und die umliegenden Inseln haben uns rückblickend stark beeindruckt. Vergessen sind die seglerischen Unzulänglichkeiten des Gebietes; in der Erinnerung überwiegen die herbe Schönheit der Landschaft, die distanziert-warmherzige Art der Bewohner, die einzigartige Kultur, die traumhafte Abgeschiedenheit. Weit eher für einen klassischen, sorglosen Segelurlaub geeignet ist dagegen das Revier der ionischen Inseln, von dem wir in Sizilien fast täglich geträumt haben. Es gibt unzählige perfekt geschützte Buchten und Ankerplätze, praktisch alle in Rufweite, Tavernen en masse (teils sogar mit Blick auf's

Schiff, für den Skipper das Höchste!), die seglerische Infrastruktur ist gut ausgebaut. Hier ist reines Entspannungssegeln angesagt, dafür ist die Region aber auch fest in der Hand der Charterfirmen und Flottillen. Alles hat eben seinen Preis.

Während wir so unsere Reise Revue passieren lassen, machen wir noch eine erstaunliche Feststellung: Mit Ende des diesjährigen Törns haben wir nun schon ein ganzes Jahr unseres Lebens auf dem Wasser zugebracht! Sicher eine bemerkenswerte Tatsache für fränkische Flachlandtiroler. Die Erlebnisse sind unersetzlich, die Erfahrungen unbezahlbar. Es ist ja nicht der einzige Traum, den man so träumt in seinem Leben, aber sicher einer der schönsten. Und schließlich: was wäre das Leben ohne Träume? Und was wären Träume ohne den Willen, sie zu realisieren?

So, mit diesen tiefgreifenden philosophischen Schlussfolgerungen verabschiedet sich Coco de Mer in die Winterpause. Wenn die Winterabende gar zu kalt und zu grau werden, dann macht es wie wir: nehmt dieses Buch zur Hand und wärmt euch auf mit den Bildern eines Sommers an den Gestaden des Mittelmeers …

***

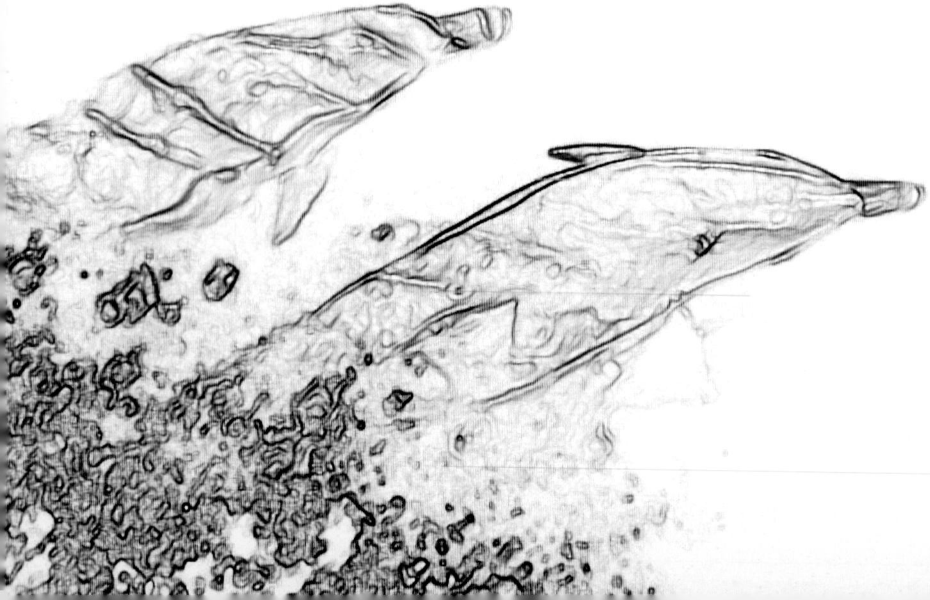

Eindrücke aus
Mazara del Vallo, Sizilien

Die Tier- und Pflanzenwelt von Pantelleria

Türkisfarbenes
Kristallwasser
am Ankerplatz

Unsere Freunde und
treuen Begleiter auf See

Blue Lagoon, Comino,
frühmorgens vor dem
Ansturm der Masssen

Bizarre Formationen
zu See und am Himmel
auf den liparischen Inseln

Ankerimpressionen

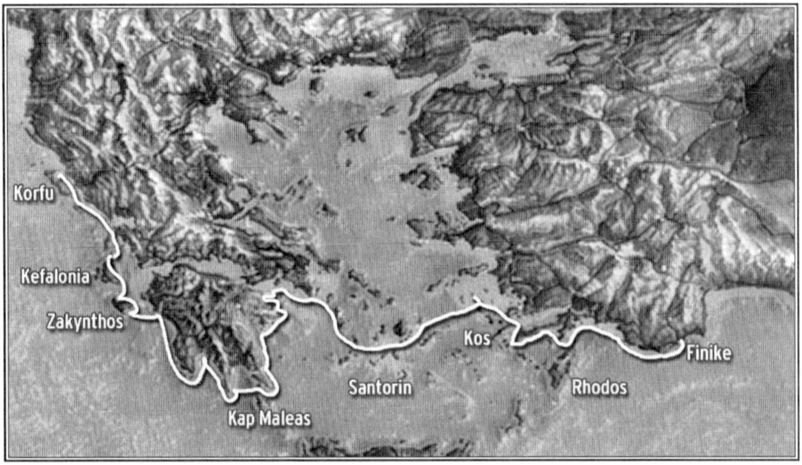

Coco's Reiseroute 2003 (1 400 Seemeilen, ca. 2 600 Kilometer):
Ionische Inseln – Peloponnes – Kykladen – Dodekanes – Türkei

26 | 220 Kilo auf 50 Kubikzentimetern

Korfu, Juni 2003. Seit zehn Tagen in Griechenland - und wir liegen noch immer in Gouvia Marina. Nicht vorwiegend, weil es hier auf Korfu so schön ist, sondern weil die altgediente Coco-Crew in brütender Hitze technische Höchstleistungen erbringt. Unsere lieben Freunde von der SY Michelle spotten per SMS, ob man uns denn schon die Ehrenbürgerschaft von Gouvia angetragen habe. Aber was wissen die denn schon ...¿

Von der Instandsetzung leckender Toiletten über die Montage schienbeinschonender Rundleisten am Niedergang bis hin zum Anschluss von Solarmodulen bei achtunddreissig Grad Aussentemperatur sind uns mittlerweile weder fein- noch grobmotorische Arbeiten mehr fremd. Auch bei der Überredung verschiedenster fremdsprachiger Mitmenschen zur Ausführung ungeliebter Arbeiten haben wir es zu einer gewissen Fertigkeit gebracht. Es boten sich auch bereits reichlich Gelegenheiten, Kontakte zur Bevölkerung zu knüpfen. Mit Sofia von der Speditions-Niederlassung Thessaloniki sind wir per Du, mit Elias und Stathis vom Volvo-Service teilen wir unser Bordbier, Peter von Boatman's World wurde ernannt zum offiziellen Bordlieferanten von schwarzen Kabelbindern (schwarze sind UV-stabiler als weiße, das weiß man als Mittelmeer-Segler, und natürlich schwer zu bekommen ...), Dimitri, der Marinakapitän, träumt nachts schweißbadend von Coco de Mer und der Suche nach verschollenen Lieferungen ...

Doch jetzt mal die Geschichte der Reihe nach:

Gerade in Korfu gelandet, droht uns schon am Flughafen der Hitzschlag. Korfu stöhnt im Juni unter Augusthitze: 42 Grad im Schatten! Das lähmt alle Lebensgeister, selbst kleinste Aufgaben werden nur noch zeitlupenartig abgearbeitet. Mit Mühe und weit offenen Fenstern überleben wir die Taxifahrt zur Marina, wo uns Coco schon am Liegeplatz erwartet. Leider noch ohne Stromanschluss, und so ist der Kühlschrank kalt. Und leer. Aber unser Stegnachbar Terry von der SY Mardling langt uns gleich mal zwei eisgekühlte Bier über die Reling. So beginnen Seglerfreundschaften!

Am nächsten Morgen, nach durchschwitzter Nacht, die erste – und wichtigste – Maßnahme des Tages: Sonnensegel raus!

Diesen und die folgenden Tage verbringen wir mit Arbeiten am Schiff, unterbrochen immer wieder von unfruchtbaren Versuchen, den Aufenthaltsort unserer seit Wochen vermißten Sendungen aus Deutschland festzustellen. Die hellenische Spedition erklärt, die Sendung sei schon abgeliefert, die Marina weiß davon nichts. Vom Verbleib unserer zweiten Lieferung – Solarmodule per Post – weiß sowieso nirgendwo niemand irgend etwas. Wenn die Coco-Crew mehrmals täglich das Marinabüro betritt, flüchten die Mädels, wenn sie es noch schaffen, und der Marinakapitän verdreht die Augen gen Himmel.

In diesen Tagen ist unsere größte Freude die abendliche, kühlende Dusche am Heck.

Nach vier Tagen dann die erste frohe Kunde: Die Solarmodule sind eingetroffen! Wir feiern! Und einen Tag später, endlich, auch der ersehnte Anruf aus dem Marina-Büro: „Die Lieferung der Spedition ist da!!" Der Spediteur, der die Sendung schlicht und einfach in seinem Lager in einer Ecke vergessen hatte, stellt die Palette am Eingang zu den Piers ab und macht sich eiligst aus dem Staub.

Satte 140 Kilo starren uns feindselig an. Herta, nicht unclever, versucht, bewaffnet mit ihrem knappsten Bikini, im Marinaoffice jemanden zur Unterstützung zu überreden. Doch da haben wir uns geschnitten: gerade in dieser Notsituation sind nur Damen im Büro, und die fahren auf Kundinnen im neongelben Bikini nicht so recht ab. Der Chef, Dimitri, ist leider gerade beim Zahnarzt. Also müssen wir halt selbst sehen wie wir mit unserem Paket weiter kommen.

Doch das Glück ist uns hold: Elias und Stathis, die beiden Marina-Mechaniker, kommen eben vorbei, sehen Herta, sehen das Problem, sehen die Lösung: sie holen nur schnell ihr Motorrad, damit werden wir das Ungetüm dann schon zum Schiff schaffen. Wir erwarten nun mindestens eine 750 ccm Beiwagenmaschine, statt dessen kommen die beiden auf einem altersschwachen 50 ccm Roller angedüst. Wir glauben's nicht, aber die zwei sind unerschütterlich. Der arme kleine Roller wird aufgebockt, zu dritt heben wir die 140 Kilo darauf (am Stück, so wahr ich hier sitze), Stathis quetscht noch seine 80 Kilo hinter den Lenker, der Roller stemmt nun stolze 220 Kilogramm! Er ächzt merklich, doch wider Erwarten gibt der Roller nicht nach. Elias und ich stützen die wertvolle Fracht seitlich ab, und schon geht es frohen Mutes und im Laufschritt hinaus auf die

Griechischer Schwertransport

schwankende Holzpier! Gut wenn man keine Zeit zum Überlegen hat. Spannend wird es, als wir zu der Stelle kommen, wo unsere Pier von der Hauptpier abzweigt. Im rechten Winkel, wohlgemerkt. Düster blicken sich unsere beiden griechischen Helden an, wechseln ein paar Worte in ihrer Muttersprache, die wohl nicht für unsere Ohren bestimmt sind, ich will gerade was sagen, da gibt Stathis aber schon Gas – und es ist geschafft! Von heute an habe ich enormen Respekt vor griechischem Kampfgeist!

75 Meter Edelstahl wollen markiert werden

Was macht der Yachtsmann, wenn das Spülwasser nicht ablaufen will, weil die Spüle zwei Grad nach achtern geneigt ist und der Abfluß zum Bug hin liegt? Klar, er kauft mehr Edelstahlkette, um das Vorschiff zu beschweren und so die Neigung des Spülbeckens zum Bug hin zu „optimieren". Spaß beiseite, das war nicht der Grund, der uns zum Kauf einer neuen, teuren, 75 Meter langen Ankerkette bewogen hat. Die Lehren der Vergangenheit (wie etwa die über fünfzehn Meter tiefen Ankerplätze der liparischen Inseln) und die vor uns liegenden Plätze mit oft ähnlichen Ankertiefen haben uns bewogen, die längere Kette anzuschaffen. Nun haben wir zwar zwanzig Kilo mehr Gewicht im Bug, aber das gleichen wir locker aus indem wir achtern mehr Wein und Bier bunkern.

Unsere alte, drei Jahre junge Edelstahlkette geben wir unserem bewährten Peter von „Boatmans World" in Korfu in Kommission. Mit dem russischen URAL-Beiwagenmotorrad, darauf Peter, ein riesiger Sackkarren, unsere gut siebzig Kilo Nirosta-Kette und ich, düsen wir durch Kontokali zu Peters Laden. Unterwegs brüllt er mir vom Fahrersitz frohgemut zu, dass er die Maschine seit einem Jahr besitzt und schon dreimal aus der Kurve geflogen sei. Ich bin heilfroh, als wir unverletzt ankommen …

Nun, da die Sendungen aus Deutschland eingetroffen sind, gibt es nicht nur Montagen zu ebener Erde, sondern auch einige im Masttop. Ich klettere zwar mittlerweile hinauf, wenn es sein muß, aber ich reiße mich nicht darum. Zumal ein professioneller Bootsmannsstuhl für umfangreichere Arbeiten wie diese unabdingbar ist, und den haben wir nicht. Der Engländer Will, den wir letztes Jahr in Süditalien kennengelernt haben, arbeitet seit Oktober hier in Gouvia für diverse Charterfirmen und Schiffseigner. Beim vierten Bier spät nachts im Cockpit von Coco gelingt es uns ihn zu überreden, ein paar „kleine Arbeiten am Mast“ für uns zu machen. So zum Beispiel unsere neu erworbenen Maststufen anzubringen. „Certainly, no problem“; – und bei der Gelegenheit auch gleich eine Fockfall-Öse zu ersetzen: „aahmm, yes, of course“; – und wenn er doch schon mal dabei ist, wären da noch ein paar weitere kleine Reparaturen im Masttop auszuführen, Kleinigkeiten, wirklich, nur eine neue Antenne und ein neuer Verklicker (Windrichtungsanzeiger). „Oh, I like you“ ist sein einziger Kommentar. Wir belassen's dabei, wenn er erst mal oben ist, können wir ihm ja den Rest noch sagen … Falls er sich noch blicken läßt …

Doch tatsächlich, was ein britischer Gentleman verspricht, das hält er. Bei über vierzig Grad hängt Will anderntags fast fünf Stunden droben in schwindelnder Höhe und bohrt, nietet und lötet, dass es eine Freude ist. So bekommen wir auch da oben noch alles in Schuss.

Auf dem Weg nach ganz oben

Irgendwann ist jede Arbeit fertig, so auch auf Coco. Nach zehn Tagen schlagen wir endlich Groß und Genua an, setzen den Diesel in Gang und laufen aus, Kurs Paxos. Der Volvo schnurrt wie ein zufriedenes Kätzchen. Dreißig Meilen und fünf Stunden später laufen wir ein in der schönen Bucht von Lakka. Wir ankern auf dem mittlerweile schon bekannten, klaren, türkisfarbenen Wasser, lassen die Seele baumeln. Abends besuchen wir Jackie's „Klimataria", wo ein englisches Paar – englisch, indeed, man glaubt es kaum – das beste Essen der nördlichen ionischen Inseln zubereitet. Zum Absacker sitzen wir dann noch in einer der kleinen Bars an der Pier. Griechische Musik schallt über die Bucht, über uns strahlen die unzähligen Sterne des Mittelmeeres, der Törn beginnt ...

Auch im Kellergeschoss gibt es Arbeit

27 | Flottillenpest und Schildkrötenparadiese

Kefalonia – Zakynthos – West-Peloponnes, Juli 2003. Von Paxos aus geht es bei schönem Segelwind die gut 30 Meilen hinunter, direkt durch den Lefkas-Kanal, und, weil's heute so schön läuft, gleich weiter nach Meganision, einem Highlight der Gegend, der Insel mit der fjordartig zerklüfteten Nordostseite, in der jeder seinen Traum-Ankerplatz findet. Hier treffen wir ein Schwesterschiff, die SY Alegria. Wir glauben das Schiff aus Mallorca zu kennen, wo wir selbst vor vier Jahren auch eine Moody 38 mit Namen Alegria besichtigt hatten. Wir gehen dicht ran, rufen hinüber, ob wir wohl gemeinsame Bekannte in Malle haben, und siehe da, so ist es, auch sie haben ihr Schiff bei unserem Fred von Beka Yachting gekauft. Den Abend verbringen wir zusammen in einer der Buchten von Meganision, begutachten und vergleichen unsere Schiffe, tauschen Ideen und Tips aus, es gibt doch wirklich immer noch was zu verbessern.

Doch es treibt uns weiter. So schön es hier auch ist, wir kennen es schon. So umrunden wir Meganision, werfen an der schroffen Westküste einen Blick in die riesige U-Boot-Höhle aus dem zweiten Weltkrieg, und laufen dann ein in die hervorragend geschützte Bucht Ormos Sivota. Am Abend beim obligatorischen Spaziergang erinnert sich ein Kellner an unsere Gesichter (was hatten wir denn im letzen September hier nur angestellt …¿).

Am nächsten Abend sind wir in Fiskardo, einem hübschen Dorf im Norden von Keffalonia, der größten der ionischen Inseln. Der Hafen ist klein, wir ankern etwas ab vom Schuss, mit langen Landleinen zur felsigen Küste. Es hat sich schon bezahlt gemacht, zwei drei Meter lange Kettenstücke dabei zu haben: die legen wir um Felsnasen an Land, hängen die Landleinen daran, und nix scheuert mehr! Zusammen mit unserer neuen langen Ankerkette am Bug schläft es sich auch viel ruhiger! Viel hilft viel.

In Fiskardo schlemmen wir Lobster auf Pasta, trinken dazu guten keffalonischen Robola-Wein. Das muss man ausnützen, wenn es in Griechenland mal eine Restaurant-Empfehlung gibt! Das Kochen haben die Griechen ansonsten ja eher nicht erfunden. Man hält sich an Souvlaki, Tzatziki, Gyros & Co, wie zuhause beim Griechen um die Ecke. Kulinarische Abwechslung gibt's höchstens an Bord.

Das Örtchen ist voll auf Tourismus ausgerichtet, hat sich aber noch einigen Charme erhalten. Es gehört zu den wenigen, die das schwere Erdbeben von 1953 weitgehend unbeschadet überstanden haben, und so ist es auch noch verschont von Beton-Neubauten, die sonst überwiegend das Bild der Ortschaften prägen.

Mit einem Motor-Roller erkunden wir den Nordteil der Insel. Weite Gebiete sind mit einer einheimischen Pinienart dicht bewaldet, mancherorts erinnert die Landschaft eher an die Toskana als an eine Insel im Mittelmeer. Lauschige Wälder wechseln sich ab mit lieblichen Olivenhainen. Sogar Wein wird hier auf der Insel angebaut, die Sorte heißt wie gesagt Robola und schmeckt uns ausgezeichnet.

Per Moped besuchen wir auch den Höhlensee von Melissani. Den See, dessen Salzwasser von der anderen Seite der Insel unterirdisch hierher gedrückt wird (eine kleine geologische Sensation), kann man per Ruderboot mit Guide erkunden. Die versprochenen Nymphen sehen wir nicht, das finde ich sehr schade. Dafür schmettert unser Ruderbootkapitän herzzerreissende Arien im diffusen Halbdunkel der Stalagmiten und Stalagtiten.

Am Rückweg legen wir einen Badestopp ein in Ormos Mirtou. Die Farbe des Wassers kann ich kaum beschreiben, vielleicht am ehesten mit „Blue Curacao auf Bitter Lemon".

Gegen Abend sind wir zurück bei Coco. Zu unserem Schrecken hat sich eine Flottille mit zehn Schiffen direkt neben uns eingerichtet. Das ist das Ende der Romantik. Kurz entschlossen holen wir die Landleinen ein und ziehen von dannen.

Südlich liegen einige paradiesische, pinienumstandene Ankerbuchten, die uns bei diesen Wind- und Wetterverhältnissen für eine Übernachung gut geeignet erscheinen. Doch leider hält unser geliebter Bügelanker auch beim fünften Versuch nicht in dem meterdicken Seegrasbewuchs, und uns wird klar, weshalb diese Buchten hier so einsam sind. In der vierten Bucht finden wir dann aber doch noch Halt – wohl eher durch das Gewicht von knapp 60 Metern ausgebrachter Kette als durch die Haltekraft des Ankers selbst. Einsam meckern ein paar Ziegen der untergehenden Sonne nach, bald funkeln ungezählte Sterne am Himmel, hin und wieder pfeifen Böen durch die Schluchten der Berghänge, doch wir liegen gut.

Eine weitere Nacht verbringen wir in einer abgelegenen Ankerbucht, diesmal im Süden von Ithaka. Hier fällt meine Haarpracht mal wieder dem Langhaarschneider zum Opfer. Leider „verfahre" ich mich einmal – doch was soll's, asymmetrische Schnitte sind ja schwer angesagt in dieser Saison ...

Der kleine Hafen von Poros, wieder auf Keffalonia, ist unser nächstes Ziel. Neben einer mietshaushohen Festlandsfähre, die in diesem kleinen Hafen völlig deplatziert scheint, werfen wir unseren Anker. Die Fähre ist der ideale Windschutz beim Anlegen! Später staunen wir, wie der Steuermann das Riesending zentimetergenau aus dem Miniaturhafen bugsiert.

Es bläst kräftig, draußen sieht es richtig eklig aus, lauter weiße Schaumkämme. So legen wir noch einen Ruhetag in Poros ein, was soll's, wir haben's ja nicht eilig. Wir nutzen den Tag für eine mehrstündige Wanderung auf den Berg Athos, mit über 1 600 Metern der höchste Berg der ionischen Inseln. Leider auch hier ein mittlerweile vertrautes Bild: überall Müllkippen. Plastikmüll, rostiger Eisenschrott, ja ganze Wohnungseinrichtungen werden die Abhänge hinunter gekippt. Traurig.

Für Abwechslung ist gesorgt. Im Hafen von Poros trägt wieder mal eine Flottille zur Unterhaltung bei. Die Besatzung des „Mutterschiffs" hat alle Hände voll zu tun, mit dem Dingi sortieren sie Anker neu, schieben einzelne Schiffe an neue Plätze, die Jungs tauchen nach in Schrauben verhedderten Ankerleinen, kurz, alle haben ihren Spaß. Irgendwann raunt mir einer der Flotillen-Dompteure (Australier, vermute ich) etwas zu in der Art: „i-really-hope-da-win-da-damn-laddery-damorrow-then i'll-say-bye-to-them-for-sure". Trotzdem, man muss Respekt haben, faul sind die Flottillenkapitäne wahrhaftig nicht.

Am späten Nachmittag, wir sitzen grad' beim wohlverdienten griechischen Salat im Cockpit, tut es einen Schlag, und aus den Augenwinkeln sehen wir ein ziemlich langes, ziemlich großes Teil über unser Vorschiff in Richtung Nachbarschiff fliegen. Wir wollen schon wieder auf die Flottillenpest schimpfen, da wird uns klar: es ist unser eigener Spinnakerbaum, der da soeben im trüben Hafenwasser untergeht. Mit einem Satz bin ich auf dem Nachbarboot, und gerade noch rettet die englische Lady den Baum vor dem Tod durch Ertrinken. Sind doch eigentlich recht anständige Leute, diese Flottillensegler, nicht wahr …¿

Es geht weiter nach Zakynthos. Zante, wie sie auch genannt wird, ist praktisch die südlichste der ionischen Inseln (abgesehen von Kythira ganz unten am Peloponnes, die auch noch dazu gehört, wohin sich aber kaum jemand verirrt). Im Norden liegt die kleine Bucht Agios Nikolaos hinter einem Felseninselchen. Durch die riffgeschmückte nördliche Zufahrt schleichen wir uns hinein. Hier treffen wir auch die Crew der SY Alegria wieder. Gemeinsam chartern wir ein kleines Ausflugsboot und lassen uns die Blaue Grotte von Zakynthos zeigen. Die Farbspiele dort sind wirklich einzigartig, Blau in allen nur denkbaren Tönen und Abstufungen. Am Abend genießen wir in der palmengedeckten Taverne am Nordwestufer ausgezeichneten Fisch und Kalamari, trinken erfrischenden zakynthischen Weißwein, und klönen.

Auch im weitläufigen Hafen von Zakynthos Stadt gibt es weder Strom noch Wasser. Je weiter südlich wir kommen, umso mehr zeigt sich, wie sinnvoll unsere Entscheidung für Solarmodule war. Es reicht zwar noch nicht, den Energieverbrauch vollständig zu decken, aber immerhin, mit den allfälligen Motorstunden dazu kommen wir recht gut hin. Vielleicht schaffen wir uns ja noch ein weiteres Modul an. Oder einen Windgenerator – für die Ägäis¿

Die Südküste von Zakynthos gehört – ähnlich wie die italienische Insel Lampedusa – zu den letzten Rückzugsgebieten der Karettschildkröte im Mittelmeer. In weiten Bereichen ist deshalb Ankern und Befahren verboten. Leider sehen wir beim Passieren durchs Fernglas, dass sich viele nicht daran halten, und auch, dass die feinsandigen Strände von Badegästen bevölkert sind. Wo sollen da die Schildkröten noch Platz finden? Und wenn sie dann ihre Eier ablegen, trampelt am nächsten Tag bestimmt einer drüber. Naturschutz und Tourismus-Interessen scheinen also auch hier schwer vereinbar zu sein.

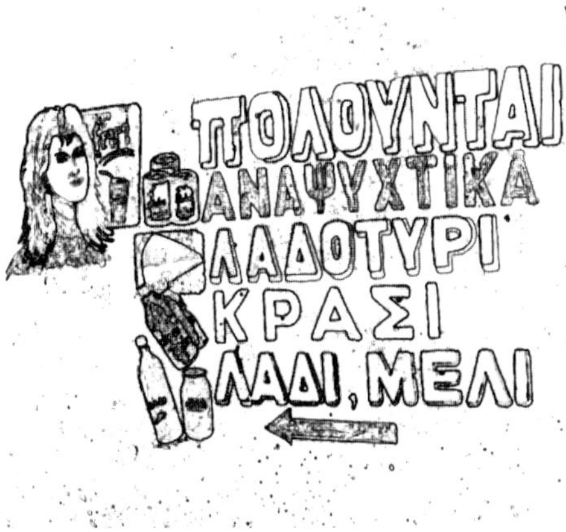

Wandmalerei: Werbung für einen Tante-Emma-Laden auf Zakynthos

Im westlichen Bereich der Küste ist Ankern erlaubt, und so laufen wir in die Bucht Ormos Keri, wo wir einen unserer bisher schönsten Ankerplätze finden, direkt vor einer traumhaften Villa mit gepflegten Gartenanlagen. Und bald besucht uns auch tatsächlich eine der rund einen Meter großen Schildkröten! Was für ein schöner Ort!

Genau der richtige Platz, um sich mal in Ruhe mit unserem Energiehaushalt zu befassen. Die zwei Solarmodule müßten realistischerweise 4 bis 5 Ampere Strom liefern. Tun sie aber nicht. Unser elektronischer Batterie-Manager zeigt nur 1,5 Ampere Ladestrom an, also weniger als die Hälfte. Ich messe an mehreren Stellen der Zuleitungen von den Modulen, überall kommen 3 bis 3,5 Ampere raus. Nicht ganz 4 bis 5, aber immerhin das Doppelte dessen, was der teure „Manager“ anzeigt. Na wenn da nicht was faul ist?!

Zur Abkühlung springe ich erstmal ins Wasser. Manchmal hilft mir das beim Denken. Und da der Dumme immer das meiste Glück hat, legt sich gerade jetzt eine hellblaue Yacht neben uns. Mit einem Werbeschild (!) „Dipl. Ing., Elektrik, Elektronik“ an der Bordwand. Ich traue meinen Augen nicht. Als hätten wir‘s bestellt. Natürlich packe ich die seltene Gelegenheit beim Schopf und frage den Skipper, ob er mir bei meinem Problem helfen könne. Klar kann er, kurz darauf ist er bei uns an Bord. Es stellt sich heraus, dass der Messwiderstand (wieder so ein

Wort, dass ich nie im Leben mit Segelsport in Verbindung gebracht hätte) des Batteriemanagers falsch angeschlossen ist. Wir legen die Anschlüsse neu, und siehe da, die Anzeige zeigt gute 3 Ampere Solarstrom! So soll es auch sein.

Wie so oft hat aber auch diese frohe Botschaft ihre Schattenseite. Die Input-Anzeige ist jetzt zwar doppelt so hoch wie zuvor – aber leider auch der Verbrauch. Na, wenigstens sind die angezeigten Werte jetzt plausibel. Hätten wir auch schon früher drauf kommen können, aber Rechnen war nie meine Stärke, und das Wort „Elektrophysik" war mir schon immer der reine Horror.

Mit einwandfrei funktionierender Stromversorgung segeln wir hinüber an's Festland, zum Peloponnes. Die erste Station ist Katakolon, nicht weiter erwähnenswert, abgesehen von dem gewaltigen Hafen, in den wieder mal einige EU-Millionen gesteckt wurden und der nun den einheimischen Schlauchbooten sturmsichere Liegeplätze bietet …

Von hier aus besuchen wir das antike Olympia, das eingebettet in eine liebliche Hügellandschaft liegt, baumbestanden, blütenreich und schattig. Man kann sich gut vorstellen, wie hier im Altertum die friedlichen sportlichen Zusammenkünfte der Athleten stattfanden.

Nach dem wahrscheinlich längsten Schlag unseres diesjährigen Törns, einem 55-Meilen-Abschnitt, liegen wir Tags darauf in der Bucht von Navarino am westlichen Peloponnes, wo im Jahr 1827 die berühmte Seeschlacht gegen die Türken stattfand. Einige türkische Schlachtschiffe aus der Zeit sollen hier noch auf dem Grund liegen. Morgen müssen wir aber erst mal versuchen, den eigenen Anker aus der Muringkette am Hafengrund zu befreien. Ein netter Grieche hat uns bei unserer Ankunft hier im Hafen den Platz zugewiesen, aber dabei wohl vergessen zu erwähnen, dass hier eine sauschwere Kette am Grund liegt. Na vielleicht ist sein Bruder Taucher und er wollte ihm einen Job verschaffen? Aber wir haben die eigene Tauchflasche dabei, und so wird er wohl auf die nächsten Deppen warten müssen.

Also dann, ich muß heute zeitig ins Bett, damit ich morgen früh den Tauchgang hier im Hafen auch richtig genießen kann. Naja, das Wasser ist hier einigermaßen klar, man kann auf fünf Meter hinunter sehen. Kein Vergleich zu Barcelona damals!

Coco ankert im Schutz der gewaltigen Festungsmauern von Methoni

Peloponnes, Juli 2003. Vor Methoni, am südwestlichen Ende des Peloponnes, begrüßt uns schon von weitem das mittelalterliche türkische Kastell. Bei einem pfeilschnellen 6-Beaufort-Raumschotkurs (Wind von achtern) runden wir die Enge um das Kap zwischen Festland und der Insel Sapientza und begeben uns in den Schutz der gewaltigen Festungsanlage. Hier ankern wir frei und sicher vor einer äußerst malerischen Kulisse. Nur wenige Yachten liegen hier: ein Kanadier, ein Franzose, ein Schwede, und good old Germany ist nun auch vertreten. Kein Gegner aus der Flottillenliga weit und breit … ;-)

In einer Nebenstrasse, ganz ohne den obligatorischen Meerblick, liegt gut versteckt eine hübsche kleine Taverne mit Namen Klimataria. Wie in Lakka auf Paxos, ein gutes Omen. Und tatsächlich, auch in diesem Klimataria ist die Küche ist ausgezeichnet, allein schon die Vorspeisenauswahl ist enorm und lecker. Wir können uns nicht entscheiden und stellen uns mit dem Wirt gemeinsam eine gewaltige Platte zusammen. Wir futtern bis wir uns nicht mehr bewegen können! Köstlich.

Einige Tage später, tiefer im Messenischen Golf, vor dem netten Dorf Koroni, überrascht uns ein Unwetter mit auflandigem Starkwind und kräftigem Schwell am gegen Nord völlig offenen Ankerplatz. Früh am nächsten Morgen ergreifen wir die Flucht, und am späten Nachmittag liegt Coco sicher in der Marina Kalamata, der sechstgrößten Stadt Griechenlands.

Hier wird Coco nun leider doch noch vom langen Arm des Staates entdeckt. Sehr höflich werde ich zum möglichst baldigen Besuch des Büros der Port Police aufgefordert. Nach ausgiebigem Studium der Schiffspapiere und eingehender Befragung des Skippers tippt der junge Beamte lange Zahlenreihen in eine Rechenmaschine. Ich gebe mich überrascht, weiß aber freilich nur allzu gut, was nun kommt. Das „Pleasure Craft Permit" für Coco de Mer kostet einschließlich aller Nebenkosten rund 110 Euro. Dafür erhalten wir ein überdimensional sperriges, aber sehr dekoratives Dokument, und dürfen nun ganz offiziell ein Jahr lang griechische Gewässer befahren.

Bisher hatten wir den Erwerb des griechischen Permits stets – hmm, nun ja – „übersehen", indem wir die Einklarierung beim Hafenmeister stets „vergaßen" . Die von Griechenland erhobene Befahrensgebühr für ausländische Yachten ist ohnehin nicht mit EU-Recht vereinbar, deshalb hielt sich unser schlechtes Gewissen in Grenzen. Ein Verfahren gegen die griechische Permit-Regelung ist in Brüssel anhängig. Doch mit südlichem Gleichmut will man hier die Ergebnisse der zeitlupenartig mahlenden Mühlen europäischer Justiz abwarten, bevor man das illegale Gesetz abschafft – und dann wahrscheinlich durch eine andere kreative Gebühr ersetzt.

Aber wir beschweren uns nicht. Erstens ankern wir meist ohnehin frei und damit kostenlos, zweitens gibt es hier praktisch keine teuren Marinas, und drittens werden in den wenigsten Fischer- oder Stadthäfen Liegegebühren verlangt. Selbst wenn (!) man jedes Mal vorschriftsmäßig ein- und ausklarieren würde, sind die Gebühren minimal, etwa drei Euro pro Tag, manchmal sogar inklusive Wasseranschluß. So gesehen, verstehen wir die Klagen über teure Gebühren in Griechenland nicht so recht. Noch kein Land empfanden wir bisher so preiswert für Segler wie Griechenland. Für den Preis des Permits – ob nun legal oder nicht – bekommt man in mancher Marina des westlichen Mittelmeers kaum mal einen Liegeplatz für eine Nacht.

Nach all den Anstrengungen der letzten Zeit sehnen wir uns nach etwas Urlaub. Zum Zwecke der Erkundung des peloponnesischen Inlands chartern wir in Kalamata einen Fiat Seicento. Leider erweist sich der kleine Flitzer schon nach wenigen Metern als hoffnungsloser Fall; keine drei Minuten nach Abfahrt stehe ich wieder im Büro, meine Reklamation wird anstandslos akzeptiert und ich erhalte ersatzweise den letzten verfügbaren Wagen, einen Kia Sportage Jeep, zum gleichen Preis. Solcherart aufgewertet, machen wir uns auf zur Dreitagestour nach Sparta und auf die Mani-Halbinsel.

Durch tiefe Schluchten und grüne Nadelwälder fahren wir in östlicher Richtung durch eine Landschaft, die mal an Schwarzwald, mal an die schweizer Alpen erinnert; hier sattgrün und fruchtbar, dort karg und abweisend.

Das mystische Mystra

Nach ein, zwei Stunden Fahrt öffnet sich vor uns die riesige Ebene von Sparta. Umgeben von hohen Bergen liegt die moderne Stadt wie in einem Kessel. Doch zunächst besuchen wir das benachbarte Mystra. Im 13. Jahrhundert – zu byzantinischer Zeit – die Hauptstadt des Peloponnes, ist Mystra heute nur noch eine romantische Ruinenstadt, verlassen bis auf ein Nonnenkloster. Der alte Ort liegt an einer steilen Bergflanke, erstreckt sich über dreihundert Höhenmeter bis hinauf zum gewaltigen Kastell! Einige Stunden wandern wir schwitzend durch die steilen kopfsteingepflasterten Gassen der klassischen Stätte, genießen atemberaubende Ausblicke und stille Winkel in den oft noch gut erhaltenen Ruinen. Das hier ist etwas anderes als nur die Besichtigung „alter Steine"; die Bauten sind noch so weit erhalten, dass man diesen einzigartigen Ort mit etwas Phantasie wieder lebendig werden lassen kann. Kein Wunder, die letzten Einwohner haben den Ort erst vor etwa fünfzig Jahren verlassen.

Bei einem kurzen Aufenthalt im modernen, gesichtslosen Sparta – vom berühmten antiken Ort existieren kaum Überreste – erfrischen wir uns in einem Kafeneion. Dann geht es weiter an die Ostseite der Halbinsel, zum Lakonischen Golf. Bei Gythio finden wir eine günstige Bleibe für die Nacht, spazieren abends durch den Ort und genießen das bunte Treiben in dem Hafenstädtchen von einer der zahlreichen Tavernen aus.

Die Felsenlandschaft des südlichen Peloponnes ist durchsetzt von Höhlen und Grotten. Die Höhlenlandschaft von Pyrgos Dyrou gehört nach Expertenmeinung zu den interessantesten ihrer Art weltweit. Auf einem kippeligen Nachen werden wir durch endlose unterirdische Gänge gerudert, durch Reihen von Stalagmiten und Stalagtiten, durch eine stille unterirdische Wunderwelt. Für uns Mittelfranken ist das ja nicht ganz so aufregend, haben wir doch selbst einige schöne Höhlen direkt vor unserer Haustür. Es ist trotzdem ein beeindruckendes Erlebnis.

Szenenwechsel: In der Abendsonne sitze ich im Garten eines alten Mani-Turmhauses unter einem riesigen Walnußbaum und notiere die Eindrücke der letzten beiden Tage. Neben mir ein Nesfrappée, ein eiskaltes Kaffeeshake, das derzeitige Nationalgetränk der Griechen, und das obligatorische Glas Wasser. Milliarden von Zikaden sorgen für eine schrille Geräuschkulisse, die bisweilen an Körperverletzung grenzt.

Lärmender Plagegeist

Die Halbinsel Mani, der mittlere Finger des südlichen Peloponnes, gehört zu den besonders eindrucksvollen Flecken Erde, die wir auf unserer Reise entdecken. Es ist eine eigenartige Welt bizarrer Felsen, gewaltiger Gebirgszüge, lieblicher Kiefernwälder, schattiger Olivenhaine und schroffer Klippen zum Meer. Die spätnachmittägliche Juni-Sonne taucht alles in ein goldenes Licht: das hohe Gras, den Sand, die Steine.

Überhaupt Steine: charakteristisch für die Mani-Landschaft sind die grauen Steinhäuser und Wohntürme. Mal hingestreut über sanfte Hügel, mal als Bastionen wie Horste einsam auf einem Bergrücken. Immer eigenartig, zunächst abweisend, dann, beim näherkommen, oft doch freundlich und einladend.

Es wird viel renoviert und neu gebaut, vielerorts wird die schon nahezu verschwundene Mani-Kultur wiederbelebt. Die Region strebt sichtbar auf, der Tourismus ist „endlich" auch in diese abgelegene Region gelangt und bringt das nötige Geld, sogar kleine Immobilienbüros finden sich schon hier und da. Mit etwas Glück könnte hier in einigen Jahren ein neues attraktives Reiseziel für Liebhaber unverdorbener Natur entstanden sein.

Bevor wir den Jeep in Kalamata zurück geben, nutzen wir ihn noch zum Großeinkauf. Gnadenlos gehen wir bis an die Grenze der zulässigen Nutzlast. Nach dem Besuch dreier Supermärkte in Kalamata ächzt unser Vehikel, aber wir haben alles – bis auf eines: Mineralwasser. Wir trinken außer Wein und Bier schon auch gerne mal Mineralwasser, und zwar vorzugsweise solches mit Kohlensäure. Auf den Gedanken, dass eben dieses schwierig zu beschaffen sein könnte, sind wir bisher noch nie gekommen. Doch in den Supermärkten des südlichen Peloponnes machen wir erstmals diese Erfahrung. Beim Verkaufspersonal versuchen wir es mit den einschlägigen Adjektiven in sämtlichen Sprachen, die uns bekannt sind, doch weder „sparkling" noch

Ein Riese auf Kollisionskurs?

„gas", weder „frizzante" noch „carbonisée", ja nicht einmal unsere neueste englischsprachige Errungenschaft – „fizzy" – hilft uns weiter. Stets ahnungsloses Schulterzucken auf der anderen Seite. Es ist ja nicht so, dass es hier kein Mineralwasser in Flaschen gäbe, meterlange Regalreihen in den Supermärkten sind voll damit, aber eben ohne fizzy. Na gut, dann eben Bier!

Mit kräftig Tiefgang dank der Bunkeraktion vom Vortag bringt uns ein Fünfzigmeilen-Schlag die Ostküste des Messenischen Golfs hinunter zum Kap Tainaro, dem nach Gibraltar südlichsten Punkt des europäischen Festlands. Und gleich noch ein Superlativ: nur sechzig Meilen weiter südlich liegt der mit 5 121 Metern tiefste Punkt des Mittelmeeres. Unterwegs sichten wir ein gewaltiges Frachtschiff recht voraus auf Kollissionskurs; doch als wir näher kommen sehen wir: es liegt auf Reede, der Bug zeigt geradewegs in unsere Richtung. Keine Gefahr!

Gleich um die Ecke liegt die kleine Ankerbucht Porto Kagio. Die Bucht liegt eingekeilt in eine Felsschlucht, ein paar Häuser stehen am Strand, zwei Tavernen, gegenüber im Fels ein steingraues Mani-Dörfchen. Pittoresk. Porto Kagio ist geschützt gegen alle Windrichtungen, außer gegen Nordost. Klar, dass der griechische Funkwetterdienst am nächsten Morgen Nordost ansagt, Stärke 6 bis 7. Also zögern wir nicht lange. Ein kurzer Kaffee, ankerauf und los.

Was zunächst mit schnellem Segeln hart am Wind beginnt, endet fünf Stunden später in einem wilden Ritt brutal gegenan. Erst einige kräftige Salzwasserduschen lassen uns unseren Stolz vergessen und das Ölzeug aus dem Schrank kramen. Gut verpackt erreichen wir die Insel

Kap Maleas – das Kap Hoorn des Mittelmeers

Elafonissos. Erst knapp unter Land wird die gegenan stehende Welle erträglich. Und wir werden reichlich für die Mühen des Tages belohnt: Der Anker fällt auf der karibischsten aller denkbaren Wasserfarben, vor weißen Sanddünen an Land, mit grünen Vegetationskrönchen. Und neben uns ankert die „Christina O.“, die legendäre Privatyacht des griechischen Tycoons Onassis. Mit panamesischer Flagge. Jaja – die ärgerliche Steuerfrage.

Kap Maleas liegt nun vor uns, das Tor zur Ägäis! Das Kap wird bisweilen in Segelführern auch respektvoll das „Kap Hoorn des Mittelmeers“ genannt. Unser griechischer Revierführer schreibt: „... keep a distance of at least 3 nm from the coast and even then be ready to loose your sails.“

Nun denn ...

29 | High speed & Haute cuisine

Ost-Peloponnes, August 2003. Kap Maleas liegt im Kielwasser. Wie meistens war auch diesmal wieder alles halb so wild. Frühmorgens um Sechs verlassen wir den Ankerplatz bei Elafonissos im Halbdämmer, um acht Uhr runden wir die berüchtigte, unwirtliche Landspitze bei schwachem Wind. Gerade wirft die Sonne ihre ersten Strahlen über die Kimm, die Mönche im einsamen Kloster am Kap haben noch keine Chance, uns ihren unter Seefahrern bekannten Spiegel-Gruß zuzublinken. Wir winken trotzdem hinauf, es wird sicher nichts schaden.

Nun sind wir also in der Ägäis, dem Segelrevier schlechthin! Das feiern wir mit einem kräftigen Schluck Rotwein, dem Rest von gestern abend. Den letzten Schluck opfern wir Poseidon, dem griechischen Gott der See und der Seefahrer und hoffen, uns so auch weiterhin seinen Schutz zu sichern.

Hier am Ost-Peloponnes, weit im Südwesten der Ägäis, entwickelt der Meltemi noch keine echte Kraft. So dieseln wir bei leichtem Gegenwind „bergauf" nach Norden, zum spektakulär im Meer gelegenen Ort Monemvassia.

Im kleinen Hafenbecken gehen wir an der Pier längsseits, gleich hinter einem Coast Guard Speedboat. Die freundlichen Beamten haben nichts dagegen, dass wir Wasser zapfen soviel wir brauchen. Nur das Schiff sollen wir damit bitte nicht waschen. Wasser ist hier ein kostbares Gut. So wie die Franzosen stolz sind auf ihren Wein und die Franken auf ihr Bier, so viel bedeutet den Griechen ihr Wasser. Immer wieder wird die gute Qualität gepriesen: „spring water", „table water", „pure fresh water" und dergleichen mehr sind die gängigen Attribute für das wertvolle Nass, das hier aus Hähnen und Schläuchen quillt. In der Regel trifft das auch zu, das Wasser hat fast immer Trinkwasserqualität. In den Bars und Tavernen bekommt man nicht nur zu Wein und Kaffee, sondern sogar zum frischen Orangensaft stets ein Glas Wasser extra serviert.

Das byzantinische Monemvassia liegt spektakulär am Fuße eines roten Monolithen im Meer, nur über eine Brücke mit dem Festland verbunden. Die ehemalige Ruinenstadt wird seit Jahren liebevoll restauriert, neues Leben zieht in die alten Gassen. Der Ort ist mittlerweile ein angesagtes Luxusziel wohlhabender Griechen. Schnelle Motorboote schaffen es in wenigen Stunden von Athen hierher. Entsprechend ist freilich auch das Preisniveau. Doch das ist leicht zu verschmerzen angesichts der Einmaligkeit des Ortes. Natürlich erkunden wir die steingepflasterten Gassen der frisch wachgeküssten Altstadt ebenso wie die Ruinen des antiken Monemvassia ganz oben auf dem windumwehten Plateau mit der – laut unserem Reiseführer – „grandiosesten Aussicht des Mittelmeers".

Mit einem grandiosen Ablegemanöver – „vorwärts Ausdampfen aus der seewärtigen Achterleine" (gibt es das schon oder müssen wir uns das patentieren lassen¿) – verabschiedet sich die Steuerfrau aus dem Päckchen an der Pier, dessen innerer Halt wir zwei Tage lang waren. Ein hilfsbereiter Skipper – alte englische Seefahrertradition förmlich ins Gesicht geschrieben – steht buchstäblich mit offenem Mund an der Pier, als er merkt, dass eine Frau das Manöver einleitet … Well, old fella, neue Zeiten sind angebrochen, auch auf See!

Nur zehn Meilen nördlich liegt Porto Gerakas. Der Ort ist bekannt für seine ausgezeichneten Meeresfrüchte, also kann Coco de Mer unmöglich daran vorbeisegeln. Wir laufen ein in die kleine, rundum von hohen Bergen geschützte Bucht. Gegenüber des kleinen Ortes, der gut versteckt hinter der felsigen Einfahrt liegt und von See aus nicht zu sehen ist, werfen wir Anker und machen am Felsenufer die Landleinen fest; so haben wir einen schönen Blick auf die Waterfront – und genügend Abstand zum unvermeidlichen abendlichen Lärm aus den Tavernen.

Nach zwei erholsamen Tagen bei Gerakas geht es weiter die Ostküste des Peloponnes hinauf. Von Seglern haben wir den Tipp erhalten, an der Chapel-Cove bei Kyparissi festzumachen, einem kleinen Anleger vor einer weißgekalkten Kapelle. Als wir aber ankommen, ist es dort mit drei Yachten und drei Schlauchbooten schon rappelvoll. Also gut:

nochmal zehn Meilen weiter soll eine kleine Ankerbucht mit Bilderbuch-Sandstrand liegen, Phokaria, nur offen nach Südost. Ideal für unseren heutigen Nordostwind. Doch woher weht der Wind eine Stunde später? Klar, Südost … Also nochmal eins weiter.

Spetsai, die schöne Insel, von der wir schon so viel Gutes gehört haben, liegt am Nächsten. Und so ankern wir dann tatsächlich kurz vor Sonnenuntergang in der Westbucht der Insel, nur offen nach Norden. Aber was macht der Wind …? – Also wir wieder ankerauf, und rüber nach Porto Cheli am Festland. Das liegt in Sichtweite und ist rundum geschützt, dort haben wir auf jeden Fall unsere Ruhe.

In weniger als einer Stunde sind wir da. Die riesige Bucht von Porto Cheli hat den Vorteil, absoluten Schutz zu bieten. Drei bis sieben Meter Wassertiefe und zäher Schlammboden auf rund einem Quadratkilometer Fläche, Schiffszubehörhändler und Tavernen rundum, außerdem zahlreiche kleine Ankerbuchten in nächster Nähe – die perfekte Ruhezone für jeden gestressten Ankerlieger! Wir finden hier längst benötigte Ersatzteile, können Coco bequem neu verproviantieren und die Tanks mit frischem Wasser auffüllen.

Doch abgesehen von diesen Annehmlichkeiten gefällt uns die große Bucht und der Ort von Porto Cheli nicht besonders. So freuen wir uns sehr, als am Handy eine SMS von der SY Anahita II eingeht. Babs und Wolfgang, bei deren berliner Charteragentur wir in unserem früheren Leben Stammkunden waren, liegen mit ihrem Schiff in einer Ankerbucht auf der Insel Dokos, keine fünfzehn Seemeilen entfernt. Zwar upwind, also gegenan, aber was soll's. Wir freuen uns auf die beiden, und so packen wir das Sonnensegel weg und gehen ankerauf. Gegen zwanzig Knoten Wind knüppeln wir Coco nach Dokos hinauf. Fünfzehn Meilen und drei Stunden später ankern wir bei Sonnenuntergang neben der schönen Ketsch.

Der Skipper Wolfgang Horn ist mit Sicherheit DIE Kapazität für alle Ägäis-Fragen. Seit mehr als zwanzig Jahren in diesem Revier unterwegs, kennt er jeden Ankerplatz, jede Badebucht, jeden Kieselstein am Ufer und jede Taverne. Natürlich nutzen wir die Gelegenheit und zapfen diese Quelle fundierten Wissens ausgiebig an. Stunden verbringen Herta und Wolfgang unter Deck, bis ich irgendwann mißtrauisch werde; doch Hertas Ausrufe des Entzückens werden nur hervorgerufen durch Wolfgangs farbige Beschreibungen der Schönheiten des Reviers …

Zwei fröhliche Abende verbringen wir an Bord des geräumigen Zweimasters, bevor wir etwas überstürzt wieder ankerauf gehen. Die kräftigen Böen der vergangenen zwei Tage haben Coco stetig und kräftig am Ankerplatz Fahrt machen lassen, bis es unserem Anker wohl zuviel wird und er auf dem unklaren Grund ausbricht. Wir bemerken es aber rechtzeitig, legen den Anker provisorisch neu und machen Coco „ausgehfertig“. Es geht zurück nach Süden, diesmal mit dreißig Knoten Wind, aber von achtern. Anahita muß gen Norden, gegenan; wir feixen.

Rückenwind ist schon was Feines!

Das Ziel heißt nochmal Porto Cheli. Hier erwarten wir Andrea, die uns für eine Woche begleiten wird. Wer bisher aufgepaßt hat, weiß, was das für uns heißt: Schönwettertage voller lukullischer Genüsse an herrlichen Ankerplätzen. Das war bisher immer so, wenn sie mit an Bord war, also verlassen wir uns auch diesmal darauf.

Wir holen Versäumtes nach und segeln gemeinsam mit unserem Gast gleich mal hinüber in die schöne Nordwestbucht der Schicki-Insel Spetsai. Erholung ist angesagt. Wir baden, schnorcheln im glasklaren Wasser. Leider ist die Optik unterwasser etwas getrübt durch Unmengen Plastikmüll am Grund. Es ist traurig anzusehen, dass hier alles einfach über Bord oder in die Landschaft entsorgt wird.

Heute abend wollen wir uns was gönnen: Wir stoppen eines der zahlreichen vorbeibrausenden Wassertaxis und bestellen es für den Abend. Pünktlich wie verabredet, um sechs Uhr, geht der Taxipilot an Coco längsseits und holt die aufgebrezelte Cococrew ab. Mit Vollgas brausen wir in kürzester Zeit zum mondänen Hauptort der Insel. Die knallharten Bocksprünge über die Wellenkämme überstehen wir ohne bleibende Schäden. Zehn Minuten Highspeed für fünfundzwanzig Euro – Geschwindigkeit hat halt ihren Preis.

Kaum in Spetsai downtown an Land, stürmen die Mädels schon die Boutiquen, als wäre es die letzte Möglichkeit für Jahre. Der Skipper staunt, in welch kurzer Zeit man sein Vermögen auch in anderen Dingen als in Schäkeln und Tampen anlegen kann! Das immer knappe Budget wird hart strapaziert, die nächsten Tage sehe ich uns schon bei Brot und Wasser. Mit Einbruch der Dunkelheit ebbt dann aber auch der Kaufrausch ab. Mühsam schleppen die Mädels ihre Beute in die Bar, wo sie der Skipper bei einem Drink erwartet, gerade noch rechtzeitig, um einem kräftigen Gewitterschauer zu entgehen. Kein gutes Gefühl, bei einem Unwetter so weit weg von unserem Schiff, aber wir können jetzt nichts machen, und Coco liegt ja sicher vor fünfzig Metern Kette.

„Crossed anchors are a daily fact of life."

Ydra, oder auch Hydra, heißt die lang gestreckte Insel zwischen Argolischem und Saronischem Golf. Auch dies eine äußerst angesagte Location. Der Ort, im Halbrund wie ein Amphitheater an die Hänge um den kleinen Hafen gebaut, gilt unter Seglern als definitives „Must See".

Der kleine, lebhafte Hafen von Hydra

Rechtzeitig am frühen Nachmittag kommen wir an und ergattern noch den letzten der begehrten römisch-katholischen Plätze (nochmals für die Nichtsegler: rückwärts vor Buganker). Im kochenden Wasser zwischen den im Minutentakt ein- und auslaufenden Passagierschiffen, den obligatorischen wild rein und raus rasenden Wassertaxis und den einheimischen Arbeits- und Fischerbooten ist ein sauberes Anlegemanöver gar nicht so ganz ohne. Aber bisweilen zahlen sich die gesammelten Erfahrungen von sechzehn Segelmonaten aus, wir haben ein gesundes Vertrauen in unsere seemännischen Fähigkeiten. Und Selbstvertrauen braucht der Segler hier in Hydra nicht zu knapp.

Bis zum Abend füllt sich der kleine Hafen, und schließlich liegen die Yachten in drei Reihen vor Anker – hintereinander! Was lesen wir dazu in unserem schlauen Pilot Book: „Crossed anchors are a daily fact of life here". Dem ist nicht viel hinzuzufügen.

Doch dann genießen wir die entspannte Atmosphäre des Ortes, durchstreifen die gepflasterten Eselspfade, über die die Versorgung hier abgewickelt wird: Hydra ist eine autofreie Insel.

Am nächsten Morgen wird es hektisch: Viele der auslaufenden Yachten hängen in fremden Ketten. Interessiert schauen wir zu und lernen verschiedene Techniken, den Anker freizubekommen. Irgendwann demnächst, soviel ist sicher, werden auch wir diese Fertigkeit brauchen … Doch diesmal haben wir noch Glück: als wir mittags auslaufen, kommt unser Anker unbehindert an Bord.

Die nächste Vollmondnacht verbringen wir in einsamer, wildromatischer Umgebung im Südosten der Insel, bei einem exquisiten Fünf-Sterne-Dinner: Krabben an Safransößchen, Salat mit Honig-Dijon-Vinegraitte Dressing und Obstsalat in Rohrzucker-Rum, von unserem Crewmitglied auf Zeit Andrea meisterhaft zubereitet. Dazu gekühlter griechischer Weißwein aus Keffalonia.

Was könnte schöner sein als Segeln im Mittelmeer?

Saronischer Golf und Kykladen, August/September 2003. Im Süden des Saronischen Golfs, quasi gegenüber von Athen, liegt Poros. Durch die enge Osteinfahrt segeln wir entlang der idyllischen Waterfront des Ortes hinein in das lagunenartige Revier, das wie ein abgeschlossener Binnensee vor uns liegt. Wir ankern auf vierzehn Metern Wassertiefe mit schönem Blick auf den Ort, der sich malerisch über zwei Hügel ausdehnt.

Am Abend geht's per Beiboot zum „Sightseeing" an Land. T-Shirts und Souvenirs gibt es reichlich, doch an trendigen Boutiquen herrscht akuter Mangel – zum offensichtlichen Verdruß der Mädels, aber sehr zur Freude des Skippers, der sein Geld lieber in zünftigen Tavernen anlegt. Wir wählen eine im Ortskern unter einer riesigen Platane gelegene Taverne, mit angeschlossener Metzgerei; das halten wir für einen Hinweis auf leckere und frische Ware. Kurzum, es wird ein grandioser Flop. Selten haben wir so schlecht gegessen, fast alles geht zurück. Dann ist eben heute Diättag! Kann auch mal nicht schaden.

Die nächste Nacht verbringen wir in einer einsamen Bucht in einem Seitenarm der Lagunenlandschaft. Coco wird achterlich mit Landleinen an den Felsen rechts und links verspannt, so schaffen wir uns zugleich unseren „privaten" Badestrand. Wir genießen die Einsamkeit des gefundenen Platzes, die schöne Natur, und essen heute an Bord.

Selbst wenn es manchem nicht so scheinen mag: Auch Kultur kommt auf unserem Törn nicht zu kurz! Selbstverständlich stehen Epidauros und Mykene, die berühmten antiken Stätten im Norden der peloponnesischen Halbinsel, auf unserem Ausflugsprogramm.

Im herrlich gelegenen antiken Freiluft-Theater von Epidauros genießen wir unter einem sternenklaren Nachthimmel die Aufführung eines klassischen Dramas – im griechischen Original. Natürlich verstehen wir kein Wort, aber das Erlebnis ist einmalig. Das Theater – erbaut im 5. Jh. v. Chr. – verfügt über eine phantastische Akustik: eine fallende Münze oder das Rascheln von Papier unten im Bühnenrund ist von jedem der 14 000 Tribünenplätze kristallklar zu hören!

Nach solch geistigem Labsal ist doch ein Segeltag an frischer Luft genau richtig! Doch anderntags ist Fehlanzeige mit frischer Luft: Bei absoluter Flaute motoren wir in dicker, hitzeflirrender Luft gen Aegina. Die große Insel in der Mitte des Saronischen Golfs ist ein bequemer Zwischenstopp auf dem Weg ostwärts, besonders für die Segler, die durch den Kanal von Korinth kommend aus dem ionischen Meer in die Ägäis wollen. Auch ist der Hafen der Insel eine Art Verkehrsknotenpunkt, mit guten Fährverbindungen zwischen Athen und Peloponnes.

An der Yachtpier gibt es Stromanschluss! Prima, da bringen wir doch gleich mal wieder unsere Batterien auf Vollladung! Die erste Freude wird gedämpft, denn: Anschlüsse sind rar. Und alle belegt. Ich erinnere mich, dass wir seit unseren Mallorcazeiten eine Mehrfachsteckdose mitführen; irgendwo muß das Ding doch noch zu finden sein. Eine halbe Stunde später stürme ich aus den Tiefen des Schiffs an Deck: eine Dreifachdose, hurra!! Mit den beiden Stegnachbarn, Ian, Skipper der englischen Moody Arriba, und dem graubezopften Monegassen von der Phri Ne, bin ich schnell handelseinig, Segler sind solidarisch: wir werden uns gemeinsam an eine Steckdose hängen und uns dann die Kosten teilen, da nach Verbrauch abgerechnet wird. So weit, so gut. Nun müssen wir noch einen Verantwortlichen finden, denn der Zugang zum Strom ist uns mit einem Vorhängeschloss versperrt.

Wo sonst in Griechenland ein „Wassermann" für Wasserhahn und Stromanschluss verantwortlich ist, haben wir es hier mit einer Frau zu tun. Ha, denken wir uns, um so besser! Da können wir den Charme des vereinten männlichen Europa geballt einsetzen! Also setzen sich rund einhundertzwanzig britische Kilo, einhundert Kilo Monaco und siebzig Kilo Deutschland gemeinsam in Bewegung, um das Vorhaben zu erläutern. England kann naturgemäß am besten englisch, also tritt Ian vor die weibliche Autoritätsperson und erklärt: „You see: this is my boat (deutet), this is the french boat (deutet), this is the german boat (deutet)! You understand ...¿" – Er erntet ein freundliches Nicken; so fährt er hoffnungsvoll fort: „Here we have one socket, ok¿" – Nicken. – „There we have three boats, ok¿" – Wieder ein Nicken, na bitte, es funktioniert. – Nun erläutert er stolz unsere grandiose Idee: „So we put this multiplyer into your one socket, then we connect our three cables – and all three boats are supplied with electricity. Bingo! … Understand¿" – Pause. – „Ehm, understand …¿" – Kopfschütteln auf griechischer Seite: „Yes, understand. But only one socket for one boat!" – Schweigen in der Runde. – Aha, das war dann wohl doch noch nicht ganz klar. Also nochmal von vorne. Diesmal dreisprachig, englisch-deutsch-französisch. Unser griechisches Gegenüber blickt uns immer verzweifelter an, was wir wiederum verstehen. So schlagen wir eine praktische Demonstration unserer Idee vor. Wir bewegen die Dame, uns das Schloss zu öffnen; die erste Hürde ist genommen. Alles wird angeschlossen, und siehe da, jetzt versteht sie.

Doch da lauert schon die nächste Hürde: „How pay¿" – Wir blicken triumphierend, denn dafür haben wir natürlich eine geniale Lösung parat: der Gesamtverbrauch wird am Zähler abgelesen, wir teilen dann durch drei. Einfach, nicht¿ Doch was hören wir da¿ „Ochi! No!" – Leichte Verzweiflung schleicht sich in unsere Runde: „So why not¿" – „Because you are three, and everybody has to pay!" – Ja, das ist ja klar, natürlich wird jeder seinen Verbrauch zahlen. Wenn wir aber doch den Gesamtverbrauch teilen, dann ist doch alles ok¿! Nichts ist klar. Sie will von jedem einzeln kassieren, denn jeder hat ja Strom verbraucht …

Ich mache es jetzt kurz. Der Abend dämmert bereits herauf, als drei europäische Skipper erschöpft heimkehren zu ihren Schiffen. Letztlich konnten wir die Dame überreden.

Soll noch einer sagen, wir Segler hätten ein einfaches Leben …!

Nach derart anspruchsvollen Erlebnissen müssen wir den Kopf wieder frei bekommen. Was wäre dafür besser geeignet als ein Segeltörn zu den Kykladen – den „Inseln des Lichts"¿!

Auf dem Weg dorthin passieren wir Athen, die einst so schöne Stadt, die sich heute mit dem zweifelhaften Beinamen „häßlichste Großstadt Europas" schmücken darf. Jeder, mit dem wir bisher über Athen sprachen, hat uns mehr oder weniger eindringlich von einem Besuch abgeraten. Von „Zeitverschwendung" bis zu „Smogvergiftung" reichte die Palette der Argumente. Ausschlaggebend sind schließlich die auf Coco gemessenen 38 Grad im Schatten. So fällt also unser obligatorischer jährlicher Großstadtbesuch letztlich der Hitzewelle zum Opfer, und wir segeln vorbei an zahlreichen Großschiffen, riesigen Frachtern und Tankern, die vor Piräus auf Reede liegen und warten, bis sie zum Löschen der Ladung in den Hafen dürfen. Der Himmel ist schwarz von Abgasen. Am abendlichen Ankerplatz irgendwo südöstlich von Athen sorgt dann die Smogwolke des Molochs für einen unbeschreiblich roten Sonnenuntergang.

Am nächsten Morgen wagen wir den Sprung in das Traumrevier der Kykladen!

Das erste Ziel in diesem für uns neuen Revier ist die Insel Kithnos. Unser Buch mit Luftaufnahmen der griechischen Inseln zeigt herrliche Ankerbuchten, großräumig, sicher und gut geschützt.

Vor nicht allzu langer Zeit hätten wir nicht geglaubt, dass uns sechs Beaufort mal wirklich Spaß machen würden. Doch heute, an unserem ersten Meltemi-Tag, genießen wir es, wie Coco mit Rumpfgeschwindigkeit über die Wellen jagt. Wie schon mal gesagt: Rückenwind ist was Feines! Am späten Nachmittag erreichen wir unser Ziel im Westen der Insel Kithnos, der Anker rasselt auf sandigen Grund, wir feiern unsere Ankunft in den Kykladen an Bord, mit Wein aus Monemvassia. Der Wind pfeift uns ein Schlaflied.

Unser zweiter Meltemi-Tag beginnt morgens mit beschaulichen vier Beaufort aus Nord. Wir machen uns auf den Weg nach Süden, zur Insel Serifos. Schon bald brist der Meltemi bis sechs Beaufort auf, ideal für unseren Vorwindkurs. Doch es geht stetig weiter nach oben auf der Skala. Bei dreißig Knoten Wind, guten sieben Beaufort, reffen wir erstmals. Bei vierzig Knoten wird uns mulmig. Mittlerweile kommt auch eine ganz schöne Welle angerauscht, mit dem gerefften Vorsegel allein liegen wir nicht so stabil, Coco rollt, macht ihre Sache aber ausgezeichnet. Böen knattern heran, einmal lesen wir die Zahl „46" am Windmesser. Ab achtundvierzig Knoten hätten wir zehn Beaufort, na herzlichen Dank! Uns Neuankömmlungen soll heute offenbar eine Lektion in Sachen Meltemisegeln erteilt werden. Und zugegeben, es wirkt: wir nehmen uns definitiv vor, die Windverhältnisse hier in Zukunft nicht zu unterschätzen.

Unser geplantes Tagesziel, den Ort Livadi auf Serifos, verschieben wir; zunächst suchen wir Schutz in einer Bucht im Süden der Insel. Eine kurze Strecke müssen wir hart gegenan, und wir werden von den überkommenden Brechern geduscht wie noch nie! Beim Reffen des Vorsegels sind wir binnen Sekunden nass bis auf die Knochen. Also Ölzeug! Im August! Dafür entschädigt uns dann aber der schöne Ankerplatz. Sandgrund, Sandstrand, ein paar Bäume, und sogar eine Taverne! Nur eine Handvoll Yachten liegt hier vor Anker und wartet auf bessere Zeiten.

An Land sind aufgegebene Eisenminen zu sehen, die Gegend ist so voller Erz, dass Schiffskompasse fehlerhaft anzeigen. Abends sind wir zwei die einzigen Gäste in der einzigen Taverne am Strand. Der Wirt öffnet trotzdem für uns, wo gibt es das noch? Allein unterm Sternenhimmel, die Füße im Sand, vor uns schwoit Coco im Wasser der Ägäis, Wein und Brot auf dem Tisch: es geht uns gut.

Am frühen Morgen des nächsten Tages wollen wir, erlebnishungrig wie wir nun mal sind, weiter „um die Ecke", nach Serifos. Morgens soll der Wind noch schwächer sein – wer hat denn den Mist erzählt?! Kaum draußen, zeigt uns der Meltemi gleich die Zähne. Wieder sieben, acht, neun Beaufort. Dazu wild übers Wasser peitschende senkrechte Wasserfontänen – „flurries" – und fliegendes Wasser vor schroffen Felsklippen im Morgenlicht. Schaurig schön!

Wenige Meilen später sind wir dann in Sicherheit. Wir liegen vor Livadi, aus den hohen Bergen sausen Fallböen herab und zerren am Ankerplatz, aber wir haben beide Anker draussen und dazu alles, was wir an Kette und Leinen haben. Die Chora, die schneeweiße Altstadt oben auf der Bergspitze, schaut auf uns herab.

Unsere erste Chora! Die blendend weiß gekalkte Altstadt mit ihren gepflasterten Gassen und Stufen, den leuchtend blau gemalten Türen und Fenstern. Die Ruhe. Was für ein Genuß! Wir schlendern durch den Ort hoch oben am Berg, trinken frisch gepressten Orangensaft und griechischen Kaffee, genießen atemberaubende Aussichten.

Der Wetterforecast sieht gut aus für die nächsten Tage. Nur noch fünf bis sechs Beaufort. Bei angenehmer achterlicher Brise segeln wir also

Die schneeweiße Chora von Serifos

auf Raumschotskurs hinunter nach Sifnos. Und finden ein Kykladen-Highlight! Die Bucht von Vathi hat klarstes Wasser, Sandgrund, und ist praktisch rundum geschützt. Sonst schnorcheln wir ja immer mindestens fünfundzwanzig Meter weit zum Anker, um zu prüfen, ob er sich gut eingegraben hat. Hier jedoch genügt ein Blick vom Bug des Schiffes aus, fast vierzig Meter weit unter Wasser, so klar ist es!

Auch auf Sifnos besuchen wir die Chora, die Altstadt. Dazu nehmen wir den Bus, der hier, wie auf vielen der Inseln, mehrmals am Tag die Ortschaften verbindet.

Doch heute leide ich unter Aufnahmestopp. Diese „Krankheit" kenne ich aus den Vorjahren. Irgendwann ist einfach Pause, ich kann nichts mehr aufnehmen, keine noch so schöne Ankerbucht, keine noch so blendend weißen Häuser, keine noch so malerische Szene am Wegesrand. Tja, so ist das eben, wenn man wochen- und monatelang täglich neuen Schönheiten begegnet. Aber letztlich geht das auch wieder vorbei; ein, zwei Tage – bei guter Pflege – und alles ist wieder normal.

So beschäftige ich mich sinnvoll, spleiße ein Auge in's neue Tau für unsere Ankerketten-Klaue. Siehe da, es ist gar nicht so schwer. Herta kann das natürlich nicht auf sich sitzen lassen, und so spleißt sie ein paar dekorative Plattlinge (geflochtene Bändsel) für die Verschlüsse unserer Relingsdurchgänge. Die alten sind so langsam zerfallen unter den aggressiven Strahlen der Mittelmeersonne. Die Mühe lohnt sich, unsere Coco wird immer attraktiver!

Santorin! Der Name steht für die Kykladeninsel schlechthin, für die Farben der Ägäis, für luxuriöse Urlaubsfreuden. Weil es in der Nähe der Hauptstadt keinen wirklich guten Ankerplatz gibt, lassen wir Coco auf der Nachbarinsel Ios zurück und besuchen die Vulkaninsel per Flying Dolphin (die Flying Dolphin-Schnellfähren – flugzeugähnliche, geschlossene Tragflügelboote – verbinden die meisten der ägäischen Inseln).

Postkartenidyll auf Santorin

Santorin, von den Griechen Thira genannt, und ihre kleine Schwester Thirassia bilden den Rest eines zerborstenen Vulkankegels. Die Caldera, der Krater, liegt zwischen den beiden unter Wasser und wird auch von Kreuzfahrtschiffen angelaufen. Der Anblick beim Näherkommen ist wahrhaft grandios: gewaltige schwarzrote und braune Lavafelsen, tiefblaues Meer, ein unbeschreiblicher Himmel, und hoch oben kleben blendend weiß die Dörfer Oia, Imerovigli und Santorin! Postkartenmotive, wohin man blickt.

Unser Tragflügelboot legt am Fährkai an. Autobuskolonnen schaffen die herausquellenden Touristenmassen scharenweise hinauf in den Ort. Es ist wie am Rummelplatz, laut, voll, teuer. Das so herrlich gelegene Kykladendorf wird vergewaltigt. Souvenirshop reiht sich an Souvenirshop, Taverne an Taverne, dazwischen versuchen zahllose Schmuckläden den Tagestouristen das Geld aus den Taschen zu ziehen. Schocktherapie.

Dennoch, der Blick von der Insel ins gigantische, wasserdurchflutete Kraterrund ist einzigartig, und die Farben der Ägäis scheinen auf Santorin tatsächlich kräftiger zu leuchten als anderswo.

Zu den schönen Seiten des Segelns gehört zweifellos, dass man, wenn einem der Trubel zu viel wird, das schnell ändern kann. Man geht ankerauf, und ein paar Stunden später ist man in einer anderen Welt.

So finden wir einige Tage später im Nordosten der kahlen Insel Amorgos ein vorgelagertes Eiland mit einer kleinen aber feinen Ankerbucht. Die Idylle ist weltabgeschieden, schroff – und wunderschön. Wir genießen die Ruhe, und bereiten uns auf einen neuen Abschnitt unserer Reise vor. Die südlichen Sporaden, die Inseln des Dodekanes, liegen voraus! Wir blättern im Pilot Book, lesen über die vor uns liegenden Inseln und Buchten, und betrachten phantastische Fotografien aus unserem Buch mit Luftaufnahmen der griechischen Inseln.

Auch freuen wir uns darauf, bald mal wieder gute Freunde von zuhause an Bord zu haben, denen wir etwas von der Schönheit des Mittelmeeres zeigen können, das nun schon fast zu unserer zweiten Heimat geworden ist.

31 | Inseleinsamkeit und Angler-„Glück“

Dodekanes (südliche Sporaden), September 2003. In letzter Zeit hat die Zahl „30“ auf der Windmesser-Anzeige ihren Schrecken verloren. Bei fünfundzwanzig Knoten freuen wir uns über angenehmen Segelwind, und wenn die Anzeige mal unter zwanzig Knoten fällt, dann murrt der eine oder andere auch schon mal leise vor sich hin. Das hätte es vor einem Jahr bei uns an Bord noch nicht gegeben …

Nachdem wir in den ersten Tagen kräftig durchgewirbelt wurden, meint es die Ägäis in der Folgezeit ausgesprochen gut mit uns. Da wir wissen, dass der Meltemi stets aus nordwestlicher bis nordöstlicher Richtung weht, nutzen wir dies aus und planen unsere Route so, dass wir mit raumem oder achterlichem Wind segeln können. Und es funktioniert: meist haben wir in diesem berüchtigten Revier idealen Segelwind. Am Ankerplatz spielen wir einen weiteren Vorteil voll aus, den uns der Meltemi bietet: Anker einfach gen Nord werfen, wenn's sein muß direkt am Strand; die Wahrscheinlichkeit, dass Wind aus Süd kommen wird, ist während der Meltemi-Saison gleich Null. Das ist praktisch, so einfach war Ankern selten zuvor. (Nachmachen auf eigene Gefahr!)

Mittlerweile liegt die Inselwelt der Kykladen nun schon in Cocos Kielwasser. Vor den bekannteren Dodekanes-Inseln Leros, Kalymnos und Patmos liegt noch Levitha, etwa auf halbem Weg zwischen Kykladen und Dodekanes. Die kleine, einsame Insel bietet uns an ihrer Südseite eine sichere Ankerbucht zum Übernachten. Ein findiger Insulaner hat sich mit Muringbojen eine zusätzliche Einkommensquelle erschlossen: ergreift der ankommende Segler dankbar eine Boje, macht er sich damit tributpflichtig. Bei einer „Gebühr“ von 6 Euro darf man aber nicht groß jammern. Von irgendwas müssen die Leute in dieser Einsamkeit leben, und Einfallsreichtum muß ja auch belohnt werden.

Nur eine einzige Familie lebt auf Levitha, von Fischfang, Schaf- und Ziegenzucht – und den Einnahmen der Muringbojen. Außerdem betreiben sie eine kleine Taverne im Hof ihres Hauses. Dort findet sich des Abends die Cococrew als die einzigen Gäste ein. Wir werden freundlich bewirtet mit dem, was Küche und Keller heute hergeben: gegrillter Fisch, gebratene Auberginen, Brot und Wasser, Bier und Wein. Die Wirtin gesellt sich zu uns und wir erfahren ein wenig über das Leben hier: Die Insel ist nur im Sommer bewohnt, im Winter zieht die Familie nach Patmos, wo die Kinder auch zur Schule gehen. Im Sommer fährt man ein- oder zweimal pro Monat mit dem familieneigenen Fischerboot nach Patmos und beschafft benötigte Dinge wie frische Lebensmittel, Tierfutter, Diesel, Werkzeug. Strom liefern eine Solaranlage und ein Windgenerator. Auch eine Art Aussteigerleben auf Zeit. Unser Rückweg in stockdunkler Nacht mit langsam erlöschender Taschenlampe wird zum Irrlauf, wir stolpern über Felsen, irren durch trockene Bachbetten, finden aber schließlich doch noch glücklich zu unserem schwimmenden Heim.

Am nächsten Tag segeln wir weiter. Wir wollen in den Norden der Insel Leros, wo beim Inselchen Archangelos ein schöner, abgelegener und gut geschützter Ankerplatz sein soll. Ein angenehmer Fünfer aus Nordwest schiebt Coco dem Ziel entgegen. Unterwegs sehen wir endlich mal wieder unsere Freunde, die Delfine!

Am Ankerplatz bei Archangelos bleiben wir gleich mehrere Tage. Das Wasser ist herrlich transparent, wir sehen den Grund auch noch auf zehn Metern Tiefe klar und deutlich. An Land ist die Umgebung kahl, steinig, braun, hier und da von kümmerlichem Bewuchs. Eine kleine Kapelle steht am Ufer, sonst gibt es nichts außer Ruhe, Einsamkeit, Ziegengeläut. Beim Schnorcheln entdecken wir zahlreiche Oktopusse, die sich am Grund in Erdhöhlen oder unter Felsen verstecken und sich ängstlich zurückziehen, sobald man sich nähert. Wartet man geduldig, lugen sie bald wieder neugierig hervor. Abends versinkt die Sonne im ruhig daliegenden Meer und färbt die Kuppen von Leros tiefrot. Ein schöner Ort!

Überhaupt: Dieses kleine Inselarchipel zwischen Leros, Patmos und Samos ist ein Traum. Ein Ankerplatz ist schöner als der andere, jede Badebucht übertrifft die vorausgegangene, ein Höhepunkt folgt auf den anderen. Und es sind wenig Segelyachten, kaum Motoryachten, unterwegs. Überall ist reichlich Platz für uns und unser Schiff, wir können uns die besten Plätze aussuchen.

Ganz langsam erkunden wir das Revier, lassen uns Zeit, treiben von Insel zu Insel. Die Entfernungen sind überschaubar, zehn, fünfzehn Meilen, höchstens mal fünfundzwanzig. Bequemsegeln ist das.

Auf der kleinen Insel Arki, südlich von Samos, lernen wir Chris und Denise kennen, die mit ihrer Segelyacht an der winzigen Pier neben uns liegen. Als sie sehen, wie wir vom Wasserhahn am Hügel sechzig Liter Wasser in Kanistern zum Schiff schleppen, laden sie uns – aus Mitleid? – zum Sundowner auf ihr Schiff. Chris ist Engländer, Denise Irin, ihre beiden Gäste kommen aus Südafrika und Malta. So unterhalten wir uns an diesem Abend gewissermaßen in vier englischen Sprachen! Ist es schon heftig, wenn eine Irin englisch spricht, so ist südafrikanisches Englisch dann richtig starker Tobak. Chris, wir schätzen ihn auf runde sechzig Lenze, war früher Berufskapitän auf großer Fahrt. Weltumsegelungen sind also quasi sein täglich Brot, und so sind sie mit ihrer Yacht auch schon mehrmals um die Erde. Noch in diesem Herbst soll es wieder mal über'n Atlantik gehen, entweder in die Karibik oder zum Kap der guten Hoffnung, das haben sie noch nicht entschieden. In den nächsten Wochen wollen sie jedenfalls erst mal schnell rüber nach Gibraltar …

Mit großem Respekt verabschieden wir uns anderntags; die vor uns liegenden Entfernungen sind da schon überschaubarer.

Viel Wind ist angesagt, gar mehrere Tage Sturm. So verziehen wir uns nach Leros in den Naturhafen Lakki. Die unfreiwillige Pause kommt nicht ungelegen, ich nutze sie zu konzentrierter Arbeit. Ja, es muss einmal in aller Deutlichkeit gesagt werden: Auch an Bord wird gearbeitet! Und damit meine ich nicht die täglich anfallenden Arbeiten der Schiffspflege, Nautik oder Seemannschaft, nein, *echte* Arbeit ist gemeint, also das, was *ihr* alle darunter versteht. Ein Kunde braucht dringend einen Prospekt, und da lasse ich ihn natürlich nicht hängen. Die Ausrüstung ist an Bord vorhanden: Computer, Layout- und Grafikprogramme, was man eben so braucht. Und so entsteht ganz nebenbei ein weiteres technisch perfektes, grafisch aufwändiges und verkäuferisch starkes Produkt im mobilen Studio des mittlerweile europaweit tätigen Grafik- und Publishing-Büros www.loydl-design.de.

Als das Wetter endlich abflaut, verholen wir uns nach Kos. Besuch hat sich angekündigt, eine hochwillkommene Abwechslung in unserem Segleralltag. Im alten Hafen von Kos, unter den hohen Mauern der mittelalterlichen Johanniterfestung, erwarten wir am frühen Morgen unsere Freunde Ingrid und Alfred aus Nürnberg. Neben uns am Kai liegen riesige Gülets, luxuriöse türkische Motorsegler. Coco ist winzig im Vergleich.

Nach der Ankunft unserer Gäste wollen wir schnell auslaufen, dem Trubel von Kos entkommen, um die Woche gut zu nutzen, und natürlich, um unseren Freunden möglichst alle unsere Ankerplätze und Geheimtipps zu zeigen. Doch erst mal geht gar nichts. Oder besser gesagt, es geht schon was, nämlich der Alarm, sobald die Zündung eingeschaltet ist. Sowas muss natürlich ausgerechnet dann passieren, wenn Gäste an Bord sind! Aber kein Problem: mit seinem technischen Sachverstand kreist unser eben eingetroffener Bordingenieur das Problem ein und hat denn auch sofort die Ursache ausgemacht: der Regler der Lichtmaschine ist defekt.

So verholen wir uns also gezwungenermassen in die nahe gelegene Marina von Kos, wo es Servicewerkstätten und Elektriker gibt, und verbringen den ersten Tag am betonierten Liegeplatz statt in einer idyllischen Ankerbucht. Wir staunen. Selten wurden wir in einer Marina so freundlich empfangen. Jeder fragt nach unseren Wünschen: Ist der Platz ok? Sind wir mit dem Service zufrieden? Brauchen wir noch irgendwas? Stavros, der Marinero, nimmt uns gar mit seinem hochmotorisierten Gummiboot auf eine Rundfahrt durch die Marina, zeigt uns die Winterstellplätze und kann es auch nicht lassen, uns stolz seine halsbrecherischen Kunststücke mit dem PS-starken Außenborder vorzuführen. Preiswert ist die Marina auch, 18 Euro für unsere knapp 11,5 Meter, Strom und Wasser inklusive. Uneingeschränkt empfehlenswert.

Ein Elektriker ist auch schnell an Bord, bis zum Abend ist die Lichtmaschine repariert. So brechen wir am folgenden Morgen endlich auf, nochmal nach Norden. Und schon am gleichen Abend schaukelt Coco unter einem dicken Vollmond in „unserer“ Bucht auf Archangelos. Tags darauf ankern wir vor „unserer“, hinter schweren Bougainvilleas versteckten, Taverne vor Lyra Lipsi. Das Essen ist hier ausgezeichnet, die

Ein Tagesankerplatz nur bei ruhigem Wetter: Nisis Aspronisi

griechisch-psychedelische Musik ausgesprochen interessant; ein empfehlenswerter Coco-Tipp. Zum Abschied schenkt uns der Wirt Käse, Oliven, Tomaten! Man merkt, es ist hier End of Season.

Ein ganz besonderes Highlight in diesem Revier sind die Mini-Inselchen Nisis Aspronisi, auf offener See ins Meer gestreut, etwa auf halber Strecke zwischen Lipsos und Arkos. Vor schneeweißem Kiesstrand und einer beeindruckenden Felskulisse ankern und schwimmen wir auf phantastisch klarem Wasser. Für ein paar Stunden haben wir den wunderbaren Platz ganz für uns allein. Als dann später noch zwei Yachten ankommen, gehen wir wieder ankerauf. Ein traumhafter Badestopp bei ruhigem Wetter, denn Schutz gibt es hier keinen. Angesichts der Naturschönheit versteigen wir uns gar zum höchst möglichen Lob: „seychellenmäßig"!!

Auf Südkurs geht es weiter. Alfred hat immer die Angel draußen, keiner kümmert sich drum. Auch kein Fisch. Hier beißt ja sowieso nie was. Doch plötzlich schlägt dann doch noch unverhofft das Anglerglück zu: ein Mordskerl zerrt und reißt am Haken! Grün schillernd, kämpft der Fisch an dem einen, Alfred am anderen Ende. Wir nehmen Fahrt aus dem Schiff, und mühsam und unendlich langsam kurbelt unser erfolgreicher Petrijünger das Tier ran. Doch als wir die Beute dann endlich in Reichweite und den Käscher klar haben, geht dem Burschen wohl auf, was ihm bevorsteht; er rafft seine letzten Kräfte zusammen und – weg ist er! Das waren bestimmt fünf Kilo. Ergebnis: Fisch weg, dafür hängt der Haken im Käscher! Zehn Minuten brauchen wir, um den Haken aus dem Netz zu befreien.

Der kleine Fischerhafen von Panteli ist gepackt voll, in Fünferpäckchen liegen schon zwei Reihen Yachten drin. Also legen wir unmittelbar vor dem Hafen unseren Anker auf den Grund und bringen eine lange Heckleine zur kleinen Pier aus. Der Ort ist ein Postkartenidyll. Von oben grüßen sechs weiße Windmühlen herunter. Für die vergeblichen Mühen des Fischzugs entschädigen wir uns bei einer ausgiebigen Tafelrunde in einer der zahlreichen guten Tavernen am Strand.

An der Südostseite der Insel Kalymnos liegt wieder mal eine Bucht mit dem gängigen Namen Ormos Vathi. Durch einen schmalen Einschnitt, flankiert von hohen Bergwänden, geht es hinein in eine fjordartige Bucht. Der Yacht-Anleger ist klein, eng und großteils mit gemeinen Unterwasserfelsen gespickt. Doch die Mühe des Anlegens hier lohnt sich, das Ambiente in dieser „Schluchtbucht" ist beeindruckend. Wie überall so liegen auch hier zahlreiche Tavernen im Wettstreit um die Gunst der Urlauber. Die Anmacher vor den Lokalen preisen ihr Angebot in den höchsten Tönen, immer sehr freundlich, und – klar – immer ist *ihr* Angebot gerade heute das frischeste, beste im Ort. Die Aufmerksamkeit der flanierenden Crews wird hier schon auch mal durch einen gellenden Pfiff quer über die Placa erregt.

Mittlerweile sind unsere Freunde wieder zu Hause in kühleren nördlichen Gefilden. Doch auch hier haben wir einen kleinen Kälteeinbruch zu vermelden. Das Thermometer steigt in den letzten Tagen kaum mehr über dreiundzwanzig Grad. Dafür pfeift der Wind recht ungemütlich. Lange Hose und Fleece werden zur üblichen Garderobe. Eines Abends holen wir sogar die Socken raus …!

Was liegt da näher als der Besuch eines Vulkankraters? Wenn's uns dort nicht warm wird, wo dann sonst? So nehmen wir Kurs auf Nisyros, die kleine Vulkaninsel südlich von Kos. Es gibt nur zwei Liegemöglichkeiten, den Haupthafen Mandraki, praktisch völlig ungeschützt, und den kleinen Fischerhafen Limin Paloi, brauchbar bei ruhigem Wetter. In letzterem lassen wir Coco für ein paar Stunden allein zurück, mieten einen Roller und fahren zur Caldera, dem Vulkankrater. Eine beeindruckend trostlose Mondlandschaft empfängt uns im Innern der Insel, grau-braun und gelb-weiß. Stinkende Schwefeldämpfe, blubbernde Fumarolen. Der Krater ist begehbar, wenn auch Warntafeln auf die vielfältigen Gefahren hinweisen. Am Boden der Caldera ist es heiß wie im Backofen.

Spätnachmittags kommen wir zurück zum Hafen, gerade rechtzeitig, um zuzusehen wie eine neu ankommende Yacht bei starkem Seitenwind den Anker unseres türkischen Nachbarn rauszieht – und ihn sodann zielgenau über unsere Kette wirft. Da der Skipper des Nachbarschiffs, Boris, allein an Bord ist, helfe ich ihm beim dadurch notwendig gewordenen erneuten Ab- und Anlegemanöver. Das bringt uns eine Flasche Kreta-Wein vom Neuankömmling und eine Flasche türkischen Raki vom Nachbarn. Arbeit lohnt sich eben doch!

Wir verbringen eine unruhige Nacht im schaukeligen Hafen. Am nächsten Morgen gehen wir kurzentschlossen ankerauf, Richtung türkische Küste. In Datça, einem eher unbekannten Port of Entry, wollen wir für die Weiterreise in den vorderen Orient einklarieren.

Schaumkrönchen – ein gewohnter Anblick in der Ägäis

Türkische Südküste, September 2003. Die Kälteperiode ist vorbei, endlich wärmt die Sonne wieder, wir Segler werden von einer lauen Septembersonne, milder Luft und von noch immer warmem Meerwasser verwöhnt.

Auch die Türkei empfängt uns warmherzig. Zur Einklarierung von Schiff und Besatzung segeln wir in das Hafenstädtchen Datça (sprich: „Datscha"). Dort machen wir am Hafenkai fest, der sich hier stolz Marina nennt. Wir werfen also unseren Anker – Muringleinen gibt es in dieser „Marina" nicht –, nähern uns rückwärts der Pier, der freundliche Marinero nimmt unsere Leinen an, hilft beim Festmachen, zeigt uns Wasser- und Stromanschlüsse, bevor er uns dann um stolze 23 Millionen erleichtert. Türkische Lira, gottseidank. Rund 16 Euro. Für uns Griechenlandverwöhnte ein durchaus stolzer Preis für's Liegen vor eigenem Anker.

Mit Unterstützung eines Agenten ist die Prozedur der Einklarierung schnell und unbürokratisch erledigt. Schon am gleichen Abend haben wir das Transitlog und alle erforderliche Stempel von Passpolizei, Gesundheitsbehörde, Zoll und Hafenamt in der Tasche. Insgesamt betragen die Gebühren 70 Euro. Damit darf Coco nun ein Jahr in türkischen Gewässern verbleiben. Für die Crew gelten andere Regeln: sie darf grundsätzlich nur bis zu drei Monaten am Stück bleiben, muß dann aus- und wieder einreisen, dann weitere drei Monate, und so fort. Bürokraten dieser Welt, wer soll *euch* bloß verstehen ...¿

Die Ankunft feiern wir abends in einer Bar. Die Kneipe hat keinen Namen, aber gute Musik. Wir setzen uns, bestellen einen Raki und ein Glas Wein und fragen nach einer Kleinigkeit zum Essen. Der Wirt spricht perfekt deutsch. Eigentlich gebe es hier kein Essen, denn das sei ja eine Bar. Aber wie's der Zufall will brät er gerade für einige Freunde ein paar Fische, das wird schon auch für uns reichen. Kurz darauf setzt er uns vier Stück vom besten Fisch vor, den wir seit langem gegessen haben, Sokkan, soll auch recht selten sein. Wir kommen ins Gespräch. Yashar kennt Nürnberg und Fürth gut, hat dort vor etwa zwanzig Jahren gearbeitet. Unter anderem als Discjockey in einer meiner damaligen Stammkneipen! Bald sitzen wir an seinem Tisch in der Runde seiner Freunde. Es gibt viel zu erzählen in der Art „Weißt du noch …¿“, Kennst du noch …¿“. Hachja, die guten alten Zeiten! Als wir uns dann spät – sehr spät – verabschieden, um „nach Hause“ zu gehen, und die Rechnung verlangen, ist der köstliche Fisch „selbstverständlich“ ein Geschenk des Hauses. Schließlich ist das ja eine Bar und kein Restaurant …!

Am nächsten Morgen sind die Köpfe schwer. Mit Hilfe einer kalten Dusche draußen am Heck und ein, zwei Paracetamol kommen wir aber bald wieder in die Gänge. Wir treffen uns nochmal mit unseren neugefundenen Freunden und trinken Tee. Zum Abschied werden wir beschenkt mit türkischen CDs. Was für ein Empfang in diesem Land! Zu finden ist Yashar's Bar übrigens direkt an der Hafenpromenade, in einem schönen Natursteinhaus unterhalb des Restaurants „Terača“. Nicht zu verfehlen, auch ohne Hinweisschild.

Bevor wir Coco nun aber für dieses Jahr endgültig in Kleinasien ansiedeln, steht nochmal ein Abstecher in griechische Gewässer bevor. Von dem hübschen Bilderbuchörtchen Symi auf der gleichnamigen Insel haben wir schon viel gehört, dort müssen wir unbedingt noch hin. Symi liegt in Sichtweite von Datça, und so flattert nach zwei Stunden nochmals die griechische Flagge unter der Saling, Einklarierung hin oder her. Mit achterlichem Wind segelt Coco durch die enge und nur wenige Meter tiefe Nordpassage in die große Bucht des Ortes hinein.

In einem perfekten Halbkreis in die Hänge hineingebaut, strahlt uns der farbenfrohe Ort im spätnachmittäglichen Sonnenlicht entgegen. Wir finden gerade noch einen Platz an der Waterfront und werfen Anker auf tiefem Grund. Festmachen kostenlos, das hat schon was.

Fünfhundert Stufen führen bis ganz nach oben, doch auf halber Höhe muss ich passen. Hab' mir heute bei einem Manöver den Rücken verrenkt, man wird halt auch nicht jünger. Doch auch aus halber Höhe ist der Hafen im Abendlicht wunderschön.

Was macht man bei Rückenschmerzen am Besten¿ Klaro, man geht fein essen! An der Pier finden wir ein echtes Feinschmeckerlokal, Manos

Der griechische Bilderbuchort Symi

Fischrestaurant. Wir schlemmen Muscheln und Oktopus satt, dazu guten Wein. Dem Rücken geht's bald deutlich besser!

Nochmals machen wir einen halblegalen Grenzübertritt, wechseln wieder die blau-weiße Gastlandflagge Griechenlands gegen den türkischen rot-weißen Halbmond. Nun sind wir endgültig in türkischen Gewässern. Symi verschwindet im Dunst achteraus, voraus liegt die lykische Küste. Als wir uns dem Südwest-Kap bei Karaburun nähern, zählen wir besorgt die voraus auftauchenden Masten und Segel. Es werden immer mehr. So viele Yachten haben wir nicht mehr gesehen, seit wir das ionische Meer verlassen haben! Natürlich, wir erreichen jetzt das türkische Segelrevier schlechthin. Atemberaubende Landschaften, gutes Segelwetter bis lange in den Herbst hinein, freundliche Menschen, eine Auswahl guter Marinas mit hohen Standards. Und natürlich Buchten über Buchten! Diese haben Namen wie „Bozuk Bükü", „Kizilkuyruk Köyü", „Kücük Kuyruk" – ich mache mir Sorgen um die Umlaut-Tasten meines Notebooks, selten wurden sie so beansprucht. Im Pilot Book lesen wir Attribute wie „spectacular", „superb", „attractive", „beautiful". Seglerherz, was willst du mehr?

Wie in Griechenland, so finden sich auch hier in den meisten Buchten Tavernen, hier Restorans genannt. Einigermaßen neu und eher abschreckend für uns ist allerdings die Gepflogenheit der türkischen Wirte, diese herrlichen Ankerplätze entweder mit Bojenfeldern zuzupflastern oder vor ihren Restaurants mehr oder weniger wackelige Holzkontruktionen ins Wasser zu bauen, wo dann jemand winkend auf und ab hüpft wie ein Gummiball, sobald eine Yacht auch nur in Sichtweite kommt. So sollen die Segler animiert werden, dort festzumachen. Damit ist dann eine Art stillschweigender Kontrakt geschlossen, wonach man am Steg liegen darf, und dafür beim Wirt sein Abendessen einnimmt.

Das hat seine Vor- und Nachteile. Man liegt bequem und (manchmal) auch sicher, und man hat's nicht weit zum Abendessen. Frei ankern ist in diesen Buchten allerdings oft gar nicht mehr oder nur noch an weniger guten Plätzen möglich. Hinzu kommt: nicht jeder will jeden Abend auswärts essen gehen.

Mit etwas Pfadfinderglück finden wir dann gegen Abend doch tatsächlich noch eine restaurant- und bojenfreie Bucht: Gerbekse Bükü. Wir gehen vor Anker. Da schon einige Yachten hier festgemacht haben und der Schwojraum dadurch sehr begrenzt ist, bringen auch wir achtern zwei Landleinen aus. Kurz vor Einbruch der Dunkelheit läuft leichter Schwell herein; also verlegen wir schnell noch, im Halbdämmer akrobatisch mit Taschenlampe zwischen den Zähnen über die scharfkantigen Felsen kletternd, die Heckleinen, so dass Coco nun mit der Schnauze in Richtung Buchtausgang liegt. Perfekt, jetzt schaukelt nichts mehr.

Nach den Hafentagen genießen wir das Ankerliegen in der Bucht doppelt. Wir bleiben gleich noch einen zweiten Tag, weil's gar so schön ist. Die anderen Yachten brechen früh auf zu neuen Ufern, aber wir haben ja Zeit. Mit Schwimmen, Schnorcheln und Unterwasserbeobachtungen verbringen wir den Tag, treiben im klaren Wasser inmitten tausender kleiner Fische. Sogar einen seltenen Knurrhahn bekommen wir zu Gesicht! Zum Abend füllt sich die Bucht dann wieder, große Gülets, die türkischen Holzschiffe, laufen ein, und auch die eine oder andere Yacht. Es wird geankert auf Teufel komm raus, jeder will der erste sein. Heckseits wird im Halbkreis an den Felswänden festgemacht. Für Unterhaltung ist gesorgt, wir sitzen im Cockpit und genießen die Show.

Anderntags wecken uns dumpfe, laute Explosionen. Als wir aber keinerlei Erdbeben, Flutwellen oder Lavaströme feststellen können, tippen wir auf Kriegsspiele des Militärs. Auf der Seekarte finden wir denn auch nicht weit entfernt ein militärisches Sperrgebiet. Wir machen uns auf den Weg. Und siehe da, ein Konvoi türkischer Kriegsschiffe kreuzt Cocos Weg. Von Backbord kommend, und unter Maschine. Das kann man drehen und wenden wie man will, Coco hat Wegerecht! Unerschrocken läßt die Coco-Crew die Segel stehen und hält Kurs Ostsüdost. Und tatsächlich: die beeindruckenden Kriegsschiffe weichen aus! Wir bedanken uns freundlich, sie winken zurück.

Die nächste Traumbucht haben wir schon ausgesucht: Kücük Kuyruk, westlich in der Einfahrt zum Golf von Fethye. Sechs Stunden und fünfunddreißig Seemeilen später ankert Coco inmitten eines malerischen Kiefernwäldchens zwischen hohen Hügeln rechts und links. Nur eine einsame Gület liegt schon da. Der Kapitän kommt sofort im Beiboot angebraust, nimmt unsere Landleine entgegen und befestigt sie draußen an einen Felsen. Was für ein Service! Was nur immer alle gegen die türkischen Gülets und ihre Skipper haben!¿

Auch hier verbringen wir zwei herrliche, entspannte Tage. Tagsüber haben wir den kleinen Kiesstrand ganz für uns allein. Nach den hinter uns liegenden, ziemlich kühlen Wochen mit Tiefständenen bis 19 Grad erleben wir nun wieder eine wahrhafte „Hitzewelle“. Knapp 30 Grad sind uns ja allemal lieber als Wollsocken, und so verbringen wir einen Großteil des Tages im Wasser, genießen nochmal die Ruhe und die menschenleere Natur. Für die nächsten Tage stehen wieder Häfen auf dem Programm …

33 | Minarette und Hafenbars

Türkische Südküste, September/Oktober 2003. Unter dem einsamen, gewaltigen Felsmassiv der Sieben Kaps bei Yedi Burunlar, motoren wir bei völliger Flaute gen Osten. Darauf folgt eine sieben Meilen lange Strecke über hellgrünes Flachwasser vor einer grandiosen Dünenlandschaft. Ein bis zwei Meilen von Land entfernt segeln wir auf zehn bis zwanzig Metern Wassertiefe!

Nach einem kurzen Badestopp auf herrlichem, türkisfarbenem Badewannenwasser laufen wir im türkischen Städtchen Kalkan ein. Der Hafen ist klein. Yachten und Gülets ankern eng gedrängt rundum, Ankersalat ist programmiert. Der Hafenkapitän fordert 27 Millionen Türkische Lira, also etwa 18 Euro. Duschen und Toiletten extra! Da bleibt uns erst mal kräftig die Luft weg. Doch nach einem Spaziergang sind wir wieder versöhnt: der Ort ist ausgesprochen nett. Auf der einen Seite ruft der Muezzin vom Minarett, auf der anderen Seite tummeln sich die Yachties und Touristen in den Bars und Hafenkneipen unter freiem Himmel. Es gibt eine Vielzahl guter bis sehr guter Restaurants.

Übrigens fällt uns auf, dass sich die türkische Restaurantszene stark von der griechischen abhebt. Gerade in den Touristenzentren finden wir oft äußerst gepflegte Lokale vor, vielfach mit Stofftischdecken und -servietten aufwändig dekoriert. Die einfachen und wirklich billigen türkischen Lokale, die es vor rund zehn Jahren hier so zahlreich gab, sind dagegen kaum noch zu finden. Die Preise nähern sich nordeuropäischem Niveau. Die griechischen Tavernen waren da schon erheblich preiswerter. Zum Teil mag das auch daran liegen, dass Wein hier kein preiswertes Grundnahrungsmittel ist wie in Griechenland, und somit erheblich teurer. Wir sind schließlich in einem moslemischen Land. Und die enorme Seglerinvasion in diesem Revier wirkt sicher auch nicht gerade mäßigend auf die Preisgestaltung. Zum erstem Mal trinken wir Ayram, den leicht gesalzenen Trinkjoghurt. Ayram ist in der Südtürkei ein Nationalgetränk – für uns Neulinge gewöhnungsbedürftig, aber tatsächlich recht erfrischend.

Nach dem weltabgeschiedenen Dasein in den Ankerbuchten der letzten Tage wird Kalkan des Nachts für uns zu einem musikalischen

Babylon. Je später es wird, desto lauter das lautsprecherverstärkte Inferno rund um den Hafen. Ohrenstöpsel sind wieder mal angesagt. Doch am nächsten Morgen werden wir für die Strapazen der Nacht entschädigt: an der Pier steht ein Händler und verkauft frisches Gebäck. Zu atemberaubenden Preisen zwar, aber ein Gedicht! Bei warmen Honig-Schnecken und anderen leckeren, süßen Teilchen ist die Müdigkeit schnell verflogen.

Auch vom Entwirren des Ankerknäuels bleiben wir verschont, das machen die anderen, denn wir sind mal wieder die letzten, die den Hafen verlassen. Trödelei hatte schon immer auch ihre Vorteile. Dafür rutsche ich dann beim Ankeraufholen im Ankerkasten aus und haue mir derart den Fuß an, dass ich die Englein singen höre. Gut, dass wir für solche Fälle immer einen Eisbeutel an Bord haben. Fluchend ziehe ich mich zurück; ich nehme heute meinen freien Tag und lecke meine Wunden. Herta wird das Schiff schon schaukeln.

Unser nächster Stopp heißt Kaş (gesprochen: „Kasch"). Der Ort liegt hinter einer Halbinsel und verfügt ebenfalls über einen kleinen Hafen. Wir jedoch, gewitzt wie immer, gehen hinter der erwähnten Halbinsel vor Anker. So sparen wir uns die teuren Hafengebühren. Da es etwas pfeift, legen wir Cocos Bug mit zwei Ankern gegen den hereinlaufenden Schwell und bringen die Heckleinen zu dem tonnenschweren lykischen Steinsarg (!) aus, der zwischen Ruinen am Ufer im Wasser steht. Solcherart verspannt sind wir alle Sorgen los und liegen bequem, kostenlos, und mit viel Platz rundum.

Die Strafe für unsere Sparsamkeit folgt im wahrsten Sinne des Wortes auf dem Fuße. Der abendliche Spaziergang nach Kaş hinüber, etwa fünfzehn Minuten, ist eine Tortur für mein malträtiertes Gebein. Doch letztlich überstehe ich es mannhaft, und wir belohnen uns mit einem feinen Dinner mit Blick über den Ort und den Hafen. Das gesparte Hafengeld hauen wir für einen äußerst delikaten Red Snapper auf den Kopf. Und reichlich Wein hilft die Schmerzen vergessen …

Der Ort Kaş ist berühmt für seine zahlreichen Teppichgeschäfte und für die lykischen Felsengräber, die des Nachts illuminiert von hoch oben auf den Ort herab blicken. Im Ort selbst stehen verstreut einige alte Stein-Sarkophage. Bei uns zuhause wären die Dinger alle weggesperrt in Museen, hier machen Segler mit Leinen daran fest – siehe oben. Ansonsten finden wir das Städtchen etwas sehr touristisch; das war Kalkan zwar auch, hatte aber doch etwas mehr Flair. Nunja, trotzdem nett.

Ein weiteres Highlight an dieser an Höhepunkten wahrlich nicht armen Küste erwartet uns auf dem Weg gen Osten: Kekova Roads und Kale Üçagiz (sprich: „Kale Üdschais"). Eine abgeschlossene Fjord- und Buchtenlandschaft, durch eine vorgelagerte, etwa drei Seemeilen lange Insel weitgehend geschützt gegen die offene See. Man sagt, manch Seglerkollege verbringe seinen gesamten Segelurlaub ausschließlich in diesem kleinen Revier. Das verstehen wir gut, denn hier gibt es sichere Ankerplätze ohne Ende, abwechslungsreiche Buchten mit und ohne Restaurants, wunderbare Sonnenuntergänge, eine Farbenpracht ohnegleichen.

Absolut geschützt ankern wir auf fünf Metern Wassertiefe, auf zähem, sehr gut haltendem Schlammgrund. Das Wasser ist deshalb zwar sehr trüb, aber das tut unserer Freunde über die herrliche Umgebung keinen Abbruch. Coco liegt da wie einzementiert, keine Welle kräuselt die glatte Wasseroberfläche. Ein versunkener Hafen, eine versunkene Stadt, versunkene Sarkophage, das gibt es anderswo nicht in solcher Häufung und derart malerisch angeordnet. Üçagiz ist ein Fest für's Auge, und ein Ruhepol für wind- und wellengestresste Segler.

Per Dingi unternehmen wir Ausflüge in den kleinen Ort Kale, erklimmen das hoch über der Bucht gelegene Kastell, dicht verfolgt von aufdringlich schnatternden Tuch-Verkäuferinnen, die trotz ihrer beeindruckenden Körperfülle erstaunlich behende über die Felsen und Steine klettern. Tatsächlich gelingt es uns nicht, die Kletten abzuschütteln, also treten wir bald den Rückzug an. Durch die bizarre, im Wasser versteute Fels- und Gräberlandschaft knattern wir mit den letzten Tropfen Sprit zurück in den Ort Üçagiz , wo wir bei Ibrahim, den wir vor Jahren auf einem Chartertörn kennengelernt hatten, einkehren und uns stärken.

Vor den Lokalen liegt eine ganze Armada von Gülets vor Anker, am Parkplatz stehen dicht gedrängt Busse über Busse, viele Lokale sind brechend voll. Der kleine Ort platzt aus allen Nähten, er hat sich zu einem Touristenziel ersten Ranges gemausert, und doch ist es ein lohnenswertes Ziel.

Am nächsten Morgen bringt uns Ibrahim per Boot einen Laib frisches Brot zum Schiff. Beim Frühstück entschließen wir uns, noch einen Abstecher zu machen, bevor wir dann endgültig ins Winterlagen segeln. Für eine Nacht verlegen wir uns noch in den nahe gelegene Gökkaya Limani, eine Mini-Fjordlandschaft von großer Schönheit. Freilich liegen auch hier die unvermeidlichen Gülets dicht gepackt, doch in der Vielzahl an Einschnitten, kleinen Buchten und Felseninselchen ist immer noch der eine oder andere verborgene Ankerplatz zu entdecken.

Nachdem wir die letzten Tage in diesem herrlichen Revier ausgiebig genossen haben, machen wir uns auf zur letzten Etappe der Saison, schnurstracks ins Winterlager in die Marina Finike. Am letzten Segeltag sind die Gefühle immer etwas zwiespältig. Einerseits freuen wir uns mal wieder auf Abwechslung (da gibt's gar nichts zu lachen!), andererseits stimmt uns das nahende Ende einer wunderbaren Segelsaison mit vielen unvergesslichen Erlebnissen und Erinnerungen trübselig.

So nähern wir uns also Finike, unserem Ziel, mit recht gemischten Gefühlen. Doch für Schwermut bleibt keine Zeit, denn kaum laufen wir in den Golf von Finike, bläst uns auch schon eine derart steife Brise um die Ohren, dass wir alle Mühe haben, die Hafeneinfahrt anzusteuern. Wir funken die Marina an, und mit Unterstützung eines Marinaschlauchbootes bugsieren wir uns dann bei kräftigem Seitenwind in eine Lücke.

Da liegen wir nun! Es ist kaum zu glauben, die letzten Seemeilen dieses Jahres liegen im Kielwasser!

Die folgenden Tage sind vollgepackt mit Arbeit. Wir füllen das Beiboot mit Süßwasser, schlagen Segel und Leinen ab, weichen sie in der so

On the hard – Coco im Winterlager in der Türkei

geschaffenen Wanne ein und befreien sie von ihrer Monate alten Salzkruste. Wir polieren Edelstahl, reinigen Holzflächen, ölen Scharniere und Blöcke, putzen das Deck, wachsen das Gelcoat, wienern und schrubben. Vom Marinaschreiner lassen wir passende Ausschnitte in die Bodenbretter schneiden, so dass wir nächstes Jahr unsere Getränke in der Bilge stauen können. Das ist gut für den Schwerpunkt des Schiffs – und praktisch für unsere durstigen Kehlen. Zudem gewinnen wir erheblich Stauraum. Unser zuverlässiger Volvo Diesel bekommt einen Ölwechsel spendiert, und eine ordentliche Süßwasserspülung für den Seewasserkreislauf. Auch der Außenborder wird mit Süßwasser gespült, gereinigt und gefettet. So vergehen die letzten Tage wie im Fluge, vom Ort und der Umgebung sehen wir nicht viel. Und dann ist der Tag X da:

Coco wird gekrant! Das ist immer wieder spannend, doch auch diesmal läuft wieder alles wie am Schnürchen.

Im schwindenden Licht des türkischen Spätsommerabends steht sie dann hoch und trocken da, sicher aufgebockt. Wir tun die letzten Handgriffe, schließen die Luken, bringen die Persenninge an, und dann ist auch schon das Taxi da, das uns zum Flugplatz nach Antalya bringen soll. Wir werfen unsere zwei Reisetaschen in den Kofferraum, steigen ein, und als der Fahrer schumachermäßig losbraust, werfen wir einen letzten umflorten Blick zurück auf unsere Coco.

See you next year, baby …!

Wetter-Bilanz Segelsommer 2003: 113 Tage Sonne, 2 Tage Regen!

***

Shipwreck Beach, Zakynthos

Beschaulichkeit
prägt die ionische Inselwelt

Dörfer auf der Mani Halbinsel

Der Monolith von Monemvassia

Segelparadies Saronischer Golf

Santorin: die Farben der Kykladen

Türkische Buchtenparadiese

Kale Üçagiz, Kekova Roads

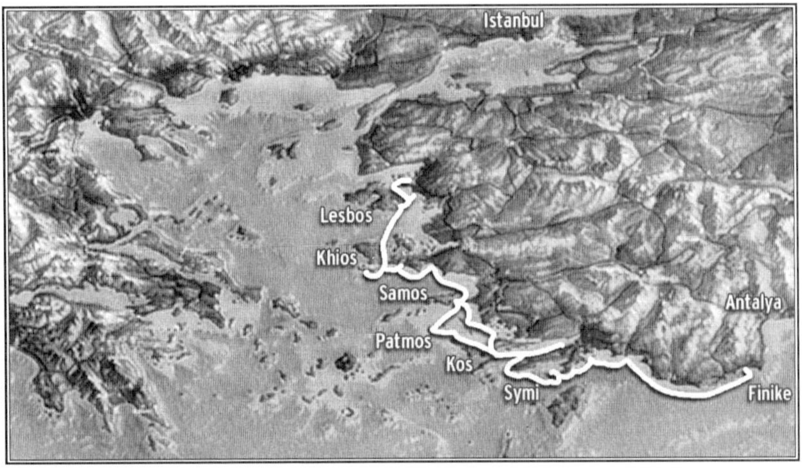

Coco's Reiseroute 2004 (1050 Seemeilen, ca. 2 000 Kilometer): Türkische Küsten und östliche Ägäis

34 | Wasserratten auf Landgang

Finike – Kappadokien, Juni 2004. Die Durststrecke hat ein Ende: wir leben wieder an Bord!

Nach drei Stunden Flug und knapp zwei Stunden Taxifahrt schaukelt Coco munter vor uns im Kranbecken der Marina Finike, gerade so als wären wir nie fort gewesen. Der noch von zuhause aus erteilte Auftrag zum Kranen ist von den türkischen Marineros perfekt und offenbar just in time ausgeführt worden.

Bevor wir das Schott zum Niedergang öffnen, fegen wir erst mal eine dicke Staubschicht beiseite. Innen ist alles bestens in Schuss. Wieder mal hat sich unsere Strategie bewährt, im Herbst alle Metallteile einzuölen; kein Fitzelchen Rost. Die Holzflächen danken uns strahlend und mit frischem Glanz die intensive Pflege, die wir ihnen vor unserer

Abreise noch haben angedeihen lassen. Auch die Lüftung war ausreichend gewesen; nichts müffelt, nichts stockt. Spät in der Nacht feiern wir unsere glückliche Ankunft und den Start des diesjährigen Törns mit zünftigen türkischen Mezeler (Vorspeisen) und scharfem Lamm Shish Kebab im Restoran vor der Marina.

Am nächsten Morgen machen wir uns an die unvermeidlichen Vorbereitungsarbeiten. Zunächst baut uns Iset, der Elektriker, die drei neuen Bord-Batterien ein: zwei Servicebatterien und eine Starterbatterie. Beim Schleppen breche ich mir fast das Kreuz, auf gut sechzig Kilo schätzen wir die Dinger, pro Stück. Selbst dem stämmigen und zweifellos schwierige Arbeitsbedingungen gewohnten Iset treten Schweißperlen auf die Stirn. Nach neun Jahren unermüdlichen und zuverlässigen Einsatzes hatten sich unsere alten Gel-Batterien ihren Ruhestand wohlverdient. Obwohl sie letztes Jahr noch zuverlässig funktionierten, haben wir uns zu einer Neuanschaffung entschlossen. Sicher ist sicher. Da wir ungern drei Mal sechzig Kilo im Gepäck mit uns rumschleppen wollten, haben wir die Batterien in der Türkei bestellt. Mit insgesamt über 1 000 Euro brachte uns diese kleine Investition schon im kühlen Norden leicht ins Schwitzen. Aber immerhin, oh Wunder, sind diese Batterien eines deutschen Herstellers hier in der Türkei sogar billiger als zu Hause im Ur-

Finike Marina

sprungsland! Normalerweise sind Marinas ja nicht gerade bekannt für ihre Schnäppchenpreise. Der Dollarkurs macht's möglich, nehmen wir an. In türkischen Marinas wird in Dollar abgerechnet.

Maschinentest. Der Diesel springt sofort an. Alle Systeme funktionieren auf Anhieb. So können wir Coco also aus eigener Kraft aus dem Kranbecken an einen Steg verlegen. Das erste Manöver der Saison klappt wie am Schnürchen, wir haben nichts verlernt.

In den folgenden Tagen spritzen wir Coco ab, schrubben das Deck, polieren Edelstahl, fetten Lager, schmieren Schmierpunkte, schlagen Segel an, montieren neue Leinentaschen, bauen eine neue Bugtoilette ein (ja, wieder einmal), lassen Schweißarbeiten ausführen, reparieren die Cockpitscheibe, spannen Vor- und Achterstag nach. Alle Arbeiten finden morgens und am frühen Abend statt, tagsüber lähmt die ungewohnte Hitze. Die letzten Wochen in Deutschland waren eher kühl, an's Mittelmeerklima müssen wir uns erst wieder gewöhnen.

Natürlich führt uns auch der eine oder andere Spaziergang oder Einkauf in den Ort hinein. Allzuviel können wir Finike nicht abgewinnen, eine Schönheit ist es nicht. Die Menschen sind eher zurückhaltend, aber freundlich, ganz normales türkisches Leben eben, ohne großen Touristenrummel. In unserer Feierabendstimmung fallen wir dann doch tatsächlich auf einen Menschen herein, der uns freundlich auf ein Gläschen Tee in seinen Laden bittet; natürlich wolle er uns nichts verkaufen, nur reden, über Deutschland, er habe selbst lange in Franken gelebt, undsoweiterundsoweiter, blablabla. Ein Tässchen Tee vielleicht? Wir glauben tatsächlich an die sprichwörtliche nahöstliche Gastfreundschaft. Wie kann man nur so blöd sein ... Es gelingt und dann aber doch, ohne einen absolut unnötigen Teppich oder billigen Silbertand von dannen zu ziehen. Trotz zahlreicher freundlicher Ausreden lassen wir einen schmollenden, wenn nicht gar leicht verärgerten, Ladenbesitzer zurück.

Bei einem Straßenhändler kaufen wir gekochte Muscheln, mit Bulgur und Zitrone gewürzt, setzen uns auf eine Parkbank und amüsieren uns über unsere Naivität. Hat uns doch der Muschelhändler soeben auch noch mit dem doppelten Preis über den Tisch gezogen. Selber schuld, wenn man sich nicht rechtzeitig mit der fremden Währung befasst.

Mittwoch, der 16. Juni, geht als mein persönlicher schwarzer Tag in die Geschichte der Völkerverständigung und Telekommunikation ein. Mein Plan: den viel gepriesenen, billigen, mobilen türkischen Internetzugang von Bord zu realisieren. In der Türkei soll man nämlich den schnellen GPRS-Datenanschluß sogar mit Prepaidkarten nutzen können. Kurz gesagt, es wird ein Desaster. Nichts funktioniert, ich verschwende ein kleines Vermögen an eine unfähige Hotline. Es zeigt sich auch hier, was sich durch die gesamte moderne Telekommunikationsbranche wie ein roter Faden zieht: mangelhafte Kenntnisse über die vom eigenen Arbeitgeber beworbenen Möglichkeiten, gepaart mit Inkompetenz und Ignoranz. Angeblich gehe es mit Macs gar nicht, und für Windows-Computer sei der Zugang nur mit einer ganz speziellen Software des Handyhersteller realisierbar. Außerdem sollen Notebook und Handy inklusive Prepaidkarte unbedingt fix und fertig angeschlossen und betriebsbereit vor mir liegen, wenn ich anrufe. Letzteres ist ja nun nicht so einfach im fremden Land, mit nur einem Handy dabei. Als ich dann aber doch alles soweit parat habe, und bei Metin, dem freundlichen Technikmanager der Marina, sogar noch ein Festnetztelefon gefunden habe, von dem aus ich das alles besprechen kann, gibt mir die Hotline-Dame völlig falsche Einstellungen für den Laptop durch, wie ich später feststelle, als ich die Konfiguration testen will. Entnervt schmeiße ich gegen Abend das ganze Elektronikgerümpel in die Ecke, und bei einem Glas Rotwein planen wir erstmal einen Landausflug für die kommenden Tage. Etwas Distanz soll ja bekanntlich bei der Lösung vieler Probleme helfen.

In einer zehnstündigen Marathonfahrt mit dem gemieteten Fiat bewähltigen wir die Strecke von Finike bis nach Kappadokien, im Herzen Anatoliens. Mit Anatolien wird übrigens der Teil der Türkei bezeichnet, der sich auf dem asiatischen Kontinent befindet, immerhin siebenundneunzig Prozent! Die Landschaft, durch die wir fahren, wechselt zwischen grandioser Bergwelt, hitzeflirrender Ödnis, lieblichen Wiesen mit signalrot leuchtenden Mohnblumen, grün-goldenem Weide- und Ackerland. Wir lesen, dass die Türkei zu den wenigen Ländern der Erde zählt, die sich vollständig selbst von den Früchten ihrer Landwirtschaft ernähren kann. Nach dem was wir sehen, glauben wir das. Zahlreiche Imbißbuden und preiswerte Bus Stop Restaurants säumen den Weg, verhungern und verdursten wird hier kein Durchreisender.

Gegen Abend erreichen wir Uchisar. Das weltberühmte Göreme liegt ganz in der Nähe, doch wir wollen keinen Trubel, deshalb meiden wir den bei Reiseveranstaltern und Backpackern beliebten Ort. Das ruhigere, kappadokische Örtchen Uchisar liegt am Fuße eines gewaltigen, wie schweizer Käse durchlöcherten Felsens, mit atemberaubenden Ausblicken auf die im Abendlicht pastellrosa leuchtenden Tuffsteinkegel. Die Szenerie könnte aus einem Science Fiction Film stammen.

On parle francais. Der Ort ist beliebt bei französischen Individualreisenden. Einige Häuser wurden bereits von französischen Auswanderern oder aus Frankreich heimkehrenden Türken gekauft und werden jetzt mit viel Geschmack zu Pensionen oder kleinen Hotels de Charme umfunktioniert. Noch ist nicht viel los, und so haben wir die Wahl zwischen mehreren Zimmern in der Kaya Pension, einem kleinen Haus am Ortsrand mit wunderbaren Ausblicken. Wir nehmen das teuerste, mit einer Terrasse größer als das Zimmer selbst, für 35 Euro pro Nacht, petit déjeuner inclus. Für hiesige Verhältnisse nicht billig, für uns Eurogeschädigte schon. Nach einem guten türkisch-frankophilen Diner fallen wir frühzeitig und todmüde ins gemachte Bett.

Gegen neun Uhr weckt uns die Morgensonne. Frisch ausgeschlafen und mit einem guten Frühstück im Bauch brechen wir auf zur Wanderung durch's Liebestal, so genannt nach den hohen, schlanken Tuffsteintürmen, die wohl bei manchem Betrachter anzügliche Gedanken wach werden lassen. Unser gedruckter Reiseführer weiß von zartbesaiteten Damen zu berichten, die beim Anblick schon vor Scham tief errötet sein sollen. Wir Nordeuropäer scheinen da härter gesotten, ich kann bei meinem Schatz zwar durchaus ein gewisses Interesse, aber keinen Anflug von Schamesröte entdecken.

Das Tal ist wahrhaft zauberhaft. Die verschlungenen Pfade führen durch dunkle, natürliche Tunnels, an flüsternden Bächen entlang, dichtes Unterholz zwingt uns bisweilen fast zum Kriechgang, an steilen

Abhängen wird unsere Schwindelfreiheit auf eine harte Probe gestellt. Hunderte von Vögeln und Millionen von Insekten umschwirren uns Eindringlinge, darunter kinderfaustgroße, schwarze, hummelartige Käfer. Wir passieren einen Pferdehüter, der mit seinem Hund im Schatten eines Baumes döst. Die reine Idylle. Als wir näher kommen, winkt er uns freunlich zu, derweil er lauthals in's Handy plärrt. Soviel zum Idyll.

Unvermittelt endet der Pfad an einer tiefen Schlucht. Wir nehmen all unseren Mut zusammen und wagen uns noch einige Meter kletternd und klammernd in den Abhang hinein, doch bald wird uns klar: hier geht's nicht weiter. Der Trampelpfad, den wir zu sehen meinen, mag für türkische Bergziegen geeignet sein, für uns ist er es gewiss nicht! Just als wir schweißtriefend den sandigen und ungesicherten Abhang wieder heraufkriechen, taucht oben am Rand unser Handy-Hirte auf. Dem war schon längst klar, dass wir zurückkommen würden. Ahmed, so heißt der drahtige Mensch, bietet sich als Führer an, und wir nehmen gerne an.

Zusammen mit seinem flinken, aber erbarmungswürdig abgemagerten Hund, führt er uns ein Stück zurück, um die Schlucht herum. Auch dieser Weg ist nicht ganz ohne, aber doch nicht gleich so lebensgefährlich wie der auf der anderen Seite. Mit seinen ausgelatschten, glattlederbesohlten Strassenschuhen springt Ahmed unbekümmert über steile Felsen und glatte Abhänge vorneweg, wir mit unseren trekkingundbergweltzertifizierten, gummibesohlten Spezialschuhen schlittern langsam und vorsichtig hintendrein. Den Hund immer schön kreuz und quer zwischen unseren Füßen. Einmal zeigt uns Ahmed einen Adlerhorst hoch drobend unterhalb des Bergkamms hängend. Doch wir haben momentan ganz andere Prioritäten, unsere Blicke bleiben beständig auf den Boden gerichtet. Wir atmen kräftig durch als wir gesund und unbeschadet unten im Tal ankommen!

Wieder führt der Weg durch Bäche, über Hügel, unter Büschen und Tunneln hindurch, vorbei an Feenkaminen und bizarren Tuffsteinpyramiden, viele davon mit hunderten von Höhlenwohnungen. Nach zwei ebenso mühe- wie eindrucksvollen Stunden schließlich in Göreme angekommen, danken wir unserem Führer Ahmed mit einem kleinen Trinkgeld und nehmen Abschied.

Kappadokische Impressionen

Für die meisten Reisenden ist Göreme gleichbedeutend mit Kappadokien. Kein Wunder, in der Gegend hier konzentrieren sich die bekanntesten und eindrucksvollsten Sehenswürdigkeiten der Region auf wenigen Quadratkilometern. So etwa das von der Unesco als Weltkulturerbe eingestufte Kirchental mit seinen zahlreichen über 1 000 Jahre alten Höhlenkirchen und -kapellen aus christlicher Zeit, deren Malereien und Fresken teils noch ausgezeichnet erhalten sind. Nachdem wir auch dieses Tal und den durchlöcherten Fels ausgiebig durchstreift haben, belohnen wir uns, wie es sich für ordentliche Kulturtouristen gehört, mit einem schönen Eis am Stiel, und warten auf den Bus, der uns bequem zurück nach Uchisar befördern wird.

Nach einer stürmischen Nacht (wettertechnisch, was denn sonst ...), mit Sand- und Staubwolken und sich zu Boden biegenden Bäumen, steht anderntags Derinkuyu auf dem Kulturprogramm. Diese bekannteste und größte der geschätzten rund fünfzig unterirdischen Stadtanlagen ist acht Stockwerke tief und hatte alles zu bieten, was nötig war, um sich Monate lang dort aufzuhalten. Zusammen mit einem kleinen italienischen Touristentrupp leisten wir uns einen Führer. Der zunächst sehr stolz erscheinende Preis von 30 Euro stellt sich als lohnenswerte Geldanlage heraus, denn beim alleinigen Durchstreifen der Gänge hätten wir niemals einen solch lebendigen Eindruck erhalten wie von unserem ausgezeichneten Höhlen-Guide. Die gut einstündige Führung ist sehr zu empfehlen. Pulli nicht vergessen, es ist eiskalt dort unten.

Schon seit viertausend Jahren bieten die Tuffsteinlandschaften Kappadokiens ihren Bewohnern Zuflucht und Wohnraum. Regelrechte unterirdische Städte wurden angelegt, mit ausgeklügelten Belüftungs-, Kommunikations-, Be- und Entwässerungssystemen, sogar mit Kühlräumen für Lebensmittel – und für die Leichen der Toten. Insbesondere während der römischen Christenverfolgungen und der Arabereinfälle im 7. Jh. n. Chr. wurden diese unterirdischen Städte ausgebaut und als Zufluchtstätten genutzt, die ein Feind nur schwer entdecken und noch schwerer einnehmen konnte. Bis zu sechs Monaten konnten Tausende von Menschen hier unter Tage leben! Erst Anfang des zwanzigsten Jahrhunderts wurden viele dieser Städte und Wohnungen aufgegeben, wegen akuter Einsturzgefahr des spröde gewordenen Steins. Nur wenige Wohnungen sind heute noch bewohnt, und manche werden – wie könnte es auch anders sein – gerade wieder zu Hotels auf- und ausgebaut.

Am Rückweg machen wir Rast in einem Ort mit dem malerischen Namen Mustafapascha. In einem alten griechischen Haus namens „Old Greek House" essen wir auf gut türkisch am Boden um einen runden Tisch hockend gekochtes und gebratenes Gemüse, Bohnen, Salat und gefüllte Weinblätter, und trinken dazu süßen Tee, während sich eine kleine Horde junger Hauskätzchen um die Reste balgt. Im Rahmen des Bevölkerungsaustauschs im Jahr 1923 wurden hier lebende Griechen nach Griechenland und dort lebende Türken in die Türkei umgesiedelt, und häufig wurden die alten Häuser von den neuen Bewohnern übernommen. Deshalb sieht man in zahlreichen Orten der Türkei noch liebevoll hergerichtete Häuser in erkennbar griechischer Bauweise.

Nach diesen Tagen mit interessanten und ausgedehnten Streifzügen durch die beeindruckende innertürkische Landschaft brechen wir schließlich auf und machen uns auf die lange Heimreise zu unserem anatolischen Basislager, zur Marina Finike. Dort rufen andere Pflichten, Coco will ja auch mal wieder bewegt werden!

35 | Ballermann auf türkisch

Türkische Riviera und lykische Küste, Juni 2004. Nach unserem mehrtägigen Abstecher ins Hinterland sind wir nun also auf dem Rückweg in unser „heimatliches“ Finike. Kilometer um Kilometer rosa blühender Oleander, als Spurtrennung der gut ausgebauten Fernstrasse. Soll nochmal einer behaupten, Kohlendioxid sei schädlich für die Pflanzenwelt! Wir begegnen skurrilen Gefährten: Eselskarren kreuzen gemächlich den Highway, wir sehen die üblichen Mopeds mit drei oder auch mal vier Passagieren, motorisierte Dreiräder kommen uns schwer beladen und unverhofft auf der falschen Fahrbahnseite entgegen, immer wieder überholen wir schwankende, rußstinkende Lkws, die aussehen, als kämen sie direkt aus der fernsten Ecke des Orients. Es ist Sonntag. Unter jedem Baum, der die Strasse säumt, steht ein Pkw, darum sitzen, hocken und liegen ganze Großfamilien beim Picknick. Wieder begeistert uns die farbenprächtige Landschaft mit ihren sattgrünen Bäumen und blühenden Wiesen.

Günstig am Weg liegt die Ihlara-Schlucht, auch „Grand Canyon der Türkei“ genannt. Eine Stunde Fußmarsch durch diese phantastische, bizarre und außerordentlich schöne Schlucht ist ein touristisches Muß!

Das berühmte Side wollen wir nicht auslassen. Laut Reiseführer wahrscheinlich eine der ältesten Siedlungen der türkischen Südküste, entpuppt sich Side heute als ein Magnet für Millionen sonnenhungriger Touristen, die sich tagsüber Ihren Sonnenbrand und nächtens Ihren Rausch holen wollen. Handgemalte Schilder mit Aufschriften wie *GET DRUNK CHEAP!*, *BILLIG BESAUFEN!* und *1 BEER 1 EURO!* sollen den geneigten, Entspannung suchenden Reisenden in die Kneipen locken. Na besten Dank, hier wird es uns gefallen!

Wir finden ein Hotelzimmer, direkt unter'm Dach und auf geschätzte 45 Grad Celsius wohlig temperiert. Sodann spazieren wir an den Ruinen des klassischen Altertums vorbei direkt ins Ortszentrum hinein. Uns packt das blanke Grauen: Side ist ist eine einzige Anhäufung billigster Souvenirläden („billig“ im Sinn von „lumpig“, nicht unbedingt von „preiswert“), an jedem Laden laute Anmache der übelsten Sorte. Wir trotzen dem Getümmel eine Weile, und suchen uns dann ein Lokal für's Abendessen. Entgegen unserer Befürchtungen finden wir sogar eine recht freundliche Wirtschaft, und auch der Fisch ist frisch und lecker. Die Rechnung ist dann allerdings auch gesalzen und gepfeffert. Auf tiefer gehende Erkundungen Sides verzichten wir und fahren anderntags unverzüglich weiter.

Antalya, die Millionen-Metropole, liegt auch noch auf unserer Route. Der internationale Flughafen ist bekannt, hier landen die meisten Urlauber mit Ziel türkische Riviera. Weniger bekannt ist, dass Antalya auch eine sehr attraktive Altstadt besitzt, mit einem malerischen, alten Hafen. Leider dürfen hier, unterhalb der wehrhaften Befestigungsmauern, seit längerer Zeit schon keine Yachten mehr festmachen, der Hafen ist reserviert für die unvermeidlichen Gülets. Yachten müssen in die Marina im Industriehafen. Uns kann's egal sein, wir sind ja noch auf vier Rädern unterwegs. Nach ausgiebigem Bummel durch die Altstadt nutzen wir die Möglichkeit zu einem Großeinkauf in einem riesigen Supermarkt, dann geht's endgültig weiter nach Finike.

Frisch erholt vom Landurlaub, wage ich mich noch einmal an das gefürchtete Thema „Mobiler Internetzugang". Diesmal mit der Kombination aus Apple Notebook und der genialen Software Mobile High Speed (www.novamedia.de). Ich verzichte diesmal auf die Hilfe des türkischen Mobilfunkanbieters und wende mich direkt an die Hotline von Novamedia. Fünf Minuten später bin ich online. Ich kann's kaum glauben. So einfach kann das Leben sein. Und dann die zweite freudige Überraschung: es ist wahr, der schnelle mobile Internetzugang zu günstigen Preisen, in der Türkei gibt es ihn! Abrechnung nach Datenvolumen, 1 MB unter 90 Euro-Cent. Zum Vergleich: in Deutschland kostet 1 MB derzeit heftige 30 Euro! Ohoiroo!! (Stand Sommer 2004) Damit ist für uns Internet von Bord nun fast billiger als in jedem Internetcafé!

Euphorisiert von diesem unverhofften und so problemlos errungenen Erfolgserlebnis, werfen wir am nächsten Tag die Leinen los. Endlich wieder auf See! Das fünfzehn Meilen entfernte Revier um die Insel Kekova ist unser erster Stopp. Mit Müh und Not schrammen wir an einem heftigen Gewitter vorbei, das am Festland hängen bleibt, und machen in unserer ersten Ankerbucht der Saison fest. Nach dem Rummel der vergangenen Tage wählen wir Karaloz Bükü, die wir „Pferdekopfbucht" nennen, weil sie die Form eines Pferdekopfes hat. Hierher verirren sich nur wenige Schiffe, vermutlich weil die Bucht außerhalb des ansonsten perfekt geschützten, binnenseeähnlichen Reviers von Kekova Roads (Kale Uçagiz) liegt. Das Ankermanöver mit Landleinen klappt auf Anhieb, als wär's gestern gewesen, auch da nix verlernt! Es gibt Pasta an Bord, nachdem sich die abendliche Wespenplage verzogen hat.

Die Crew der einzigen Yacht, die außer uns hier liegt, bringt uns am nächsten Vormittag unverhofft ihre gesamten Bierrestbestände rüber. Es sind schweizer Chartersegler auf dem Heimweg nach Finike. Heute abend müssen sie ihr Schiff zurückgeben, deshalb wird das Lager geräumt. Wir sagen nicht nein zu dem großzügigen Angebot, und leeren auf ihr Wohl an Ort und Stelle gleich ein paar kühle Bierchen. Mittags. Muß ich noch sagen, dass der nachfolgende Nachmittag irgendwie unbemerkt an uns vorüber geht ...¿

Wir passieren die westlichste der griechischen Inseln, zugleich den westlichsten Vorposten Europas, die kleine Insel Kastelorizo (Megisti). Die griechische Gastlandflagge liegt schon griffbereit im Cockpit, als wir uns dann doch entscheiden, die schöne Brise auszunutzen und an der türkischen Küste bis Kalkan weiterzusegeln. Delfine begleiten uns ein Stück Wegs. Einmal mehr fällt uns auf, dass die Tierchen hier im östlichen Mittelmeer scheuer zu sein scheinen als ihre Kollegen weiter westlich, denn hier erleben wir selten, dass sie bis ans Schiff heranschwimmen oder gar längere Zeit um Coco herum tollen, wie es dort fast der Normalfall war. Trotzdem, die Begegnung ist immer wieder herzerfrischend!

In Kalkan gehen wir in den winzigen Hafen direkt am Ort, den wir schon kennen, ärgern uns wieder über die unverschämten Liegegebühren bei garantiertem Ankersalat, freuen uns danach wieder über den hübschen Ort und genießen abends auf der schön dekorierten Dachterrasse von „Belgin's Kitchen" beste türkische Küche, auf Kissen am Boden sitzend.

Das Traumrevier des Golfs von Fethiye ist unser nächstes Ziel. Wir sind in dieser Saison zwar auf Gegenwindkurs abonniert, doch im Fethiye Körfezi können wir heute ein paar Stunden wunderbares Segeln genießen. Wir klappern mehrere Buchten ab. Die Entscheidung fällt schwer; was soll man auch machen, wenn ein Ankerplatz einladender ist als der andere? Schließlich entscheiden wir uns dann aber doch noch, werfen Anker, bringen die Landleinen aus, legen unsere zwei schweren Festmacher-Ketten um die Felsen, machen fest. Wunderbar ... – nein, doch nicht so gut. Der Anker fasst nicht. Also: nochmal das Ganze. Beide Landleinen los, einholen, Anker auf, neues Manöver. Wir geben was wir haben, immerhin siebzig Meter Edelstahlkette, und diesmal hält's! Leider stellen wir beim Manöver fest, dass die Ankerwinsch nur noch rauf, nicht mehr runter geht. Rauf ist wichtiger. Runter fällt's von alleine. Dennoch, neue Arbeit steht an. Die Freuden des Segelns? Na, es gibt Schlimmeres.

Der nächste Nachmittag steht an Bord von Coco ganz im Zeichen des Tags der Arbeit: Fehlersuche Ankerwinsch. Relais ausbauen, aufmachen, zusammenbauen, testen. Winschmotor ausbauen, aufmachen,

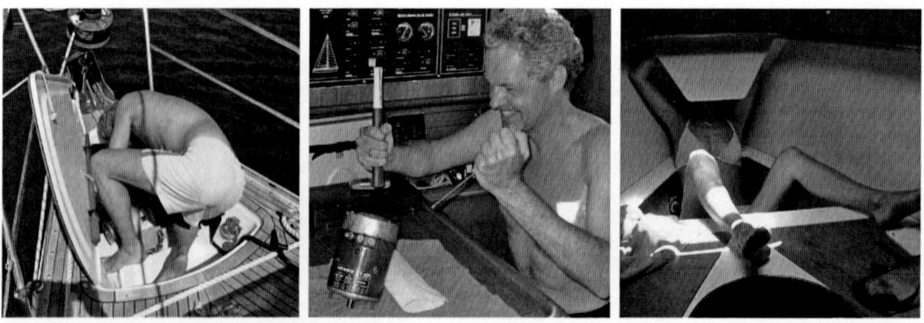

Tag der Arbeit an Bord von Coco

zusammenbauen, testen. Spannungsprüfung. Durchgangsprüfung. Das ganze Programm. Seltsam, immer wieder scheint es in Ordnung zu sein, dann wieder nicht. Ich vertage es auf morgen.

Des Abends, wir sitzen gemütlich beim Sundowner im Cockpit und unterhalten uns über des Tages Müh' und Qual, da fällt uns wieder mal auf, wie weit die Globalisierung doch schon in unser aller Leben vorgedrungen ist: Da liegen nun wir zwei Deutsche in einer türkischen Bucht an Bord eines englischen Schiffs mit französischem Namen, trinken griechischen Wein zu italienischer Pasta, rauchen karibische Zigarillos und tippen Reiseberichte auf kalifornischen Computern.

Kurz nach Sonnenuntergang strömt unvermittelt extrem warme Luft herbei, es ist als säßen wir im Luftstrom eines Haarföns. Kurz darauf wieder normal warme Luft, dann wieder sehr heiße. Das Spiel geht ein paar Mal, dann ist's vorbei. Eigenartig.

Anderntags nehmen wir das Winsch-Problem noch einmal auf. Auch SVB in Bremen (www.svb.de) binden wir wieder ein, einen Schiffsausrüster, dessen erstklassiger Kundenservice uns unterwegs schon mehrfach gute Dienste geleistet hat. Auch diesmal haben wir Glück und geraten am Telefon an einen kompetenten und freundlichen Mitarbeiter, der uns hilft, der Ursache auf die Spur zu kommen. Auf den Punkt gebracht: wir haben einen Kabelbruch! Eines der Kabel zum Winschmotor ist an der Kontaktstelle gebrochen und wird nur noch vom Isolierband zusammengehalten. Herta quetscht sich in die Vorpiek, um dem Kabelverlauf auf die Spur zu kommen und die fehlenden zwei Zentimeter des störrischen Kabels rauszupfriemeln, dann setze ich es provisorisch in Stand, alles paletti, das Teil funktioniert erst mal wieder.

Der Fethiye Körfezi ist ein bestens geschütztes Revier – dieser Golf bietet Binnenseefeeling, dazu Buchten zuhauf. Ein Segler kann hier leicht eine Woche zubringen. Außerdem gibt es zwei Orte, die unter Seglern einen guten Ruf haben: eben Fethiye, und Göçek (sprich: „Götschek"). Göçek ist etwas mondäner, alles ist hier etwas schöner, unaufgeregter, edler als anderswo an dieser Küste. Allein in Göçek dienen sich vier Marinas den Seglern an, und es gibt einige kleine Schiffsausrüster, wo wir auch den nötigen Kabelschuh bekommen, um unsere Ankerwinsch wieder in einen perfekten Zustand zu versetzen. Solche Fünfzig-Cent-Teile können sehr wertvoll sein auf Segelbooten fernab der Zivilisation.

Zum Abschluß unseres Fethiye-Golf-Törns noch ein Coco-Geheimtipp: Kapi Creek. Die winzige Bucht hat eine Taverne und einen klapprigen Holzsteg, an dem ein paar Yachten festmachen können. Sehr hübsch und sehr romantisch. Allerdings nicht sehr geheim.

Tage später teilen wir uns einen wunderbaren Ankerplatz vor Ekinçik („Ekintschik“) mit einigen türkischen Gülets, in der Nähe des Dalyan Flußdeltas und des antiken Kaunos. Gestern abend hatten wir uns mit einem lokalen Führer zur Flußfahrt verabredet. „African Queen Feeling“ verspricht vollmundig der Prospekt des örtlichen Tourismusverbandes.

Dalyan River Tour auf der „African Queen“

Kurz vor zehn Uhr geht denn auch das bestellte Boot längsseits und holt uns zwei zur Flußtour ab. Die Kayiks, mit denen die Touristen hier ins Dalyan-Flußdelta geschippert werden, sind kleine breitbordige Boote, die in ihrem früheren Leben mal als Fischerboote im Einsatz waren, und dann von findigen Unternehmern vermutlich en masse aufgekauft wurden, um sich ihr Gnadenbrot als Touristenboote zu verdienen. Unser Kayik ist dann zwar nicht ganz die African Queen, aber es wird immerhin von viel Farbe, Leim und Nägeln zusammengehalten, ist mit stark verblichenen türkischen Webwaren ausgelegt und wird von einem ebenso lärmenden wie stinkenden Dieselmotor angetrieben.

Nach der Überfahrt von unserem Ankerplatz quer durch die offene Bucht geht es laut knatternd ins Dalyan-Delta hinein. Vorbei an langen, feinsandigen Stränden, an denen die seltene Karetta-Schildkröte ihre Eier ablegt und die unter Naturschutz stehen (was ist eigentlich mit all den den Badegästen, die wir hier sehen ...¿), passieren wir die Flussmündung, die der Schwemmsand auf eine Tiefe von nur mehr siebzig Zentimetern verflacht hat. Für Coco mit ihren 170 cm Tiefgang wäre das also nichts, aber für Powerboats ist die Zufahrt in die Schilf- und Flußlandschaft ohnehin off limits.

Kayiks warten auf Kundschaft

Das Labyrinth der Wasserwege ist äußerst beeindruckend. Wir tuckern vorbei an Krebsfischern, die ihre Kayiks im Schatten spendenden, meterhohen Röhricht festgebunden haben und auf Käufer für ihren Fang warten. Scharen touristengefüllter Kayiks knattern uns entgegen, überholen oder werden überholt. Die grünen Wasser des Flusses werden durcheinandergewirbelt und in Bewegung gebracht, dass den unzählichen Fischen und Vögeln Hören und Sehen vergehen muß. Soviel also zum Naturschutz, an dessen Unterhöhlung wir freilich durch unseren Besuch selbst kräftig beteiligt sind.

Wir tun Buße mittels eines schweißtreibenden Fußmarsches durch die Überreste des alten Kaunos. Die Stadt hatte ihre Blütezeit vom 5. Jh. v. Chr. bis etwa ins 3. Jh. n. Chr. Die sichtbaren Überreste, Theater, Thermen, stammen alle aus römischer Zeit. Damals war Kaunos eine Hafenstadt und lag direkt am Meer. Es verlor später seine Bedeutung, als die Zugänge immer mehr versandeten, ein Schicksal, das Kaunos mit anderen berühmten Stätten, wie zum Beispiel Ephesos, teilt. Heute liegt Kaunos zwei Kilometer landeinwärts. Von oben kann man die frühere Hafenbucht noch erahnen. Natürlich bewundern wir auch die Felsengräber, die vor zweitausend Jahren von dem weitgehenden unbekannten lykischen Volk hoch droben in die steilen Felswände gemeißelt wurden.

Die Fischer am Dalyan haben sich eine besonders hinterhältige Methode ausgedacht, um reiche Beute zu machen: Jahr für Jahr schwimmen Tausende bedauernswerter Meeräschen sorglos den Flußlauf hinauf, um im frischen Wasser des Köyçeyiz-Sees zu laichen. Doch auf dem Rückweg zum Meer erwartet sie das sichere Ende: Netze und Gitter versperren alle Ausgänge. Damit die Touristenboote den Fluß überhaupt befahren können, sind an einigen Stellen Schleusen errichtet, an denen die Gitter abgesenkt werden, sobald sich ein Boot nähert; hat das Boot die Stelle passiert, werden die Gitter wieder hochgezogen. Alles von Hand, per Holzkurbel. Bei der Menge an Booten, die die Gegend bevölkern, sicher ein Knochenjob.

Nach einem Besuch des Ortes Dalyan, dem der Fluß den Namen gab, sind wir am Nachmittag zurück bei Coco. Außer einer Bavaria in respektabler Entfernung keine Yacht und keine Gület weit und breit. So muß das sein! Wir werden noch zu Einsiedlern. Als sich die Bucht am nächsten Morgen zu füllen beginnt, gehen wir ankerauf. Ein Schlag von dreißig Meilen bringt uns an den südwestlichsten Zipfel der Türkei. Bei spiegelglatter See motoren wir los, stündlich legt der Wind zu, bis wir dann schließlich gegen fünf Beaufort wahren Wind anbolzen. „Gentle-

Lykische Felsengräber im Dalyan Delta

men never go windward", dieser kluge Spruch wird uns wohl in diesem Sommer nicht weit bringen. Liegen doch alle Ziele nördlich oder westlich, also eben da, wo der Meltemi herkommt.

Bozuk Bükü ist eine weiträumige Bucht, deren kleinere Einbuchtungen von den einheimischen Restoran-Besitzern mit Stegen oder Bojen weitgehend zugepflastert sind. Schon beim bloßen Verdacht, eine Yacht könnte sich nähern, stürmen überall Leute hervor und versuchen, mit signalroten Fendern winkend oder wie ein Gummiball auf und ab hüpfend, das einlaufende Schiff auf sich aufmerksam zu machen, auf dass es gerade vor ihrem Lokal festmachen möge. Wenigstens ist die Benutzung der Stege oder Bojen kostenlos; für den Service wird natürlich erwartet, dass man sich abends zumindest im zugehörigen Lokal sehen läßt. Unbehelligtes Ankern ist hier kaum möglich, die Türken verstehen ihr Geschäft! Wir gehen also an eine Boje, was freiem Ankern noch am nächsten kommt, und tafeln abends im Lokal, nicht besonders gut, dafür aber auch nicht besonders preiswert … In der Glotze läuft dazu eine Art „Türkei sucht den Superstar" Show. Recht schnell sind wir wieder bei Coco. Trinken wir eben unseren Raki an Bord.

36 | Griechische Kanonen, türkische Barbiere

Symi und Südwest-Türkei, Juli 2004. Heute abend steht das Endspiel der Fussball-Europameisterschaft auf dem Programm: Griechenland gegen Portugal! Also auf nach Hellas! Zur Stätte unserer sportlichen Ambitionen wird der schöne Ort Symi auf der gleichnamigen Insel gegenüber dem türkischen Festland auserkoren.

Auf der Überfahrt aus Vorderasien ins christliche Abendland erleben wir erstmals, dass unsere Ankerwinsch (ja, die schon wieder) von ganz alleine aktiv wird. Niemand hat was angefasst, niemand einen Knopf gedrückt, trotzdem fängt sie auf hoher See an, selbständig Kette zu geben. Das Mistding hat doch ein Eigenleben! Eilig ziehe ich die Siche-

Mal wieder in Symi

rung, dann räume ich das Vorschiff aus, baue das alte Relais aus und das neue Ersatzrelais ein, das wir glücklicherweise an Bord mitführen. Alles unterwegs auf See. Alles funktioniert wieder.

So laufen wir denn in Symi ein, klar zum Anlegen. Herta stoppt auf, dreht auf dem Teller, zielt wunderbar in die Lücke, legt Rückwärts, ich gebe den Anker frei, ... und Abbruch! Am Ufer wird wild gestikuliert, wir dürfen hier nicht ran! Andere Seite! Verstehen wir zwar nicht, andere liegen dort schon und letztes Jahr ging's ja auch, aber gut ... Die Minute unserer Verwirrung nutzt ein Kollege, schleicht sich mit seinem Schiff lautlos von hinten ran und quetscht sich schnell vor uns rein. Naja, schnell gerade nicht, aber nach mehreren Anläufen schafft er's dann doch. Nicht sehr sportlich. Wir dürfen derweil Kreise drehend warten. Da fängt an Bord ein Alarm an zu piepen. Verd..., was denn nun schon wieder? Die Ladeanzeige leuchtet auf. Wir entschließen uns, den Alarm zu ignorieren bis wir angelegt haben. Als Österreich endlich festgemacht hat (Herta, leicht angesäuert: „Der hat viel zu wenig Kette gesteckt!"), weist uns der Hafenmeister auch noch den Liegeplatz direkt daneben an. Wir wollen keine Spielverderber sein und fügen uns.

Zwei Stunden später ist es soweit: Eine steife Brise ist mittlerweile aufgekommen und weht direkt in die Hafenbucht. Wie erwartet hält der nachbarliche Anker nicht. Die schwere 55 Fuß-Yacht legt sich nun in ihrer ganzen Pracht auf Coco und drückt unser Heck gegen die Betonpier. Gut dass unser Heckfender das Schlimmste verhindert. Auf Cocos zierlichen acht Tonnen lasten nun nochmal geschätzte zwanzig. Eindeutig zu viel; so kann das nicht bleiben! Wir bitten die Nachbarn, neu zu ankern, was sie schließlich auch tun. Leider reißen sie dabei unseren Anker mit raus, schleppen ihn durchs Hafenbecken und werfen ihn dann fröhlich quer über die Ketten zweier Nachbarlieger. So bekommen wir unverhofft auch noch Gelegenheit, bei Dämmerlicht selbst noch ein Ankermanöver zu fahren.

Immerhin, eine gut gekühlte Flasche Wein ist der Lohn!

Griechenland – Portugal 1:0! Hellas oleole!! Wer hätte das gedacht!? Griechenland befindet sich im Freudentaumel! Unsere Griechen in Symi verwechseln allerdings wohl „feiern" mit „feuern": Kanonendonner über der Bucht und Dynamit im Hafenbecken! Uns wird angst und bang. Wenn Südländer feiern, dann richtig. Um fünf Uhr früh ist endlich halbwegs Ruhe. Montag morgen ist die Welt wieder in Ordnung. Und auch das Ladeanzeigeproblem ist gelöst: ein Kabel an der Lichtmaschine war gelockert, das hatten wir vor Jahren beim Chartern schon mal. Erfahrung ist halt alles.

Wir runden Symis Südkap, mit Ziel Ormos Panormitis. Die dortige Klosteranlage erinnert ein wenig an ein französisches Seebad aus den Zwanziger Jahren des letzten Jahrhunderts. Das lang gestreckte, weiß getünchte Gebäude nimmt einen Gutteil der Bucht ein. Ein Drittel des Ufers ist betoniert und ebenfalls weiß gestrichen. Fünf Mönche sollen heute noch hier leben, die Größe der Anlage würde für hundert reichen.

Abendstimmung in Ormos Panormitis im Süden Symis

Wir ankern frei in der rundum gut geschützten Bucht und brechen gleich mal auf zum Landgang. Ein geteerter Weg führt zur kleinen Windmühle oberhalb der engen Einfahrt. Alle zehn Meter eine Strassenlaterne. Wir wundern uns, denn Verkehr ist hier keiner, weder von Fahrzeugen noch von Fußgängern. Natürlich besuchen wir auch die Klosteranlage. In der Kirche wird soeben eine Zeremonie beendet, und zu unserer Freude erhalten auch wir Besucher im Klosterhof eine Scheibe vom soeben geweihten, mit Zimt gewürzten Festbrot. Dabei erfahren wir, dass die Klosterzellen von Pilgern bewohnt werden, die angeblich in recht großer Zahl hierher strömen. Aber auch von Kurzausflüglern wird das Kloster gut besucht: täglich mehrmals machen Ausflugsboote und Fähren von Symi oder Rhodos an der klostereigenen Betonpier fest und bringen für eine Stunde lärmendes Leben.

Nachts ist dann das Kloster ebenso wie die Bucht wieder einsam und verlassen. Der Kirchturm und die Uferpromenade rund um die Bucht allerdings sind dann kräftig illuminiert. Für uns ist die romantische Rundumbeleuchtung am Ankerplatz wieder mal ein neues Erlebnis. Wir spielen eine Partie Backgammon, ich gewinne, was denn sonst …
Nach einem einsamen Morgenschwimm gehen wir ankerauf. Das rund dreißig Seemeilen entfernte antike Knidos lockt. Klar, der aufmerksame Leser wird jetzt einwenden: „Aaaber, das ist doch Türkei." Klar, wissen wir. Doch pendeln zwischen den Kontinenten werden wir in der nächsten Zeit häufiger. Unser nicht ganz legaler Grenzübertritt bleibt unbemerkt. Unterwegs patrouilliert lediglich ein Grüppchen Delfine. Sie halten sich allerdings in respektabler Entfernung vom Schiff.

Unterwegs legt der Wind bis 24 Knoten zu, gegenan. Wieder einmal denken wir an die alte Seefahrerweisheit, dass es im Mittelmeer nur drei Winde gibt: zu viel, zu wenig oder genau von vorne. Ich füge hinzu: es gibt auch noch die Variante „zuviel *und* genau von vorne".

Wir ankern im halb versunkenen Handelshafen von Knidos, der gegenüber liegende Kriegshafen ist versandet. Der Ankergrund darf sich eigentlich nicht so nennen, er ist grauenhaft: Fels und Seegras, nichts was einem verwöhnten Bügelanker auch nur die geringste Freude bereiten würde. Dementsprechend probieren wir es vier Mal, bis wir das Gefühl haben, einigermaßen sicher zu liegen. Kräftige Böen erleichtern uns

Unter Maschine gegenan

die Aktionen nicht gerade. Wir stecken achtfache Wassertiefe an Kette, mehr geht nicht, aus Platzmangel, rundum kämpft noch eine Anzahl weiterer Yachten mit dem schlechten Grund.

Die ausgedehnte Ruinenanlage erkunden wir sodann im sanften Abendlicht. Obwohl für uns Laien die meisten antiken Steinansammlungen ähnlich aussehen, ist Knidos allemal einen Besuch wert. Die Reste der antiken griechischen Stadt aus dem vierten Jahrhundert v. Chr. liegen auf einem zerklüfteten Hügel an der äußersten Landspitze der Datça Halbinsel, eingebettet in ein herrliches Panorama, mit Blick bis hinüber nach Rhodos. Kunst und Wissenschaft blühten hier einst, Knidos war in der antiken Welt ein berühmter Heilort.

Zurück an Bord, trauen wir unseren Augen nicht. Brachte doch der vor uns liegende Nachbar in der Zwischenzeit klammheimlich einen

Schwierige Ankersituation vor Knidos

Heckanker aus! Das bringt uns in eine völlig neue, unangenehme Situation, denn nun wäre eine Winddrehung verhängnisvoll. Außerdem ist das in dieser Situation völliger Unsinn. Ich schwimme hinüber und erläutere meine Bedenken. Erfolglos. Der Skipper läßt's drauf ankommen. Ich schlafe schlecht in dieser Nacht, gehe mehrmals Ankerwache, aber alles geht gut. Selig sind die Unwissenden.

Frühmorgens geht es weiter. Start bei Westwind gegenan, klar, aber wir runden ja bald das Kap Knidos um hundertachtzig Grad und werden dann in den Gökova-Golf hineinsegeln. Dann muß der Wind nach menschlichem Ermessen von achtern kommen. Und da in dieser Gegend des Mittelmeers zu dieser Zeit praktisch immer Westwind weht, freuen wir uns auf einen schönen „sleigh ride" mit Rückenwind, sobald wir Ostkurs anliegen haben.

Merksatz 1: „Im Sommer gibt es in der südlichen Ägäis eine Wahrscheinlichkeit für Ostwind von nahe Null Prozent!" – Merksatz 2: „Wenn Coco Ostkurs segelt, verliert Merksatz 1 zwingend seine Gültigkeit!"

Ich fasse zusammen: Wind hier und jetzt aus Südost, nicht zu knapp und auch recht böig von den Berghängen herunter; die Welle dagegen kommt aus der „richtigen" Richtung, nämlich aus Nordwest. Selten haben wir so eine konfuse Schaukelei erlebt! So geht es fast die ganze Zeit bis kurz vor unserem Tagesziel, Körmen Limani. Dort haben wir, als wir uns der engen Einfahrt des kleinen Hafens nähern, den Wind dann endlich aus Nordwest, wie es sich gehört. Leider mit sechs Beaufort, was bedeutet, er bläst uns beim Anlegen kräftig und genau auf die Seite. Das mag man ja als Segler nun auch nicht so gerne. Doch der Hafen ist fast leer, nur eine einsame Segelyacht liegt da, und die Bodrumfähre, die wegen des Seegangs noch nicht ausläuft. Wir werfen Anker kurz hinter der Einfahrt, haben dann knapp siebzig Meter Kette draußen bei vier Meter Wassertiefe, jeder Segler weiß was das heißt: (a) das wird nach menschlichem Ermessen halten, (b) jeder Neuankömmling wird seinen Anker drüberwerfen, weil damit keiner rechnet. Egal, dafür klappt unser Anlegemanöver bei Seitenwind sauber und perfekt. Körmen ist der Fährhafen von Datça, das auf der anderen Seite der Landzunge liegt. Es gibt praktisch nichts hier, außer einem Kassenhäuschen, einer Taverne und einem Toilettenhäuschen. Kaum ein Mensch hier, nur wenn die Fähre kommt oder geht, ist die Pier erfüllt von kurzzeitigem Trubel.

Paul aus London und seine Frau Christina aus Liverpool, genannt Tony, mit karibisch-irischem Temperament, schmeißen eine Party auf der Nachbaryacht. Sie laden uns und ein älteres türkisches Ehepaar kurzerhand ein zum Abendessen ein. Es wird ein lustiger Abend mit viel Spaß, Seemannsgarn, Schwänken. Solche spontanen Zusammenkünfte sind das Salz in der Segelsuppe.

Am nächsten Morgen hat Coco den ganzen Hafen für sich allein. Wir wandern los die Straße Richtung Datça, wo uns just ein vorbeikommender Wagen mitnimmt. In Datça hatten wir letztes Jahr für die Türkei einklariert, und dort hatten wir Yashar kennengelernt, den Kneipenwirt, der früher mal in der Nähe von Nürnberg gearbeitet hat. Den wollen wir besuchen, und auch mal wieder ein bißchen Stadtluft schnuppern. Doch Yashar ist leider nicht da, seine Kneipe ist noch geschlossen. Schade. So bummeln wir durch den Ort, gönnen uns frisch gepressten Orangensaft im schönen Hafen, und stocken unsere Lebensmittelvorräte auf. Für den Rückweg nehmen wir einen billigen Dolmuş („Dolmusch"). Dolmuşe sind Minibusse, die regelmäßig feste Strecken fahren, und überall anhalten, wo jemand zu- oder aussteigen will. Da werden schon mal kleine Umwege gefahren, um ein altes Mütterchen direkt vor ihrem Haus abzusetzen, oder es wird mitten im Überholmanöver abgebrochen, um auf der linken (!) Spur anzuhalten, wenn sich am Straßenrand eine Hand hebt! Und für einen kleinen Extra Obolus werden wir auch direkt an die Pier gefahren.

Gegen Abend erwarten wir Harry und Geli mit ihrer schönen Deckssalonyacht Michelle. Auch sie dürfen ihr Anlegemanöver im Hafen bei kräftig Seitenwind fahren, immer wieder lustig! Der Abend wird lang, sehr lang, wie immer, wenn wir uns treffen.

Für den nächsten Tag wählen wir eine reizvolle Bucht als Ziel aus: Çati Küçük („Tschati Kütschük"). Bei endlich mal herrlichem Segelwind, vier bis sechs Beaufort achterlich, segeln wir eine kleine Privatregatta. Michelle gewinnt knapp. Länge läuft, ist ja nichts Neues; an unserer überlegenen Segeltechnik kann's nicht gelegen haben …! Wir kochen an Bord, Herta macht exzellente Pasta, Harry, der Gourmetkoch, liefert als Dessert Crêpes mit Joghurt, Honig und Walnüssen. Köstliche Gedichte, alles. Wir diskutieren über Gottunddiewelt, und über Ankermanöver (ich: „Viel Kette, Hauptsache sicher!"; Harry: „Quatsch, Hauptsache über Türkis!"). Die Nacht wird spät.

Anderntags lassen wir es gemütlich angehen. Ein ausgedehnter Schwimm vertreibt die Müdigkeit aus den alten Knochen, und nach einem Bord-Lunch brechen wir am frühen Nachmittag auf zu den „Sieben Inseln", Yedi Adalari.

Schon bald bereue ich den späten Startzeitpunkt. In Ölzeug (!) bolzen wir gegenan, bekommen zahlreiche kräftige Duschen von überkommenden Brechern. Erst als wir von den vorgelagerten Landzungen frei sind können wir den Kurs ändern und den Wind einigermaßen von achtern nehmen. In der Spitze erreicht der Wind heute 35 Knoten, ein glatter Achter. Nicht mein Lieblingswind. Geli und Harry, mit ihrem größeren Schiff, freuen sich dass sie gut vorwärtskommen. Ich dagegen maule rum und bekomme prompt von Herta einen Anschiss. Es gibt auch Positives bei mir: kein Anzeichen von Seekrankeit. Immerhin.

Zwischen schäumenden Klippen schlüpfen wir durch eine enge Einfahrt hinein in den Schutz der Sieben Inseln. Zwar pfeift der Wind noch immer unvermindert, doch die Inseln halten den Seegang ab. Im East Creek finden wir einen sicheren und schönen Ankerplatz. Beim Ankermanöver mit Landleinen geht uns ein Fender über Bord, wir fahren also noch erfolgreich ein Fender-über-Bord-Manöver bei 30 Knoten Wind. Dann gehen wir Seite an Seite mit Michelle. Draußen orgelt's. Harry erfreut unsere Gaumen mit Rucola-Quiche und Polenta-Crêpes. Wie schnell doch ein gutes Essen mit Freunden die Mühsal des Tages vergessen lässt!

Glücklich, wer an Bord einen Gewindeschneider dabei hat! Jawohl, richtig gelesen, einen Gewindeschneider. Zuhause bin ich fünfundvierzig Jahre ohne sowas ausgekommen, aber an Bord kann man früher oder später alles brauchen. Ein kleines, aber wichtiges Teil an der Kettennuss hat sich gelockert, ein Führungsblech, das vermeidet, dass sich die Kette beim Fieren oder Holen verhängt. Die Schraubgewinde sind ausgelutscht, die Schrauben halten nicht mehr. Also wühle ich einen passenden Gewindeschneider aus den Tiefen unseres Werkzeugschapps hervor, und nach kurzer Zeit ist das Problem gelöst. Neue Schrauben rein, so gut hat das Teil seit fünf Jahren nicht gesessen!

Am nächsten Morgen fast Windstille. Das Barometer steigt mal wieder, sehr zu meiner Freude. Wir motoren um das Kap, später können wir segeln. Sogar Schmetterling, also ein Segel rechts, eines links, weil der Wind von hinten schiebt.

Im Englisch Harbour, einem schönen Seitenarm des Degirmen Bükü, legen wir uns vor Anker und Landleinen, Michelle macht neben uns fest. Beim Schnorcheln entdecken wir einen Krebs von gut zwanzig Zentimeter Durchmesser; es ist nicht eindeutig erkennbar, wen diese Begegnung mehr erschreckt … Auch ein kleiner Rochen begegnet uns auf unserem Ausflug. Schön ist es hier. Nach einem ausgedehnten Abendspaziergang belohnen wir uns mit einem Abendessen in der Taverne gegenüber. Auf Hertas unschuldige Frage, ob der Fisch denn auch frisch sei, schleppt der Wirt zum Beweis einen ganzen Eimer noch zappelnder Fische heran. Herta wendet sich verschreckt ab. Heute lieber doch kein Fisch!

Für den nächsten Tag bestellen wir einen Dolmus nach Marmaris. Kaum angekommen, ruckzuck haben die Mädels die örtlichen Bikinibestände geplündert. Ich sitze derweil gemütlich beim Barbier, lasse einen Teil meiner mittlerweile schon wieder ganz beachtlichen Haarpracht dort zurück. Einschließlich Augenbrauen stutzen und Ohrenhaare ausbrennen (!) ganze 7 Euro. Das ist der Spass allemal wert. Zumal unsere Mädels das Ergebnis einmütig sensationell finden, na bitte! Zuhause werde ich mir umgehend einen türkischen Friseur suchen. Wenn's doch hilft …

37 | Gületphobie

Südwest-Türkei und Kos, Juli 2004. Der riesige Golf von Gökova, östlich der griechischen Insel Kos, ist wahrhaft ein abwechslungsreiches Segelrevier. Gut fünfzig Meilen ist der Einschnitt tief, es gibt zahlreiche Inseln, Buchten, sogar einen Strand mit rosa Korallensand, den Gerüchten zufolge seinerzeit eigens von Antonius für seine Geliebte Kleopatra hierher geschafft. Heute tummeln sich dort krebsrote Menschenmengen, die mit aberwitzigen Massen von Gülets herbeigekarrt werden, um sich auch mal in ägyptischem Sand zu wälzen. Abgelegen vielleicht, einsam ist die Gegend sicher nicht. Wir drehen enttäuscht ab.

Fünf Meilen wollten wir heute segeln, eben hierher zu Cleopatra's Beach. Fünf Meilen, ein Stündchen, kaum der Rede wert. Egal, suchen wir uns eben anderswo ein lauschigeres Plätzchen. An der Nordküste des Golfs soll es eine nette Bucht geben. Doch wie das so ist beim Segeln, ein schöner Amwindkurs liegt an, die Nase zeigt in Richtung Südwest, nach Tuzla Köyü, einer anderen hübschen Bucht, und so wird noch einmal umdisponiert. Am Ziel angekommen, haben wir bereits zwanzig Meilen auf dem Salzbuckel. Und finden keinen Platz. Alles voll mit Gülets. Gülets, Gülets, wohin das Auge blickt. Wir können sie schon nicht mehr sehen. Gületphobie, gibt es das? Wenn, dann habe ich grad alle Symptome. Halbherzig starten wir einen Ankerversuch an einem Platz zweiter Wahl, doch der Ankergrund hält nicht gut und wir finden auch keinen guten Halt für die Landleinen, zudem liegt eine fette Gület auch zu nah. So stöbern wir noch etwas in der Umgegend rum, und drehen dann enttäuscht ab. Wie gewohnt hat der Wind nachmittags kräftig aufgefrischt, und wie gewohnt hämmert Coco bald bei sechs Beaufort ihren Bug in die gegenan kommenden Wellen. Doch nach einer Weile können wir den Kurs ändern, die Segel öffnen, und mit Rauschefahrt wieder den Sieben Inseln entgegen brausen. Wer aufgepasst hat, kennt den Ort schon aus dem letzten Bericht. Dort gibt es mehrere brauchbare Ankerplätze. Doch auch hier: alles voll mit Gülets. Arrgggh! An unserem Platz vom letzten Mal ist dann aber zu unserer Überraschung doch noch was frei, und so ankern wir fast an gewohnter Stelle, eine

Seltenheit. Ihr wolltet schon immer wissen, wie man aus fünf Meilen fünfunddreißig macht? Jetzt wisst ihr's.

Bald darauf kommt auch Michelle herein, die heute andere Gebiete des Golfs erkundet hat, und bald liegen die beiden Schiffe einträchtig nebeneinander. Zum Abendessen sind wir wieder auf Michelle eingeladen. Heute steht Drachenkopf auf der Carte du Jour, ein Fisch der so häßlich aussieht wie sein Name klingt, der aber umso köstlicher schmeckt. Danach der kulinarische Höhepunkt unserer bisherigen Reise, meine Leibspeise: Kirschmichel. Mit Zabaglione, nach einem Geheimrezept von Harry. Kann Segeln schöner sein??

Ein paar Tage sind vergangen, wir liegen in einer Bucht östlich vor Bodrum, im Windschatten hinter einer Insel, und stellen bald fest, dass es sich hier um einen echten Insidertipp handelt: in der „Fischerbucht" (36°59,6' N, 027°34,4' E) wird abends am Strand von den Fischern frisch gefangener Fisch auf offenem Holzfeuer gegrillt. Fünf Euro das Stück. Dazu gibt es prima Salat und gegrillte Kartoffelscheiben, und natürlich Löwenmilch (Raki). Lecker, und sehr romantisch. Man sitzt direkt am Kiesstrand auf niedrigen, roh gezimmerten Holzbänkchen, praktisch mit dem Hintern im Kies. Nebenbei bemerkt: wir tragen Fleecejacken und lange Hosen. Juli in der Türkei??

Michelle verläßt uns für eine Weile. Wir trösten uns mit Eis am Stiel, das ein geschäftstüchtiger Türke vom umgebauten Fischerboot aus am Ankerplatz verkauft. In die von Michelle hinterlassene Lücke geht währenddessen ein Ankerkünstler: zwei volle Stunden Manöver bei null Wind, und schon hat der Mensch satte zehn Meter Kette liegen, auf acht Metern Wassertiefe. Nun ist die Landleine viel zu kurz, doch der Mann weiß sich zu helfen: kurzerhand wird sie unterseeisch befestigt, weiß Gott wo, wahrscheinlich an einer Miesmuschel … Unsere angebotene Unterstützung wird stolz abgelehnt. Uns schaudert.

„Gale Warning", Starkwindwarnung. Seit ein paar Tagen schon beginnt so jede Vorhersage. Da kommt uns der sichere Hafen von Bodrum gerade recht. Ein kurzer Schlag, nur etwa zwei Stunden, schönes Segeln. Über

Funk melden wir uns beim Hafenmeister an. In der Einfahrt kommt uns ein Marinaboot entgegen, weist uns einen Platz an und hilft beim Anlegen, indem es mit Hilfe seines starken Außenbordmotors unseren Bug gegen den Wind drückt. Komfortabel und bequem. Eine ausgiebige Süßwasserdusche befreit Coco von ihrer Salzkruste. Uns auch.

Bodrum ist eine touristische Hochburg. Entsprechend fehlen auch hier nicht die obligatorischen T-Shirt-, Tand- und Taschen-Läden. Doch alles ist etwas zurückhaltender und gediegener als weiter unten an der türkischen Riviera. Selbst die unvermeidliche Anmache vor den Läden und Restaurants ist erträglicher.

Herta stürmt die Taschenläden. Fast echte Louis Vuittons, Todds, Dolce Gabbanas und Diors für einen Bruchteil des Original-Preises, welche Frau kann da schon widerstehen? Ich bin sparsamer und praktischer, kaufe eine neue Plastik-Handangel als Ersatz für die alte zerbrochene aus Kork. Zerbrochen übrigens leider nicht im Kampf mit einem widerspenstigen Raubfisch, sondern schlicht unter der Einwirkung der mediterranen Sonne. Mit Melonencocktails, Caipirinhas und südamerikanischer Livemusik begießen wir unsere Neuerwerbungen im Marina Yacht Club.

Eigentlich wollten wir von Bodrum aus zur kleinen griechischen Insel Pserimos, wo unsere Freunde liegen. Doch unterwegs wird's mal wieder ungemütlich, Sechs Beaufort aus West – muss ich's wirklich sagen, ihr ahnt es doch schon …? – klar: gegenan. Und kühl ist der Wind auch. Mit warmer Jacke, Kapuze hochgeschlagen, stehe ich am Steuer! Bald fallen wir

genervt ab und suchen uns ein weniger anstrengendes Ziel. Direkt nördlich der griechischen Insel Kos ankern wir auf türkischer Seite. In einer Bucht vor schöner Bergkulisse legen wir Coco „auf Türkis". Es pfeift nicht von schlechten Eltern. Auf vier Meter Wassertiefe stecken wir fünfzig Meter Kette. Wir können's uns leisten, denn außer uns liegt hier niemand. Laut unserem Pilot Book ist die Bucht hier „tranquil", das stellen wir uns ruhig und einsam vor. Doch zwischenzeitlich ist auch diese abgelegene Bucht von einer Clubanlage erschlossen, wie fast jeder Winkel der türkischen Küste. Die Anlage ist eigentlich ganz nett, viel Holz und Palmen, doch tagsüber bevölkert von blitzenden Surfsegeln, wilden Jetbikern und Wasserskirennfahrern. Nächtens wird das Ankerliegen versüßt mit Türkpop. Wir legen das mitunter wichtigste Utensil für Segler bereit, klein und gelb und Frieden bringend: Ohropax.

Kurz vor Mitternacht hört das Bassgewummmer endlich auf, und auch der Wind läßt nach, ziemlich abrupt. Aaah, Ruhe. Wir wollen gerade in die Koje kriechen, doch Schreck lass' nach: innerhalb von zehn Minuten steht der Wind von Südost! Südost!? Das gibt's doch gar nicht! Nach Süd und Ost ist unser Ankerplatz meilenweit völlig offen. Ein eiliger Blick in die Karte, wohin können wir ausweichen? Gerade als wir Ernst machen wollen, dreht der Wind zurück auf West. Was war denn das? Wahrscheinlich ein Sog, eine Art Luftholen, keine Ahnung. Egal, die restliche Nacht weht er dann jedenfalls mäßig aus Nordwest, wie es sich gehört.

Der nächste Vormittag überrascht uns mit einer Bandbreite von null bis fünf Beaufort innerhalb von zwei Stunden. Für Pserimos wieder mal schlecht, doch für Kos brauchbar. Also auf nach Kos. Dort kaufen wir ein: Seekarten für die nördliche Ägäis, Kleber für's Dingi, Ersatzteile, Lebensmittel. Und lassen Wäsche waschen. Abends kommt dann auch die Michelle aus Pserimos in den Hafen. Für die beiden ist es der letzte Segeltag bis Herbst, morgen geht es heim nach Deutschland, den deutschen Sommer genießen.

Stavros, der hilfsbereite Marinero, meint, was wir hier seit Wochen erleben, das sei kein Meltemi, das sei eindeutig Mistral. Stavros wird's wissen, schließlich war er früher Fischer, wie er sagt. Und das wäre eine Erklärung, denn West ist typisch für Mistral; der Meltemi weht ja eher aus Nord. Das Wetter hier ist auch nicht mehr was es mal war.

Wir entscheiden uns bei der Gelegenheit, Coco auf Kos zu überwintern. Wir können sie hier an Land stellen, die Insel liegt verkehrsgünstig, es gibt Direktflüge auch von Nürnberg, was die geringfügig höheren Liegeplatzgebühren wieder relativiert. Hinzu kommt, dass Kos im Dodekanes und damit inmitten eines der schönsten und abwechslungsreichsten Segelreviere des Mittelmeers liegt. Zumindest auf griechischer Seite gibt es aus unserer Sicht in der näheren Umgebung keine besser geeignete Marina für den Winter. Vieles spricht für Kos, also machen wir die Reservierung fix für diesen Herbst.

„Gale Warning", immer noch. Die Meldung wird an Bord gelassen zur Kenntnis genommen, wir haben uns längst daran gewöhnt. Zeitig frühmorgens laufen wir aus, da hat man noch die besten Chancen, ungeduscht zu segeln. Eigentlich wollten wir heute endlich nach Pserimos, aber irgendwie will uns die Insel einfach nicht empfangen. Bei kräftig Gegenwind genau auf die Nase (West = Mistral!¿) mit entsprechender unangenehmer Welle gegenan (ich weiß, ich weiß, ich wiederhole mich …) drehen wir ab und legen als neuen Zielort Gümüşlük (sprich „Gümüschlük") in der Türkei fest. Gümüşlük entpuppt sich als hübsches Örtchen mit einer netten kleinen Ankerbucht. Leider wissen das auch andere, und so müssen wir uns eine Lücke suchen. Gut dass der Wind hier so zuverlässig aus Nord oder West kommt, so hält sich unsere Sorge um einen vollständigen Schwojkreis in Grenzen, und wir finden ein Plätzchen für Coco. Das ist einer der Vorteile der Meltemiregion hier. Dachten wir, wir lägen nun schon eng, so belehren uns später noch zwei französische Yachten eines Besseren. Es geht immer noch etwas enger, dicht neben uns, und dicht vor uns, über unserem Anker natürlich. "Pas de problème", meint der Franzose. Auch gut, wir sind ganz entspannt.

Woher die türkische „Betonküste“ wohl ihren Namen hat …?

In den folgenden Tagen unternehmen wir ausgedehnte Spaziergänge. Einer führt uns zu einer der Neubausiedlungen in der Nachbarschaft, die leider auch hier die Natur verunstalten. Wir wollten das einfach mal aus der Nähe gesehen haben. Glaubt uns, es lohnt sich nicht!

Die zweite Wanderung bringt uns nach Karakaya, einem halb verfallenen griechischen Dorf in den Bergen. Die Lage ist äußerst idyllisch. Man versucht offenbar seit Kurzem, den Verfall zu stoppen. Ein paar Häuser sind bereits geschmackvoll restauriert. Der Ort hat Flair, und bietet herrliche Ausblicke. Also auch das gibt es, und das freut uns. Der Hinweg führt uns an einer mäßig befahrenen Teerstrasse entlang, aber wir haben irgendwo von einem „naturnäheren“ Wanderweg gehört. Also fragen wir ein paar junge Leute, die auf einem Grundstück auf Sofas im Garten liegen und einen recht entspannten Eindruck machen. Auf unsere interessierte Frage, ob das hier eine Pension oder sowas sei, erfahren wir, nein, das hier sei ein „Meditation Camp“. Aha! Die Wegbeschreibung der Erleuchtung

Suchenden lautet denn sinngemäss für uns: „Immer dem Verlauf des Bächleins folgen, so wie das Wasser den Hang hinab fließen würde." … Das tun wir dann auch, und so schlecht war die Beschreibung gar nicht. Schließlich kommen wir – nach einigen Um- und Rückwegen, und malerisch verziert mit ein paar roten und blauen Schürf- und Kratzwunden – tatsächlich in der Nähe unseres Ausgangspunktes an. Naturnah war dieser Rückweg allemal.

Zurück an Bord diskutieren wir über unsere Erlebnisse und Eindrücke aus diesem Land. Viel hat sich verändert, seit wir vor etwa fünfzehn Jahren zum ersten Mal hier waren. Die von uns damals in der Türkei erlebte, selbstlose Freundlichkeit ist einer oft aufdringlichen Geschäftigkeit gewichen. Die Preise sind, von Ausnahmen abgesehen, auf nordeuropäischem Niveau angelangt. Als traurig empfinden wir die Zerstörung ganzer Landstriche durch den Bauwahn der neunziger Jahre. Einige der schönsten Küstenstriche sind ihm zum Opfer fallen. Rund um Bodrum, im Gökova Golf, entlang der Westküste, überall schießen diese Retortenprojekte aus dem Boden. Meilenweit verunzieren uniforme Siedlungen, Stockzähnen gleich, die Küstenlinien, potthäßlich aus der Ferne, eintönig und trist aus der Nähe. Wer soll hier wohnen? Die meisten dieser gigantischen Projekte sind völlig schmucklos und stehen leer. Oder sind sie alle nur ein paar Ferienwochen im Jahr bewohnt? Wir wissen es nicht.

Auf der Habenseite verbucht die Türkei einige der schönsten Segelreviere, Buchten und Ankerplätze des Mittelmeers. Die Marinas sind gut ausgebaut und gepflegt. Die Hilfsbereitschaft ist ausgeprägter als bei den griechischen Nachbarn, allerdings wird dafür meist ein Obulus gefordert. Schließlich bieten die Märkte der Türkei nach unserer Erfahrung eindeutig das frischere Obst und knackigere Gemüse, und insbesondere Fisch wird hier meist schmackhafter zubereitet als drüben in Griechenland (man hat halt so seine Prioritäten).

Wind 15 bis 18 Knoten Nordwest. Der wahre Wind fällt aus etwa 55 bis 60 Grad von Steuerbord ein. Alles passt. Die Segel sind dichtgeholt, wir segeln hart am Wind, auf Backbordbug. Wegerecht! Zu deutsch

„Vorfahrt". Doch nützt es uns heute nichts, außer uns ist weit und breit kein Segler zu sehen. Wir kreuzen der Nordküste des Golfs von Güllük entgegen. So langsam lassen wir die südlichen, überfüllten Reviere hinter uns.

So wie heute müßte Segeln immer sein. Was ist es nur, was am Segeln so fasziniert, dass ein einziger schöner Segeltag viele schlechte Tage vergessen läßt? Ist es das unmittelbare Erleben der Natur? Der Reichtum an Erlebnissen? Der Lebensstil? Die Freiheit, von der jeder träumt? Von allem etwas, nehme ich an. Und nicht zuletzt „das exquisite Vergnügen, nicht den Gesetzen kontinuierlicher Beständigkeit ausgeliefert zu sein" (ich geb's ungern zu, aber dieser schöne Satz stammt leider nicht von mir, sondern aus der Feder des amerikanischen Schriftstellers Irwin Shaw, und er war eigentlich nicht auf's Segeln gemünzt. Paßt aber ausgezeichnet auch dafür.)

Doch ich schweife ab mit diesen minimalphilosophischen Gedanken. Wir nähern uns also der nördlichen Küste des Güllük Golfs, und damit der Heimat des Menschen, der heute als erster großer abendländischer Philosoph bekannt ist: Thales von Milet. Zunächst steuern wir den Ankerplatz vor Altinkum an, doch der Wind dreht. Und da wir lieber segeln wollen und nicht motoren, suchen wir uns aus dem dicken Pilot Book einen anderen, geeigneten Ankerplatz. Bei mittlerweile recht frischem Gegenwind und weißen Schaumkrönchen rundum (1300, man kann wirklich die Uhr danach stellen), laufen wir in die Bucht Talianaki im Meerbusen von Kuruerik ein. Gewissermaßen eine Art Dreifachbucht, perfekt geschützt. Wir wundern uns: rundum Ferienhäuser im Einheitslook, alles noch einen Tick häßlicher als sonst. Ich nenne sie spontan und überheblich „Ostblock Sozialbauten". Später beim Landgang stellt sich dann heraus, es handelt sich tatsächlich um eine Art Sozialanlage. Außer den einfach zusammengezimmerten Häuschen gibt es einen Campingplatz und zwei „Casinos", die tags als Essgelegenheit dienen und nachts als Disco. Grelle Neonbeleuchtung, eine Spiegelkugel über den Tischen, fertig ist die Türkpopdisco!

Kein anderes Segelboot liegt hier. Kein Wunder, die Umgebung ist wahrlich kein optischer Leckerbissen. Doch das ist uns heute egal, für uns ist wichtiger, dass Coco hier absolut sicher liegt. Denn wir wollen einen Wagen mieten und uns die Gegend ansehen. Mit Händen und Füßen fragen wir uns durch und landen schließlich beim Manager der Anlage, der gerade mit Freunden beim Tee sitzt. Ihm machen wir radebrechend unser Anliegen klar. Gut, dass „Auto“ auf Türkisch „Oto“ heißt. Ich sage also „Oto Rent“ mit einem deutlichen Fragezeichen, und alsbald fährt uns ein freundlicher Mensch im nagelneuen, klimatisierten Mercedes mit Ledersitzen nach Altinkum, wo mehrere Autovermietungen zu finden sein sollen. Nach der Zehnminutenfahrt mit dezibelstarker Türkpopuntermalung sind wir um 20 Euro ärmer, und um eine Erfahrung reicher: Sozialcamping bedeutet hier nicht unbedingt, in Kleinwägen herumfahren zu müssen.

Über Altinkum sollte man besser schonend den Mantel des Schweigens ausbreiten. In kurzen Worten: Ballermann brutal auf englisch. Rot ist hier die angesagte Farbe: rot verbrannte Bierbäuche schwappen über zu engen Badehosen, zu knappe Minis bedecken kaum die in allen Rottönen schwellenden Pfundsschenkel, halb gar geröstete Kleinkinder plärren sich auf der Strandpromenade die Seele aus dem Leib. Ein Gruselkabinett. Nach etwas Hin und Her finden wir einen alten Fiat zur Miete, mit gebrochener Frontscheibe, für 25 englische Pfund. Kein Mensch rechnet hier in türkischer Lira.

Mit dem Gefährt fahren wir zurück zu unserer Bucht, parken den Wagen am Ufer und erholen uns an Bord, lesend und schreibend.

Um ein Uhr nachts fahre ich hoch aus tiefstem Schlaf! Dicht an Coco vorbei läuft eine Gület in die Bucht ein und ankert dann in knapp hundert Metern Entfernung. Geschätzte fünfzig, definitiv alkoholgeschädigte, schreiende und kreischende Gäste tanzen an Deck zu Brutalo-Türkpop in Openairlautstärke, eine farbenprächtige Laserlightshow taucht dazu die Umwelt in gespenstische Atmosphäre. Nach wenigen Minuten sind an Land alle Lichter an, die gesamte Anwohnerschaft in der Bucht dürfte wach sein. So ähnlich muss das früher bei Piratenüberfällen gewesen sein! Wir trösten uns mit dem Gedanken, dass diese Lärmverbrecher

Die Störche von Milet

hier zwar womöglich nicht ganz zurechnungsfähig, aber doch ansonsten eher harmlos sind. Nach einer halben Stunde steht dann auch ein Polizeiwagen hilflos blaulichtblinkend am Ufer, die Gület geht ankerauf, dreht ab, der Spuk ist vorbei.

Und das Krankheitsbild „Gületphobie" gibt es doch!

Mit dem Wagen besuchen wir die wichtigsten Sehenswürdigkeiten der Gegend. Der Geschichtshunger wird befriedigt durch einen Besuch des Orakels von Didyma und die beeindruckenden Überreste des antiken Milet. Hier lebte und wirkte vor zweieinhalb Jahrtausenden der schon erwähnte Thales. Das schönste Erlebnis für uns aber sind die Störche! Auf dem Kuppeldach einer byzantinischen Moschee nahe beim Theater von Milet haben sie ihr Nest gebaut. Weithin sichtbar, bietet das Storchennest gleich einer Kleinfamilie der seltenen Geburtshelfer ein Zuhause. Wann haben wir zum letzten Mal Störche gesehen, lebend, fliegend und wahrhaftig klappernd!¿

Den Hunger nach Landschaftserlebnis wollen wir sodann mit einem Abstecher zum Bafa-See stillen. Zugegeben, der Bafa Gölü war sowieso das eigentliche Ziel des heutigen Ausfluges. Unser Reiseführer schreibt von wunderbarem, grünen Wasser in herrlicher Landschaft, und für sowas sind wir sehr empfänglich. Doch zunächst sind wir enttäuscht. Eine gut ausgebaute, breite Hauptverkehrsstrasse führt direkt an der Südseite des Sees entlang, der hier, abgesehen von den kilometerweiten Olivenhainen, eher öd und trostlos wirkt. Nach einer Abzweigung gelangen wir auf die andere Seite. Hier sieht die Sache schon anders aus. Die Vegetation ist grüner, die Landschaft bizarr. Es ist, als wären die

Bergmassive mit gewaltigen Sprengladungen in die Luft gejagt worden. Riesige Granitbrocken türmen sich in Schwindel erregende Höhen. Wir parken unseren Wagen dort, wo die Strasse endet, bei den malerischen Ruinen des antiken Herakleion. In einem kleinen Lokal trinken wir Tee und rüsten uns mental für die bevorstehende Wanderung. Der freundliche Wirt zeigt uns ein Fotoalbum der wirklich sehr beeindruckenden Umgebung, sogar mit deutschen Texten.

Unsere eigene Wanderung führt uns dann – natürlich zur besten Mittagszeit in glühender Sonne – am Nordufer des Sees entlang. Muss man eigentlich Deutscher sein, um solche blödsinnigen Strapazen auf sich zu nehmen¿!

Dennoch, die Gegend ist es wert, zu Fuss erkundet zu werden; mögliche Nachahmer müssen es ja nicht unbedingt mittags tun … Nach einer guten Stunde und einem geschätzten körperlichen Wasserverlust

Granitlandschaften am Bafa See

von 97 Prozent trotz mitgeschleppten Trinkwassers, sehen wir in der Ferne einen schneeweißen Strand. Wie auf einem Plakat für Tourismuswerbung. Beim Näherkommen sehen wir, nicht nur der Strand ist weiß, auch die kümmerlichen Reste der hiesigen Vegetation sind in der gnadenlosen Sonne längst weiß wie Kalk. Auch ausgebleichte Knochen finden wir, von Tieren …

Der Bafa See war übrigens nicht immer ein See. Im klassischen Altertum, zu Zeiten von Odysseus, war dies hier noch ein Seitenarm der Ägäis. Durch Verlandung wurde er im Laufe der Jahrhunderte abgetrennt, und so ist es heute eine recht seltsame Erscheinung, ein Brackwasser-Binnensee.

Schatten? Ein Fremdwort! Das flache Wasser hat hier fast Außentemperatur, und – es müffelt. Hier und da treibt grünlicher Algenschleim. Trotzdem, in unserem ausgedörrten Zustand können wir uns diese Gelegenheit einer Erfrischung nicht entgehen lassen, und so reißen wir uns die Klamotten vom Leib, halten uns die Nasen zu und nix wie rein in die glitschige Pampe! Igitt. Nach ein paar Minuten sind wir denn auch wieder draußen. Zumindest ist unsere Körpertemperatur jetzt wieder in normalen Regionen. Der einzige Felsen in der Gegend spendet einen Viertelquadratmeter Schatten, und den teilen wir uns brüderlich. Doch irgendwann muss man auch den schönsten Ort wieder verlassen, und so machen wir uns auf den Rückweg. Am Ende haben wir in drei Stunden drei Liter Wasser konsumiert, keine schlechte Leistung!

Am Abend, zurück an Bord, halbwegs erholt, frisch geduscht und nach einem gepflegten Sundowner, werten wir unsere Fotos aus, ich schreibe Reisebericht, Herta schreibt e-Mails. Bordroutine. Morgen soll es weitergehen, mal wieder nach Griechenland: die schönen Inseln der östlichen Sporaden liegen sehr „verkehrsgünstig“.

Agathonisi, Samos und die türkische Betonküste, August 2004. Mal wieder in Griechenland! Die östlichen Sporaden locken. So wohlklingende Namen wie Samos, Kios, Lesbos verheißen lohnende Ziele. Die Inseln sind bekannt für ihre landschaftliche Vielfalt, ihre Vegetation und ihre Schönheit. Keine andere Gegend Griechenlands liegt dichter an Kleinasien: Zwischen Samos und der türkischen Festlandsküste liegt nicht mal eine Seemeile.

Die winzige Insel Agathonisi ist unser erster Stopp. Wir wissen nicht, ob Agathonisi noch zum Dodekanes gehört oder ob sie schon die südlichste der östlichen Sporaden ist. Und, zugegeben, es ist uns auch nicht wichtig. Die Insel liegt herrlich abseits, weg vom Rummel, und

Die abgelegene Insel Agathonisi

weit, weit weg von türkischer Geschäftigkeit. Nur wenige Auswärtige kennen die Insel, und gerade das macht sie für uns so sympathisch. Es gibt einen Fähranleger, der zwei Mal wöchentlich von den größeren Nachbarinseln aus angelaufen wird. Dementsprechend naturbelassen ist es hier.

Gleich neben der kleinen Hafenbucht mit dem Fähranleger ankern wir in einer türkis schimmernden Badebucht. Klar und deutlich sehen wir jede Einzelheit am fünf Meter tiefen Sandgrund. Ein Badeparadies. Am kleinen Kiesstrand liegen vereinzelt ein paar Sonnenbadende und beobachten unser Ankermanöver. Wir wahren Abstand und machen unsere Landleinen seitlich an einem Felsen fest. Ruhe pur.

Der Reiseführer verspricht für dieses Datum Kirchweih in Agathonisi! Wir fragen die Wirtin in der Hafentaverne. Ja, heute sei Kirchweih, in

Mit Schiebewind unterwegs nach Samos

der Schule oben im Ort. Gestärkt von gebratener Ziege, einer Inselspezialität, traben wir also los, steil bergan. Die Ziege zieht beim Aufstieg kräftig bergab, aber wenn auch entkräftet, erreichen wir schließlich doch die Chora, das Oberdorf. Der grell mit Neon beleuchtet Schulhof ist nicht zu verfehlen. Bierbänke, Kinder und ein paar versprengte Erwachsene. Eine griechische Kirchweih, das hatten wir uns etwas anders vorgestellt. Andererseits ist das hier ja auch nur eine winzige Insel im Archipel. Was soll's, der Abendspaziergang in der frischen Luft war sicher gesund. Wir kehren zurück und feiern unser eigenes Bordfest.

Die schöne Bucht hätte sicher noch einen weiteren Tag Aufenthalt verdient, doch wir haben Südwind! „Südwind gibt's hier nur an Weihnachten" (Zitat Harry, Skipper der Michelle). Das Geschenk des Wettergottes müssen wir nutzen, und so trägt uns tatsächlich bald ein schöner Rückenwind nach Samos.

Samos! Die Insel der Bäume und Pflanzen, des süßen Weins, des Pythagoras! Im Vorhafen von Pythagorion gehen wir vor Anker. Der schnöde Begriff „Vorhafen" wird diesem schönen Ankerplatz allerdings nicht gerecht. Auf klarem Wasser fällt der Anker, wir fühlen uns wie in einer Bucht, nicht wie in einem Hafen. Flossen und Schnorchel raus und die Umgebung unter der Oberfläche erkunden sind denn auch eines. Sicher ankern auf klarem Wasser, längsseits gehen an der

Der alte Pythagoras und ein Schüler

Außenmole, römisch-katholisch anlegen im inneren Hafenbecken, alles ist hier möglich.

Am Nachmittag des nächsten Tages mieten wir uns einen Wagen. Verhandlungskünstler, die wir sind, gelingt es uns, den Wagen zum Eintagespreis ab sofort bis morgen Abend zu bekommen. Sofort brechen wir auf zur Inseltour. Die in vielen Reiseführern hoch gepriesene Schönheit der Insel ist keine leere Versprechung. Viel Grün, dichte Vegetation, Weinberge, Platanenwälder, Zypressen, vieles erinnert hier an norditalienische Landschaften. Alles ist so ganz anders als auf den anderen Inseln, die wir bisher in der Ägäis besucht haben. Hier herrscht nicht die übliche Kargheit und Trockenheit.

In Myli, einem kleinen Dörfchen, machen wir auf einer Placia unter schattigen Platanen Rast. Die Wirtin legt uns Zorbina Special ans Herz, keine Ahnung was das ist, wir bestellen's. Das Gericht entpuppt sich als gebratene Auberginen mit einer dicken Schicht gewürztem Joghurt oben drauf, eisgekühlt, hmmm. Wir kommen ins Gespräch mit einem alten Griechen, der bedächtig seinen Kafedaki, sein „Kaffeechen", schlürft. Besser gesagt, er kommt mit uns ins Gespräch. Er habe vor vielen Jahren in München gelebt, bei BMW gearbeitet, mag Deutschland und die Deutschen und freut sich, dass auch uns sein Ort und seine Insel gefallen.

Derart körperlich und seelisch gestärkt, fahren wir weiter. Durch die zerklüfteten Berge, an die Südwestküste, hinunter an Strände, von denen einige immer noch die Prädikate „einsam" und „natürlich" verdienen, durch Wälder, aber auch durch große Flächen, die von Waldbränden verwüstet wurden, zuletzt vom verheerenden Brand im Jahr 2000. In den ausgedehnten Weinbergen an der Nordseite der Insel wird heute vor allem ein trockener Tropfen angebaut; den süßen Samos-Wein, den wir alle aus unserer Jugend vom Griechen an der Ecke kennen, gibt es aber noch immer.

Die Nordküste hält einige Überraschungen parat, unter anderem eine steile Bergfahrt durch einen Urwald von Kiefern und Efeu, an einem murmelnden Bachlauf entlang. Fast erinnert uns die Landschaft an unser schönes Franken. Etwas Franken, etwas Italien, etwas Griechenland, auf diese Mischung einigen wir uns. Oben angekommen dann Manolates, ein Bergdörfchen mit labyrinthartig verwinkelten Gässchen, farbenfrohen Häuschen, freundlichen Gesichtern. Und immer wieder atemberaubende Ausblicke auf's silbern schimmernde Meer.

Am nächsten Tag besuchen wir Samos Stadt, in der Bucht von Vathi (heißt in Griechenland eigentlich jede zweite Bucht „Vathi"⸮) an der Nordostseite gelegen. Fast die gesamte Pier ist belegt von einer bunten Horde russischer, bulgarischer und rumänischer Segelschiffe, teils bunt über die Toppen geflaggt. Natürlich zieht uns das magisch an, und wir sehen es uns genauer an. So machen wir Bekanntschaft mit Sergei, einem russischen Weltumsegler mit Arktiserfahrung und einer lebend überstandenen 360 Grad Durchkenterung! Er erzählt uns von seinem spannenden, aktuellen Projekt: gestartet in Omsk in Sibirien, durch Meere, Flüsse und Kanäle ins Mittelmeer und die Ägäis gelangt, wollen sie nun das olympische Feuer auf einem Teil seines Wegs begleiten und rechtzeitig zu den Olympischen Spielen in Athen sein.

Natürlich bewundern wir auch den berühmten „Kouros von Samos", den prächtigen steinernen Jüngling, der mit seinen fünf Metern Gardemaß überlebensgroß im Archäologischen Museum steht und dort die BesucherInnen beeindruckt. Überhaupt lohnt dieses Museum einen Besuch, die interessanten Exponate sind ausgezeichnet erläutert, alles ist in griechischer, englischer und deutscher Sprache gut verständlich beschrieben.

Auf dem Rückweg zu unserem Hafen fahren wir wieder vorbei an herrlichen, einsamen Badestrände und Ankerplätzen über türkisfarbenem, klarem Meerwasser. Die Schönheit dieser Insel hat uns in ihren Bann gezogen. Und der Blick geht immer wieder über die Strasse von Samos hinüber zu den türkischen Bergen, zum Greifen nah im Dunst.

Doch wollen wir weiter nach Norden. Da können wir keine Gelegenheit auslassen, müssen wir jeden halbwegs brauchbaren Wind nutzen. Alles was nicht höher als fünf Beaufort aus Nord oder West kommt, ist gut, unter diesem Blickwinkel. Und da der Wetterbericht NW 3 bis 5 vorhersagt, gehen wir ankerauf. Es wird dann zwar mal wieder 5 bis 6.

Entgegen der Vorhersage haben wir jedoch nicht Nordwest, sondern Südwest. Das ist gut für unseren Kurs, aber schlecht für den geplanten Ankerplatz, denn dort, wo die heißen Quellen aus der Erde sprudeln, steht der Schwell jetzt schön hinein. So lassen wir die Bucht links, oder besser gesagt rechts, liegen. Wieder einmal segeln wir an einer meilenweit mit grottenhäßlichen Feriensiedlungen im Einheitslook verunstalteten Küste entlang. Wirklich ein trauriger Anblick. Warum nur? – fragen wir uns. Nicht umsonst hat die Küste hier den Beinamen „concrete coast" bekommen, Betonküste.

Elektrik türkisch

Das kleine Örtchen Sigaçik (gesprochen: „Sadschigg") ist bisher vom internationalen Tourismus noch unbeleckt. Was jedoch kein Hindernis darstellt, hier ein ehrgeiziges Marinaprojekt in Angriff zu nehmen. In der Hafenbucht soll seit Jahren eine Marina im Entstehen begriffen sein, die einmal einigen hundert Yachten Platz bieten soll. Unser englisches Pilot Book schreibt dazu, dass dieses Projekt schon seit vielen Jahren mal mehr, mal weniger energisch verfolgt wird. Als wir einlaufen, sind wir überrascht, dass uns eine fast fertige Marina empfängt, mit Betonpiers und Schwimmstegen, jedoch weitgehend noch ohne Muringleinen, Strom und Wasseranschlüsse. An einer Seite der Pier sind Wasser und Stromanschluss schon vorhanden, dorthin lotst uns auch der Hafenmeister. Zwischen zwei mehr oder minder Vertrauen erweckenden türkischen Holzschiffen gehen wir also an die Pier, nehmen die angebotene Muringleine entgegen und machen fest. Hätten wir uns die

Befestigung der Leinen an Land vorher genauer angesehen, hätten wir es uns wohl nochmal anders überlegt, doch wer denkt schon daran in der Eile des Gefechts? Und wo wir nun schon mal liegen, bleiben wir dann auch.

Die Marina von Sigaçic teilen wir uns mit Gülets, türkischen Freizeitschiffen jeglicher Größe, mit kleinen Fischerbooten und mit großen Trawlern. Offenbar sind wir einmal wieder in einer Region angelangt, in der noch Fischfang in größerem Umfang betrieben wird. Zuletzt hatten wir Vergleichbares in Süditalien und Sizilien. Nur Segelyachten liegen kaum welche hier, die Marina ist wohl einfach noch zu wenig bekannt und auch zu weit abseits der bekannten türkischen Segelreviere. Eine Nürnberger Maramu liegt allerdings ganz in der Nähe, leider sind die Eigner nicht an Bord, sind nach Hause gereist, wie uns Nusred, der Hafenmeister, sagt. Schade, es ist das erste Nürnberger Schiff seit den Balearen vor vier Jahren, wir hätten die Crew gerne kennen gelernt.

Ein Ort, an dem so viele Fischtrawler liegen, muss einfach besten Fisch bieten! Und heute ist Samstag, und samstags ist Fischauktion! Als wir das sehen, planen wir umgehend für den Abend einen Restaurantbesuch, im „Limani Restoran", dem ersten Haus am Platz. Weißes Porzellan, mit Leintüchern gedeckte Tische, die Stühle nach orientalischem Geschmack geschmückt mit glänzend blauen Stoffen, Tüll und Schleifchen, werden hier vor allem Urlauber aus Izmir geködert, und vielleicht auch der eine oder andere Geschäftsmann aus der Umgegend. Unsere erste Wahl sind Lokale in diesem Look normalerweise nicht, doch da es schön am alten, kleinen Hafen liegt, machen wir mal eine Ausnahme. Auf den Punkt gebracht: Service desinteressiert, Fisch trocken, Wein überteuert, Rechnung ohne Worte.

Am nächsten Tag wollen wir eigentlich zeitig aufbrechen, doch der Wind, der die ganze Nacht durchstand, hält uns nach wie vor hier fest. Er bläst aus vollen Backen, keine Chance für uns, ohne Schwierigkeiten aus der engen Lücke zwischen den beiden Gülets herauszukommen. Und schließlich, es treibt uns ja nichts zur Eile. So kaufen wir erst mal Lebensmittel ein: frisches Obst, knackiges Gemüse, Brot. Als der Wind dann aber am frühen Nachmittag etwas an Kraft verliert, werfen wir doch noch die Leinen los. Die 5, manchmal 6 Bft, können wir bald achterlich nehmen, mit halb gereffter Genua (Vorsegel) und vollem Groß öffnen wir die Segel und jagen mit sieben Knoten Fahrt über Grund Teke Burun entgegen, der südwestlich gelegenen Landzunge. Dort an der Huk dreht der Wind, wir kennen das schon und sind vorbereitet. Gleich hinter der Huk geht es hinein in einen der weiten Fjorde dieses Küstenabschnittes. Von mehr als hundert Metern Wassertiefe in der Einfahrt geht es langsam bis auf fünf Meter. Ideale Ankertiefe, Anker klar zum Fallen!

Und das Wasser: Kaum zu sehen! Fast wie Glas. Ein Traum! Wären nicht die Böen, die die Oberfläche kräuseln und Coco unruhig am Anker zerren lassen, wir würden denken, schwerelos über hellem Sand zu schweben! Keine Gülets, keine Tavernen, keine Sonnenschirme am kleinen Strand. Nur drei einsame Yachten liegen hier: eine kanadische, eine schweizer, eine aus Merry Old England. Und jetzt natürlich noch eine vierte, aus good old Germany.

Die Bordküche bietet Spaghetti aglio olio mit Scampi vom türkischen Fischmarkt heute morgen, eine schöne Flasche Rotwein aus Samos, frisches Obst, dazu spielt eine einsame Jazztrompete von CD. Die Sonne versinkt und taucht die Hügel der Umgebung in Rosarot. Das hier ist wieder so ein wunderbares Fleckchen Erde, dessen Schönheit uns zwei allein fast schon überfordert; solche Stimmungen möchte man gerne mit Freunden teilen.

39 | „Coast Guard helikopter calling sailing vessel!“

Khios – Lesbos – Ayvalik, August 2004. Unsere einsame blaue Ankerbucht im Golf von Kirkdilim ist zwar schön und sicher, dennoch fühlen wir uns so langsam etwas windgezaust. Fallböen sind hier wie so oft ein Thema. Der Wind fällt von den Bergen auf's Meer herab, verstärkt sich dabei und peitscht dann mit Vehemenz über's Wasser. Das ist ein häufiges Phänomen in diesem Revier. Unangenehmer Nebeneffekt: die Wasseroberfläche kühlt stark ab, der Sprung hinein ins Nass verlangt Überwindung. Nach zwei Tagen und Nächten, in denen unsere Ankerkette praktisch durchgehend straff steht, entschließen wir uns deshalb zum Aufbruch.

Mehrere mögliche Ziele stehen zur Wahl, wir machen unser Tagesziel mal wieder von Wind und Wetter abhängig. Gute Ankermöglichkeiten gäbe es laut Seekarte im Golf von Mersin. Doch schon von weitem sehen wir: der Golf ist voll belegt mit Fischzuchtanlagen. Wo Fischzucht ist, ist das Wasser trübe und verschmutzt. Die Umgebung steht voller Wellblechhütten. Kein Idyll. Mersin abgehakt. Als nächste Destination käme Agriler Limani in Frage. Dort ziert jedoch – schon von weitem sichtbar – ein gewaltig hässlicher Betonhotelklotz die Landschaft, Trillionen von Surfsegeln blitzen in der Sonne, und zur Krönung weht uns noch ein Düftchen von ungeklärten Abwässern entgegen. Nichts wie weiter!

Im Dunst am Horizont machen wir die Umrisse der griechischen Insel Khios aus. Versuchen wir es dort! Im großen Handelshafen von Khios soll es geräuschvoll und bewegt zugehen, deshalb wollen wir uns die nahe gelegene Marina ansehen. Keiner unserer Revierführer sagt was Genaues, da steht nur lapidar „geplant“ oder „im Bau befindlich“. Die gedruckte sowie die elektronische Seekarte wollen gleich gar nichts von einer Marina hier wissen. Dennoch: wir sehen klar und deutlich die Steinschüttung und den Wellenbrecher, ebenso die rot-grüne Einfahrtbefeuerung. Davon aber nicht nur eine, sondern gleich zwei! Dementsprechend ist es für uns etwas problematisch, die richtige Einfahrt auszumachen. Als wir sie dann endlich auseinandersortiert haben – ein

Hafenbecken scheint für Fischer geplant zu sein, eines für die künftige Marina –, nähern wir uns vorsichtig der Einfahrt. Knapp davor dann eine große Überraschung: Wo die Wassertiefe 3 bis 4 Meter betragen sollte, zeigt unser Echolot plötzlich nur noch 1,6 m an! Nur zur Erinnerung: Coco hat 1,75 Meter Tiefgang! Wir halten die Luft an, geben voll Rückwärts, drehen ab. Eines wissen wir jetzt jedenfalls: unser Tiefenmesser hat eingebauten Spielraum.

Also doch in den Hafen. Immerhin soll es dort einen sicheren Steg geben für Privatyachten. Dem streben wir nun zuversichtlich entgegen. Doch Gestik und Mimik des Hafenmeisters sind unmißverständlich: „Fort von hier!" Alle Plätze hier am Steg sind fest privat vermietet, Gastlieger sind nicht willkommen. Wir dürfen dann zumindest an der Pier im Süden des riesigen Hafens anlegen. Doch leider trifft es zu was unser Hafenhandbuch sagt: das Hafenwasser in Khios ist tatsächlich sehr bewegt. Ein dauerndes Kommen und Gehen großer und kleiner Fähren, Frachtschiffe und Kümos wirbelt das Wasser auf, Coco geht kräftig auf und ab im Schwell an der Pier, was nicht besonders angenehm ist, und schon gar nicht besonders sicher. Der Hafen hat immerhin eine halbe Meile Ausdehnung, und somit ist unsere Südmole auch nicht gerade gut gegen den vorherrschenden Nordwind geschützt. In Ruhe liegen lassen können wir Coco hier also keinesfalls, um die Insel zu erkunden, was wir eigentlich in den nächsten Tagen vorhaben. Aber für eine Nacht wird's schon gehen. So verbringen wir und eine englische Yacht einsam als einzige Gastyachten die Nacht in dem ruhelosen Riesenhafen.

Bei der Gelegenheit mal ein paar Grundlagen für die Nichtsegler unter den Lesern: Hafenliegen muß man sich in dieser Gegend so vorstellen: die Yacht liegt mit dem Heck zur Pier, achtern an backbord und steuerbord je eine Landleine, oft wegen überstehender Beton-, rostiger Eisen- oder versenkter Fahrzeugteile ein Stück weit entfernt, natürlich gerade so weit, dass man nicht mehr problemlos über die Gangway von Bord kommt. Der Buganker ist vorne versenkt im zähen Schlamm, manchmal auch sicher in anderen Anker- oder Muringgeschirren oder sonstigem Müll verhakt ... Wenn man „Glück" hat – und das hat man in dieser Beziehung meist – führt auch die Hauptstraße des Ortes direkt an der Pier vorbei, so dass man stets Gelegenheit hat, die neuesten Errungenschaften der Auto- und Motorradzubehörindustrie zu bewundern und ausgiebig echte Stadtluft zu schnuppern. Etwa so ab 22 Uhr erhält man dann ohne weitere Berechnung eine Auswahl gängiger Pop-, Rock- oder Discomusik, alternativ griechischer Folklore oder schrillem Türkpop, natürlich gleichzeitig aus verschiedenen Lokalen und stets in höchster Lautstärke.

Wer im Urlaub Erholung und Ruhe sucht, sollte nicht mit Segeln anfangen ...!

Natürlich fordert auch im Hafen von Khios die Bürokratie ihr Recht: Vom Hafenpolizisten werden wir freundlich, aber bestimmt aufgefordert, uns in Bälde ordnungsgemäß bei Polizei und Hafenamt anzumelden. Der Weg ist weit. Wie meist liegen die Büros diametral entgegengesetzt zur Anlegestelle der Yachten, das scheint ein Naturgesetz zu sein. Was soll's, Bewegung hat noch keinem geschadet. Wir lernen am Weg gleich die Waterfront kennen. Die zahlreichen trendigen Cafés sind rappelvoll mit smarten jungen Griechen und -innen, die alle ihr Nationalgetränk schlürfen: Nescafé Frappée.

Die bürokratischen Hürden sind dann in einer knappen halben Stunde genommen: Die Kosten für die polizeiliche Meldung sind mit 88 Euro-Cent äußerst überschaubar, und wir bekommen dafür immerhin zwei schöne dicke Stempel auf zwei dreifach handausgefertigten Formularsätzen. Wofür? Keine Ahnung. Der nächste Weg führt dann zum Büro des Hafenmeisters, wo wir den Obulus für's Liegendürfen berappen, mit drei Euro pro Tag auch keine große Sache.

Weit sind wir hier weg vom internationalen Tourismus. Selbst die Speisekarte in der überfüllten Ouzeria ist nur in griechischer Sprache. So lassen wir uns vom Wirt übersetzen (sehr viele Griechen verstehen ausgezeichnet Englisch) und bestellen frittierte Sardinen, das obigatorische leckere Tzatziki, Horta – eine Art Blattspinat, in Öl und Zitrone eingelegt –, dazu Wein und Ouzo. Beim Absacker an Bord überlegen wir die Alternativen für morgen.

Moskitobilanz der Nacht: fünfzehn Tote, zwei Verletzte. Wo kamen die bloß her, trotz Moskitonetzen in Türen und Luken¿ Normalerweise ist unsere Kabine absolut Off Limits für die Biester. Wir glauben, dass wohl eine Moskitofrau doch irgendwie reinkam und ein Ei gelegt hat (legen Moskitos Eier …¿). Jetzt ist auf einmal die ganze Horde Moskitokinderchen geschlüpft und hat uns vermöbelt. Aber wir haben uns bitter gerächt; unsere Mission war klar: Keine Gefangenen!! Unsere eigenen Verletzungen behandeln wir mit Moskitostift und dem alten Hausmittel: kräftig kratzen.

Khios macht es uns nicht leicht. Wir sehen uns an der Ostseite zwar noch ein paar Piers und Ankerplätze an, sie sind jedoch alle nicht geeignet, um Coco sorglos unbeaufsichtigt liegen zu lassen. Wir beschließen schließlich, das Projekt Khios auf später zu verschieben. Auf unserem Rückweg zum Winterplatz nach Kos werden wir ja nochmal hier vorbei kommen. So laufen wir Oinoussa an. Oinoussa ist eine kleine längliche Insel im Nordosten von Khios, und bekannt dafür, dass sie einige der reichsten Reederfamilien der Welt hervorgebracht hat. Der schöne, kleine Naturhafen ist unser Ziel. Wie im Amphitheater liegen die Häuser des Ortes rund um den Hafen am Hang.

Griechische …

Der Hafen selbst wird aus drei winzigen Inseln gebildet. Jedes Inselchen hat seine eigene Kapelle, eines sogar ein Kloster. Die heimischen Schifffahrtsmilliardäre leben allerdings längst nicht mehr hier, sondern in New York, London und Sydney. Hier wird bestenfalls noch ein kleines Häuschen unterhalten, so mit zwanzig, dreißig Zimmern, gepflegter Parkanlage, weiß gekalkter Privatkapelle und fahrbereiter Motoryacht inklusive Besatzung. Nur für den Fall. Man könnte ja vorbeischauen wollen.

Das einzige, was uns hier im Hafen augenfällig an Geldadel erinnert, ist die riesige amerikanische Motoryacht, die neben uns an der Pier liegt. Zwölf Stunden am Tag läuft der Generator. Was wäre auch das Leben ohne gecrushte Eiswürfel für die Caipirinhas? Und ohne Dauergeflimmer auf der Riesenleinwand für die lieben Kleinen? An Spielzeug zählen wir übrigens zwei Gummiboote, diverse Surfbretter, Wakeboards, Wasserski, eine Segeljolle, ein Jetbike, und für's Land noch ein paar Mopeds und Fahrräder. Naja, der Neid der Besitzlosen.

Auch hier kaum Tourismus. Eine deutsche Charteryacht, ein paar größere Motorboote und ein paar kleine einheimische Kajiks, ab und zu ein Taxiboot und eine kleine Passagierfähre. Ruhig ist es hier. Feigenbäume wachsen in freier Natur, auf einem Spaziergang befreien wir mehrere von ihrer reifen Last.

... Tafelfreuden

Wir bleiben ein paar Tage, erwandern tags die Insel, und genießen nächtens die Ausblicke auf die fernen Lichter von Khios und an der türkischen Küste. Abschied feiern wir schließlich in einer hübsch gelegenen, unscheinbaren Ouzeria in Hafennähe. Ein paar frittierte Sardinen, Kalamari, Salat, dazu eine Flasche Rotwein, fünfzig Euro. Also doch eine Millionärsinsel, man sieht's nur nicht gleich ...

Die Überfahrt nach Lesbos, etwa fünfzig Meilen, verläuft bei Windstille absolut ruhig. Das Meer ist ein Ententeich. Dunstiger Horizont. Nur unser Diesel brummelt sonor in die Stille hinein. Die spiegelglatte Oberfläche des Wassers wird hin und wieder aufgewühlt durch

Unmengen springender Fische. Seevögel gehen erfolgreich auf die Jagd. Gleich mehrmals sehen wir Schulen von Delfinen, ein Pärchen begleitet uns sogar eine Weile. Nach fünf Stunden Maschinenfahrt frischt es nachmittags auf, südlich, also Schiebewind, perfekt. Lesbos, die drittgrößte Insel Griechenlands (nebenbei: mit elf Millionen Ölbäumen), bietet zwei große Golfe. Auf den ersten Blick traumhaft für Segler. Bei näherem Hinsehen sind gute Ankerplätze jedoch nicht so zahlreich. Wir nähern uns der Insel von Süden. Während draußen der Wind mit 20 Knoten weht, ist es drinnen im Golf von Gera (Yeras) windstill. Auf gut haltendem Schlickgrund gehen wir vor Anker, zwischen einer Öltankanlage und einer Abwrackwerft, auch für Anspruchslose kein besonders bezaubernder Anblick. Doch die Nachbarbuchten sind voll mit Fischfarmen oder liegen offen im Schwell, wir haben sie gecheckt.

Gut ausgeschlafen sieht am nächsten Morgen alles etwas besser aus. Schöner ist unser Ankerplatz zwar nicht geworden, doch dafür finden wir in Plomari, dem kleinen Hafenstädtchen an der lesbischen (darf man das so sagen?) Südküste, einen Yachtsteg, nagelneu gebaut und noch in keinem unserer Revierführer vermerkt. Wir funken den Hafenmeister an, ob wir dort hin dürfen. Ja, wir dürfen. Und es gibt sogar Muringleinen. Luxus, wo wir ihn nicht erwartet haben. Nebenbei bemerkt, auch hier kostet der Liegeplatz nicht mehr als die obligatorischen 3 Euro pro Nacht, plus 88 Cent für die schönen Formulare der Port Police.

Und hübsch ist der Ort auch. Vos See aus eine Augenweide, hangelt er sich malerisch am Hügel hoch hinauf. Und unser Bummel offenbart: alles recht nett, alles recht griechisch, alles wenig touristisch.

Mit Einbruch der Dunkelheit kommt Leben in den Ort. Bald meinen wir, halb Lesbos sei auf den Beinen. Wir erfahren auch, warum: heute Nacht sollen hier die schönsten Pferde der Insel vorgeführt werden. Klar, daß wir uns das ansehen! Vor der Bühne, auf der ein älteres Quintett lustlos aber laut seine Instrumente quält, vollführen dann einige Gäule ihre Kunststückchen. Die Zuschauermassen rundum bleiben in stetiger Bewegung, ständig auf der Hut, nicht von den unkontrolliert herumfliegenden Hufen der erschreckten Tiere getroffen zu werden, die diese Art Musik vermutlich auch nicht täglich hören. Der Conferencier nähert sich wachsenden Graden der Verzweiflung, je mehr ihm die Leitung der

Veranstaltung entgleitet. Die Prominenz des Ortes sitzt derweil in Anzug und Abendkleid an einem weiß gedeckten Tisch, macht gute Mine und hofft, dass die Viecher bloß weit genug weg bleiben …

Auch Ohropax hilft nicht viel in dieser Nacht. Erst kurz vor elf Uhr am nächsten Vormittag fühle ich mich in der Lage, den gebuchten Mietwagen abzuholen. Der Süden und der Osten der Insel strotzen vor dichter Vegetation. Kilometerlang führt die Straße durch Tunnels aus üppigem Grün. Im Nordwesten jedoch wird das saftige Grün ziemlich übergangslos abgelöst vom Braungold einer sonnenverbrannten, vulkanischen Mondlandschaft. Hier findet sich eine geologische Sensation, ein versteinerter Wald. Vor mehreren Millionen Jahren war die Region bewachsen mit Wäldern aus riesigen Mammutbäumen, die bei einem gewaltigen Vulkanausbruch verschüttet wurden. Gelöste Mineralien ersetzten im Laufe der Zeit die Stämme Zelle um Zelle, so dass aus Holz Stein wurde. Die meisten dieser uralten Stämme liegen am Boden, kein Wunder, doch einige wenige Fragmente stehen noch, schillernd und beeindruckend inmitten dieser trostlosen Wüstenlandschaft.

Mytilini, die Hauptstadt der Insel (die Einheimischen nennen übrigens auch die Insel selbst so), hat fast Großstadtflair. Hier haben der Ägäis-Rat und die Ägäis-Universität ihren Sitz, und natürlich liegt hier der wichtigste Hafen der Insel. Die Stadt hat 30 000 Einwohner, knapp ein Drittel der gesamten Inselbevölkerung. Als wir ankommen, Dienstag nachmittags, hat gerade alles geschlossen. Dazu muss man wissen, dass die Geschäfte in Griechenland, oder zumindest auf den griechischen Inseln, an zwei oder drei Tagen – die nicht überall identisch sein müssen – nachmittags geschlossen haben. Das ist einer der wesentlichen Unterschiede zur nahe gelegenen Türkei, wo man sich in der Hauptsaison niemals ein Geschäft entgehen lassen würde und wo die Läden schon auch mal vierundzwanzig Stunden geöffnet sind. So trinken wir erst mal in einem Kafeneion frisch gepressten Orangensaft und überarbeiten unseren Tagesplan.

Im Villenvorort Varia gibt es zwei interessante Kunstmuseen. Obwohl gut versteckt, finden wir den Ort und schlagen uns durch zum Musée Tériade. Der Verleger Tériade, der in den Dreißiger Jahren des letzten Jahrhunderts in Paris Herausgeber der Publikation Verve war, hat dieses kleine Museum seiner Heimatstadt gestiftet. Das bedeutendste Verve Projekt umfasste eine Serie von Kunstbüchern mit Original-Illustrationen namhafter Expressionisten wie Magritte, Miró, Chagall und Picasso. Diese Bücher und die Illustrationen sind hier ausgestellt. Ein Leckerbissen für Kunstfreunde. Und die ausgezeichneten mehrsprachigen Erläuterungen machen den Besuch selbst für Laien wie uns zu einem äußerst interessanten Erlebnis.

Am Abend sind wir zurück in Plomari. Nach einer leckeren Abendmahlzeit von Sardinen und Ouzo in der Seven Seas Ouzeria an der Uferpromenade bleiben wir in einer Szenebar am Hafen hängen. Eine junge Liveband spielt griechische Musik. Wieder wird uns bewußt, wie jung und lebendig die griechische Musik doch ist. Kaum einer der Musiker oder Gäste ist älter als zwanzig oder fünfundzwanzig, wir sind klar der Seniorentisch.

Der Wind fällt halb bis raum ein, ein Reff ist im Groß, die Genua steht voll, die Segel ziehen Coco mit Kraft voran. Coco segelt mit gutem Segelwind, wir nähern uns der türkischen Küste. Von der Insel Lesbos kommend, die, wie man ja nun weiß, griechisch ist. Wir sind uns dessen natürlich bewusst, aber was soll's, es gab bisher keine Probleme, warum

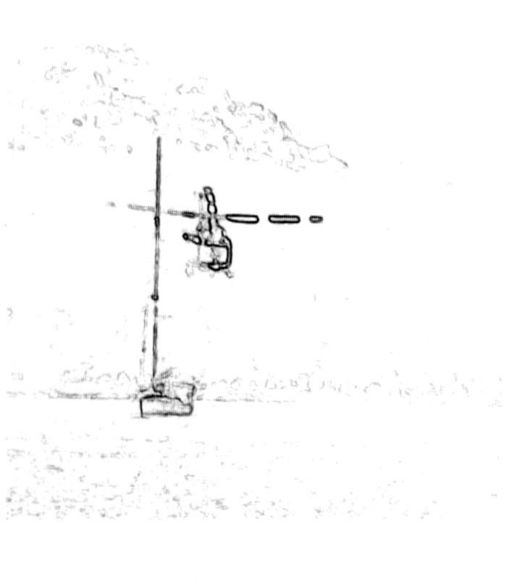

sollte das heute anders sein? Wir sind flott unterwegs, an Bord ist alles wohlauf. Da, urplötzlich, hören wir das nahende Geräusch eines Helikopters. In wilder Cowboymanier wird Coco in Höhe der Mastspitze umrundet. Die Kriegsbemalung kennen wir: Weiß-Orange, „Sahil Güvenlik“, die türkische Küstenwache! Wir winken erstmal freundlich hoch, versuchen ansonsten unbeteiligt dreinzublicken. Doch so leicht läßt sich ein Coastguardhelikopter im Dienst auch wieder nicht abwimmeln. Denen ist sicher klar woher wir kommen, also harren wir mit wachsender Spannung der Dinge die da sicher kommen werden. Mittlerweile hat sich der Heli vor unseren Bug gesetzt und fliegt auf Paralllelkurs mit angepasster Geschwindigkeit. „Coast Guard helikopter calling sailing vessel! Coast Guard helikopter calling sailing vessel! Switch on your VHF!" tönt es plötzlich durch den Rotorkrach hindurch aus einem Außenlautsprecher. Da bleibt uns wohl nichts übrig. Die meinen uns, ist ja sonst weit und breit keiner hier. Wie geheißen schalten wir unser UKW-Funkgerät ein, schalten auf Kanal 16 und harren der Dinge. Lange müssen wir nicht warten: „This is turkish Coast Guard helicopter calling sailing vessel! Please confirm!" Also grüßen wir freundlich: „This is sailing vessel Coco de Mer, calling Coast Guard helicopter, over!" Präzise werden wir ausgefragt: Name der Yacht? Flagge? Wieviele Personen an Bord? Woher? Wohin? Auf die Frage nach dem Woher müssen wir ein bisschen schwindeln, im Großen und Ganzen können wir aber offenbar alles zur Zufriedenheit beantworten. Natürlich wissen die Jungs da oben längst, woher der Wind uns geweht hat. Radar, Bodenstation, der exzellente Blick aus dem Helikopter, genau achteraus liegt Lesbos. Wie jede Segelyacht so zieht auch Coco im Kielwasser eine Spur, die eindeutig die Herkunftsrichtung weist. Doch sie haben sich wohl von unserer Harmlosigkeit überzeugt und geben sich mit unseren Antworten zufrieden. Nach einem freundlichen „Thank you, and have a nice day!" verschwinden sie am Horizont.

Aufatmen an Bord. Aber nur kurz. Denn da sich dies alles in rauschender Fahrt abgespielt hat, stehen wir nun bereits in der Einfahrt zum geplanten Ankerplatz am türkischen Festland, die von Untiefen und Riffen gesäumt wird. Die See ist kräftig bewegt, mit beeindruckenden, weißen Schaumkronen oben drauf. Also schnell runter mit den Lappen! Der Wind legt noch zu, es ist immer das Gleiche im Manöver, doch bald tuckern wir unter Maschine gemächlich ins Ziel. Bademli Limani soll eine Anzahl sehr schöner Ankerplätze bieten. Wir finden denn auch einen Platz für die Nacht, wenn auch nicht so schön wie gedacht, Wasser trübtürkis. Dafür können wir uns tags darauf nebenan in eine herrliche Ankerbucht zwischen zwei vorgelagerten Inseln verlegen, jetzt mit dem klaren Wasser und hellen Sandgrund, wie gewünscht. Die folgende Nacht ist ruhig, kein Schwell, kein Kneipenlärm, keine Disco-Gülets, nur drei kleine Yachten. So mögen wir es. Wir schnorcheln ausgiebig, lesen, kochen und essen an Bord.

Einige Tage später, auf dem weiteren Weg hinauf zu unserem geplanten Stopover in der Marina von Ayvalik, führen wir nochmal ein Gespräch mit unseren Freunden vom Coastguard Hubschrauber, diesmal kurz und knapp, man kennt uns schon, alles klar. Ganz schön wachsam, die Jungs. An diesem Küstenabschnitt schlüpft keiner ungesehen durch. Dafür können wir jetzt vom Logenplatz aus beobachten, wie sie einen anderen Skipper erschrecken, als dieser vor uns in den Golf von Ayvalik hineinsegelt.

Bevor wir aber nach langer Zeit mal wieder in eine Marina gehen, wollen wir uns noch eine Nacht vor Anker gönnen. Auf der Seekarte finden wir zahlreiche Möglichkeiten in der näheren Umgebung von Ayvalik. Leider lärmen in fast allen Buchten die obligatorischen türkischen Gaudiboote. Die betroffenen Plätze sind sofort für uns gestorben; wenn man kein Masochist ist, muss man den gnadenlosen Krachmachern aus dem Weg gehen. Weiter nördlich finden wir dann doch noch eine gületfreie Ankerbucht in einem fast binnenseeähnlichen Gewässer. Kein Mensch weit und breit, gute Ankertiefe, brauchbarer Grund. Das Wasser ist kristallklar. Und da auch kein Wind herrscht, sehen wir jede Einzelheit am Grund, so auch unsere Ankerkette, die sich zwischen Sand und Gras schlängelt. Die Gaudiboote, teils dreistöckig, liegen etwa zwei Meilen entfernt auf der anderen Seite. Wir sehen sie nicht, doch hören, hören können wir sie gut.

Beim Schnorcheln sehen wir am Grund einen großen Kraken, der es sich vor seiner Höhle auf zwei rostigen Heineken Bierdosen bequem gemacht hat und gar nicht schüchtern, aber doch argwöhnisch beäugt, wie wir zwei Menschen da vier Meter über ihm schweben und auf ihn hinunter blicken. Wir tun ihm nichts, auch er lässt uns in Frieden, und so scheiden wir als Freunde.

Ayvalik – Istanbul, August 2004. Ayvalik ist anders. Nicht die Marina; die ist zwar klein, aber sonst wie viele andere auch. Doch der Ort selbst. Erstmals haben wir hier das Gefühl, uns eher auf dem asiatischen Kontinent zu befinden als in Südeuropa. An der Waterfront herrscht Trubel und Geschäftigkeit, kleine Garküchen bieten mit Reis gefüllte Muscheln an, gebratene Sardinen, gegrillte Maiskolben, Fleischspießchen und allerlei weitere Spezialitäten, vieles für uns nicht auf Anhieb definierbar.

Allerorts Gebrodel, Getümmel. Gerüche. In Cafés sitzen alte Männer. Im Erdgeschoss eines Hauses sind die Fenster mit Vorhängen verhängt, dahinter erblicken wir gut fünfzig Herren, die mit ihrem Fussballverein mitleiden, dessen Spiel auf einem TV-Monitor übertragen wird und der wohl gerade eine böse Schlappe einsteckt. Erinnerungen werden wach, wir denken an unseren „Glubb" in Nürnberg.

Der Gemüsemarkt ist ein prächtiger Farbenrausch: die Vielfalt ist enorm, wir sehen kolossale Radieschen, jedes einzelne so groß wie ein fränkischer Apfel! Schlendert man aber durch die abgelegeneren Gässchen weiter hinten, so offenbart sich ein orientalisch farbenfrohes Sammelsurium von gerade im Rohbau befindlichen, halb fertigen, fast ganz fertigen, bewohnten und unbewohnten Bauwerken. Und in unmittelbarer Nachbarschaft leer stehende, dem Verfall preisgegebene Häuser und Ruinen. Alte Holzbalkone hängen windschief an Fassaden. Wir gehen in der Strassenmitte, um nicht von möglicherweise abstürzenden Bauteilen erschlagen zu werden.

Die Marineros in Ayvalik sind flotte Dingi-Piloten. Rücksichtslos brausen sie mit ihren PS-starken Außenbordern full speed durch die Marina und sorgen für kräftig Wasserschlag und kräftig Ärger unsererseits. Nicht sehr sportlich, aber was ein echter Macho sein will … Doch nicht allein die Marineros bringen das Wasser in Wallung. Sturm ist im Anzug. Es pfeift aus allen Rohren, Böen knallen mit sieben und acht Beaufort Coco in die Seite. Woher der Wind bläst? Aus Nordost. Wohin die Einfahrt offen ist? Erraten: Nordost. Als Transitreisende liegen wir natürlich am schlechtesten aller Plätze, nahe der Einfahrt und mit ziemlich miserablem Schutz. Bis schließlich noch ein Türke ankommt, der Arme, und neben uns eingewiesen wird; jetzt ist unser Platz nur noch der zweitschlechteste.

Wir verspannen Coco mit zwei Landleinen, zwei dicken Muringleinen und einer seitlichen Spring, so dass sie sich kaum noch bewegen kann. Diese Spinnennetztechnik haben wir den türkischen Gületkapitänen abgeschaut, die sich mit Maschinenkraft oft so am Ankerplatz verspannen, dass dabei auch schon mal ein Baum samt Wurzelstock sein Leben lässt. Der Vorteil dabei ist, dass sich auch bei viel Bewegung rundum das Schiff nicht aufschaukeln kann. Fühlt sich jedenfalls recht zuverlässig an.

Waschtag in Ayvalik

Die Festmacher stöhnen, die Klampen knirschen. Doch ein Gutes hat der Wind auch: bei dreißig Grad und sieben Beaufort kann man herrlich Wäsche trocknen! Der heutige Sonntag wurde kurz entschlossen zum Waschtag gekürt, und weil der Trockner der Marina kaputt ist, weht jetzt fröhlich Wäsche von allen Relingsdrähten. Keine fünfzehn Minuten, und die Sachen sind trocken! Sommerfrisch und naturgetrocknet, und vom heftigen auf und ab Knallen im Wind butterweich, weicher geht's nicht.

Es wird dunkel, Blitze zucken, schließlich Regen. Gut, dass wir Coco noch nicht abgespritzt haben, denn der Regen wäscht auch hier wie so oft den ganzen Dreck aus der Luft, und der ist danach mehr oder weniger gleichmässig über's Schiff verteilt. Heute haben wir nur Edelstahl poliert, da schadet der Regen nicht viel. Eigentlich ideales Wetter, um uns lesend auf die nächsten Tage einzustimmen. Wir haben uns entschlossen, Istanbul zu besuchen. Coco soll in Ayvalik bleiben, wir buchen Bus mit Aircondition und Hightechschnellfähre.

Byzanz, Konstantinopel, Istanbul. Die zweieinhalb Jahrtausende alte Stadt zwischen Europa und Asien ist überreich an Geschichte und galt lange Zeit gar als schönste Stadt der Welt. Schön finden wir den heutigen

Moloch nun gerade nicht, aber interessant allemal. Mit seinen fünfzehn bis zwanzig Millionen Einwohnern, niemand weiß das so genau, erstreckt sich Istanbul heute über eine Länge von siebzig Kilometern. Diese riesige Stadt vereint an sich unvereinbare Gegensätze: sie liegt auf zwei Kontinenten; Pracht und Verfall liegen nahe beieinander; Liberalität und Traditionalismus stehen sich unversöhnlich gegenüber. Vollbart tragende Moslems begegnen smarten Business-Frauen; der betende Muezzin kämpft blechern per Lautsprecher gegen Türkpop aus der Strassenkneipe an. Das heutige Istanbul ist eine lärmende, stinkende, tosende, duftende, orientalische und abendländische, moderne und altmodische Stadt. Alles zugleich.

Ideal für den Besucher liegen die wichtigsten der weltberühmten Sehenswürdigkeiten nahe beieinander im Stadtteil Sultanahmed. Dort haben wir ein Zimmer gebucht, nicht im, aber doch direkt hinter dem Topkapi Serail, dem früheren Palast der Sultane. Vom Badezimmer aus blicken wir auf die Minarette der Blauen Moschee, vom Schlafzimmer aus sehen wir die Hagia Sofia! Theoretisch könnten wir die wichtigsten Sehenswürdigkeiten vom Zimmer aus abhaken. Praktisch stürzen wir uns aber selbstverständlich gleich ins Gewühl.

Ich werde hier nun nicht alles aufzählen, was in Tausenden von Reiseführern viel besser beschrieben sein würde. Ein paar Fotos mögen aber zur Veranschaulichung und als Beweis unserers Abstechers dienen.

Istanbul, Blaue Moschee

Istanbul, Hagia Sofia

41 | Tavernen-Pelikan Jorgo

Lesbos bis Samos, August/September 2004. Nach unserem Ausflug in die Großstadt sind wir wieder zurück in Ayvalik. Coco wartet unversehrt in der Marina. Ayvalik ist der nördlichste Punkt unserer diesjährigen Seereise, von hier geht es nun vorzugsweise südlich, also „downwind", mit Wind im Rücken. Jedenfalls „In'sch Allah" – so Allah will. Zugleich wird Ayvalik unser letzter (offizieller) türkischer Hafen sein, denn hier wollen wir ausklarieren, da unser Visum abläuft. Doch leichter gesagt als getan: in der Marina erfahren wir, dass unser Transitlog nicht den erforderlichen Bestimmungen entspreche. Es fehle der Eintrag „Ayvalik". Den Buchstaben der einschlägigen Vorschriften gehorchend müßten wir zurücksegeln an die türkische Südküste, denn wir dürften nur über Datça, Kaş oder Finike ausreisen. Wir glauben nicht, was wir da hören! Was denn da zu machen sei, fragen wir. Der Rat lautet: auf jeden Fall persönlich bei den zuständigen Beamten vorsprechen, vielleicht würde ja ein Auge zugedrückt. Das heißt also für uns Bürokratenhürdenspringen und Amtsschimmelreiten beim Hafenmeister, bei Port Police, Zoll und Immigrations Officer. Na wunderbar. Und weil heute Sonntag ist, müssen wir warten bis morgen.

Über Nacht fällt das Baro um fünf Punkte. Der Wind orgelt. Wir marschieren zum Hafenamt, üben unterwegs „freundlich lächeln", kann ja mal nicht schaden. Doch die Mühe ist umsonst, der offizielle Mensch am Schreibtisch nimmt das Formular, hämmert ohne aufzublicken lustige bunte Stempel drauf und schickt uns weiter zum Zoll. Wir schauen uns an, Daumen hoch, die wichtigste Hürde ist genommen, der Rest dürfte nur noch Formsache sein. Unser Glück war wohl, dass der Beamte nicht Englisch/Deutsch sprach, und deshalb kein Interesse an einer Auseinandersetzung mit uns nicht der türkischen Sprache Mächtigen hatte.

Wir hatten Glück. Wir wissen mittlerweile, dass es auch schwieriger sein kann. Andere mußten ihre Dokumente per Kurier quer durch die Türkei hin und her schicken, bloß um den richtigen Stempel zu bekommen. Kommt halt wie so oft darauf an, an wen man gerät. An dieser Stelle deshalb ein wichtiger Coco-Tipp für Türkeisegler: Beim Einklarieren mit dem Schiff in der Türkei unbedingt darauf achten, dass im Transitlog der Ort eingetragen ist, von dem ihr später ausreisen wollt. Achtet darauf auch dann, wenn ihr den Papierkrieg – wie wir – von einem Agenten erledigen lasst, denn auch da kann das schief gehen, wie wir ja gesehen haben. Im Zweifel sollte man jeden wichtigeren Ort eintragen, der am Weg liegt, dann kann man dort auch überall problemlos ausklarieren (sofern es Ports of Entry sind, natürlich).

Mittags sind wir zurück an Bord mit allen offiziellen Papieren, Stempeln und Genehmigungen, einschließlich dem Ausreisestempel im Reisepaß. Jetzt dürfen wir nicht nur, jetzt *müssen* wir ausreisen. Der Wind darf nun abflauen. Doch Fehlanzeige. Also rufen wir die Marina per Funk und bitten, dass man uns den rasenden Marinero mit seinem PS-starken Gummiboot schickt, um unseren Bug gegen den Wind zu drücken, wenn wir gleich aus der Box gehen. Der Gummibootheld kommt dann auch, wir besprechen das Manöver. „Tamam!", alles klar. Wir geben Leinen los und manövrieren Coco aus der Box in die enge Gasse. Ich warte auf den vereinbarten Druck am Bug, doch leider, leider: der Gute saust überall rum, nur nicht da wo wir ihn brauchen; auf dem engen Raum bekommt er seine Pferdestärken nicht in den Griff. Das Unterstützungsmanöver versaut er gründlich. Nur mit Mühe gelingt es uns, Coco in der engen Rinne von den anderen Yachten und Muringleinen fernzuhalten. Immerhin haben wir 20 Knoten Seitenwind! Im letzten Augenblick ist er dann aber doch noch am rechten Platz, gibt Vollgas, drückt unseren Bug gegen den Wind – wir sind raus und atmen auf.

Tagesziel ist der Hafen Mythilini auf der Insel Lesbos. Wir stellen uns ein auf Rauschefahrt mit viel Wind. Den haben wir auch noch, solange wir uns in der markierten Ausfahrt aus der Bucht befinden. Doch draußen – flacht es ab! Der Wind ist weg. Einfach so. Frechheit! Wir motoren.

Kaum nähern wir uns dem Hafen von Mythilini, sehen wir an der Zollpier einen weißgewandeten, goldverzierten und offensichtlich befehlsgewohnten Menschen rufen und winken. Wir sollen an die Zollpier. Blödsinn, wir waren doch *niemals* außerhalb Europas, schon gar nicht in der Türkei. (Ihr erinnert euch: wir hatten schon vor Wochen in Symi einklariert, und täten wir das jetzt nochmal, wären diplomatische

Verwicklungen unumgänglich.) Also halten wir uns einige Meter fern von der Zollpier, schwindeln ein bißchen was von griechischen Inseln und zuletzt einer Lesbosumrundung ..., und die Obrigkeit ist's zufrieden. Puh, ganz schön stressig mit den Grenzoffizieren hier oben! Doch auf den ersten Schreck folgt gleich der zweite. Gerade festgemacht, empfängt uns schon ein weiterer Beamter. Dieser bittet uns freundlich aber bestimmt, ihm zur Port Police zu folgen. Und zwar bitte jetzt und gleich. Oje, lügen wir denn so schlecht? Wie sind die Strafen für illegale Ein- und Ausreise? Wie ist wohl der Knast auf Lesbos? Ob es nach den Jahren im Gefängnis später auch Resozialisierungsmaßnahmen gibt? Und was einem in dieser Situation sonst noch für Gedanken durch den Kopf gehen. Doch alles halb so schlimm. Wir bekommen auch hier unsere Stempel, und so dürfen wir ungerupft auf's Schiff zurück. So wichtig war es der Port Police noch nirgendwo, uns schnellstens in ihr Büro zu bekommen.

Mythilini ist ein hübsches Städtchen mit viel griechischem Flair. Kleine Läden, Boutiquen, Trödler, Mobilfunkshops, Metzger, Bäcker, leckere Konditoreien, alles ist in den Gassen zu finden, die sich um den Hafen schlängeln. Doch leider ist es an der Pier höllisch laut, weil die Hauptverkehrsader der Insel direkt vorbeiführt. Die Abgase aller Fahrzeuge dringen ungefiltert ins Schiff, und gleich hinter uns ist die Bushaltestelle, an der die rußenden, qualmenden und stinkenden Busse bis spät in der Nacht im Viertelstundentakt „festmachen". Von etwa elf Uhr abends bis gut vier Uhr morgens ist dann erst recht Leben auf den Strassen. Südländisches Leben. Ich kann euch sagen ...Da können wir Nordlichter lernen, was richtig feiern heißt! An Schlaf ist nicht zu denken. Nickt man dann gegen fünf endlich erschöpft ein, kommt ein Löschzug der Feuerwehr und säubert die Straßen mit Hilfe von Kompressor und Hochdruckschlauch. Dann steigt schon langsam die Sonne ans Firmament, der öffentliche Busverkehr nimmt seinen Dienst wieder auf, und das Drama beginnt von vorn. Erschwerend kommt hinzu, dass ein Fabrikschlot dunklen Qualm himmelwärts schickt, der sich – bei geeigneter Windrichtung aus Nord – über das Städtchen legt, sich in die übrigen Abgasdüfte mischt und dass diese Mischung dann einen trüben Film auf Schiff und Lungen hinterläßt.

In Anbetracht dieser wenig idyllischen Situation würden wir gerne schnell weiter. Doch das geht nicht, denn draußen bläst der Wind, der uns am Herweg versagt blieb, und zwar jetzt tatsächlich mit sieben Beaufort. Dazu massive Sturmwarnungen im Navtex. Also Zwangsaufenthalt. Meine Kopfschmerzen von den Abgasen und dem Lärm bekämpfe ich mit den Medikamenten, deren Hersteller mir zuhause im Fernsehen immer „gute Preise, gute Besserung" verspricht. Erfolglos. Da gerade der Dieseltankwagen an der Pier bei den Yachties vorfährt, bunkern wir nochmal voll. Dabei läuft mir ein kräftiger Schwall Diesel direkt ins Cockpit. Gut gemacht!

Weil heute die Läden geöffnet haben, kaufen wir Obst und Gemüse ein, und dazu zwei frische Doraden für's Abendessen an Bord. Doch so frisch kann der Fisch dann wohl doch nicht gewesen sein, denn in der Nacht und am Folgetag geht es mir schlecht wie lange nicht. Die Abgas- und Lärmkulisse ist meinem Wohlbefinden auch nicht förderlich. Erst achtundvierzig Stunden später bin ich wieder halbwegs bewegungsfähig, und geschätzte zwei Kilo leichter. So einfach und wirkungsvoll kann eine Abmagerungskur sein …

Schwer lärm-, abgas- und lebensmittelgeschädigt verlassen wir nach drei Tagen die Hafenpier von Mythilini. Im Süden von Lesbos finden wir eine schöne Ankerbucht mit klarem Wasser und gutem Schutz gegen alle Nordwinde. Wir verbringen den Tag mit Schwimmen, Schnorcheln und Lesen. Abendessen gibt es an Bord. Zum Nachtisch dann im Navtex „Wind aus Süd, Stärke 5". Das gibt's doch nicht! Südwind ist eine Rarität, damit konnten wir nicht rechnen. Es bleibt uns nichts übrig, als den Ankerplatz zu verlassen, denn nach Süd liegen wir völlig offen. Nicht weit liegt der Golf von Gera, und darin die zwar hässliche, aber absolut sichere Bucht von Scala Loutra, die wir schon von früher kennen. In der Dunkelheit laufen wir unter Maschine hinein in den Golf. Die Zufahrt ist eng, mit Felsen gespickt und, selbstredend, unbeleuchtet. Bei Tag kein Problem, doch bei Nacht … Wir nutzen den fast vollen Mond und unseren kräftigen Handscheinwerfer, und tasten uns mit klopfenden Herzen vorwärts, hindurch zwischen Felsen und Untiefen, Fischzucht, Fischerbooten und Fischernetzen. Alles geht gut, und gegen 22 Uhr fällt der Anker in den zähen Schlamm vor der Abwrackwerft von Scala Loutra. Wir bleiben zwei Tage und warten auf günstigen Wind. Ein schöner Spaziergang führt uns zum Ort Loutra oberhalb von Scala, entlang an herrlichen Olivenhainen mit tausenden der silbrig schimmernden, bizarren Ölbäume.

Ölbäume soweit das Auge reicht

Die einzige Taverne in Scala wartet mit einem Unikum auf: Jorgo, der Hauspelikan, begrüßt hier die Gäste. Das Tier hat sich die Taverne als Heim auserwählt und fühlt sich sichtlich wohl in der menschlichen Gesellschaft. Respektvoll nähere ich mich, in sicherem Abstand zum langen und wahrscheinlich scharfen Schnabel, und versuche Freundschaft zu schließen. Doch heute sucht Jorgo keinen Anschluß; gelangweilt legt er den Kopf schief, lugt er mir entgegen, stolziert ein wenig auf und ab und steckt bald schläfrig das müde Haupt ins Gefieder. War wahrscheinlich ein harter Tag heute.

Unterwegs nach Khios herrscht Flaute. Null Wind. Wir motoren. Und das, nachdem wir nun wochenlang auf unserem Nordkurs Gegenwind hatten. Das ist einfach nicht fair. Herta bringt vor lauter Verzweiflung gar ein Tränenopfer dar. Das wirkt: nach fünf Stunden, auf Höhe der Insel Oinoussa, dreht der Wind auf. Endlich segeln wir, gleich mit 20 Knoten Rückenwind! Eigentlich war Oinoussa ja unser heutiges Ziel, doch diesen herrlichen Schiebewind können wir nun auch nicht ungenutzt lassen! Wir wissen, dass die Ostküste von Khios keine guten Liegeplätze für Segler bietet, aber ganz unten im Südosten liegt Emborios, eine sehr kleine Bucht, die aber ausgezeichneten Schutz bieten soll. Kurz vor Sonnenuntergang erreichen wir dann auch den Ort, doch – Schreck in der Abendstunde – mehr als die paar Boote, die hier schon liegen und offenbar ihren festen Platz an Bojen haben, passen da wirklich nicht rein. An beiden Seiten sind Untiefen und Felsen und in der Mitte reicht der Schwojkreis definitiv nicht aus. Jetzt ist guter Rat teuer. Und wir brauchen ihn rasch, denn das Tageslicht schwindet. Wir haben keine Zeit, um die Tiefen an der kleinen Pier ganz hinten auszuloten, der einzigen Möglichkeit, die wir hier überhaupt sehen. So drehen wir rasch ab, runden das nahe Südkap Khios', und laufen – jetzt natürlich bei kräftig Gegenwind – gen Nordwest, Maschine nahe Vollast. Dort, an der Südwestseite, sollen laut Seekarte noch ein paar Buchten liegen, die einigermaßen Sicherheit versprechen. Es wird ein Wettrennen gegen die Sonne, das wir natürlich verlieren. Die Sonne ist längst verschwunden, im allerletzten Büchsenlicht fällt der Anker auf Grund. Das war – für hiesige Verhältnisse – ein Extremschlag, ungeplant. Siebzig Meilen in zwölf Stunden.

Der Ort ist irgendwie nicht von dieser Welt. Ob es hier schon Leben vor uns gab? Einsam, verlassen und trostlos wirkt die karge Landschaft rundum. Leichter Schwell versüßt unseren Schlaf.

Noch einmal reisen wir illegal in die Türkei ein. Auf dem Weg nach Samos übernachten wir bei Sarpdere Limani. Es wäre tatsächlich ein herrlicher Ankerplatz, mit wunderbarem Wasser und „idyllic surroundings“, wie unser Pilot Book schreibt, wenn, ja wenn, nicht auch hier wieder unaufhörlich extreme Fallböen aus den Bergen herabpeitschen würden, die sowohl das Wasser als auch unsere Lust am Liegenbleiben doch stark trüben.

So brettern wir gleich am nächsten Morgen weiter. Aus den Fjorden und Buchten, die wir passieren, pfeift der Wind in Sturmstärke bis zu neun Beaufort heraus – gut dass wir vorausschauend mit Reff segeln –, doch als wir uns von Land entfernen, spielt er sich auf Stärke Fünf bis Sechs ein. Ausgezeichnet. So bekommen wir einen ganztägigen, wunderbaren, schnellen Ritt nach Samos hinunter.

Zum Abschluss des Tages gönnen wir uns noch einen kurzen, heftigen Ritt gegenan durch die enge Strasse von Samos, und liegen dann wieder an unserem schon bekannten Lieblingsplatz, dem Vorhafen von Pythagorion. Zwar peitschen auch hier Fallböen aus den Bergen auf's Wasser, aber weitaus erträglicher. Und wir liegen erstklassig.

Erfreulicherweise liegen an diesem Ankerplatz zurzeit kaum „Plastikbomber“, sondern überwiegend individuelle Yachten, handmade boats sozusagen. Hier lernen wir auch die SY Karin und die SY Tamena kennen, zwei schöne, in Fernost gebaute Segelyachten, sehr schiffig, mit viel Holz und Messing und schönen Rissen. Solche Schiffe lassen jedes Seglerherz höher schlagen. Wir verbringen ein paar Abende zusammen, klönen und fachsimpeln, jeden Tag auf einem anderen der drei Schiffe.

Die Sturmwarnungen reißen nicht ab, wir richten uns häuslich ein. Tatsächlich ist der Wind dann zwar nicht annähernd so stark wie vorhergesagt, aber er ist unstet und sehr böig. Wir müssen aufpassen, dass unser Anker nicht Wurzeln schlägt.

Von Samos nach Arki sind es nur etwa zwanzig Meilen, und sollte es tatsächlich stark blasen, dann wird der Wind zumindest raum einfallen, also von achtern, von hinten. Kurz gesagt, auf der Überfahrt haben wir alles von Windstärke Null bis Neun. Herzlichen Dank. Und endlich haben wir unterwegs auch mal wieder Besuch: eine vierköpfige Delfin-Familie eskortiert uns. Eine volle Viertelstunde lang jagen die silbergrauen Säuger vor unserem Bug umher, tauchen unter Coco durch, schneiden durch die Wellen und springen immer wieder hoch aus dem Wasser. Wir glauben, sie beäugen uns dabei ebenso interessiert wie wir sie.

Vor Maratho, dem noch winzigeren Inselchen gegenüber der ohnehin schon winzigen Mini-Insel Arki, gehen wir an eine der Bojen, die dort von den Tavernen ausgelegt sind. Drei Tavernen gibt es hier, und ein paar Zimmer für Einsamkeit Suchende, sonst nichts. Freunde hatten uns die nördlichste der drei Tavernen ans Herz gelegt, und das mit gutem Grund. Der Oktopussalat mit Kapernblättern ist grandios, der Ziegenbraten phänomenal. Wir vergeben fünf Coco-Nüsse, die höchste Auszeichnung, die je für eine griechische Taverne von uns vergeben wurde.

Patmos, September 2004. Wir sind verliebt. Patmos, die kleine, im nördlichen Dodekanes gelegene Insel, hat uns bezaubert.

Nach unseren Pier-Erfahrungen in Lesbos wollte ich eigentlich so schnell an keiner Pier mehr anlegen. In Scala Patmos tun wir es dennoch, denn erstens ist noch immer Sturm im Verzug, zweitens wollen wir hier nochmal ausgiebig Landurlaub machen, und drittens lädt die Pier geradezu dazu ein. Also gehen wir an der fast verlassenen Pier zwischen drei anderen Yachten bequem längsseits. Die von den Yachties genutzte Pier liegt etwas abseits vom Trubel, der sich ohnehin in Grenzen hält. Im Gegensatz zu Mythilini ist es geradezu paradiesisch ruhig. Massentourismus gibt es hier bestenfalls zur Hauptferienzeit, jetzt im September herrscht Beschaulichkeit. Die Hauptstrasse führt zwar auch hier an der Pier entlang, doch mit sehr viel weniger Verkehr.

Hoch oben am Hausberg thront die Chora, die pittoreske, blendend weiß gekalkte Ansiedlung, die an die Bergdörfer der Kykladen erinnert. Von hier überblickt man den Hafenort Scala und die gesamte Insel. Die schneeweiße Altstadt selbst wird noch überragt von den massiven grauen Steinmauern des Johannesklosters aus dem dreizehnten Jahrhundert.

Patmos: die Chora wird überragt vom gewaltigen Johanneskloster

In einer Höhle auf Patmos soll der Apostel Johannes seine Apokalypse niedergeschrieben haben. Patmos zählt daher auch zu den wichtigsten Wallfahrtszielen der Ägäis.

Doch auch weniger christlichen Seefahrern hat Patmos viel Schönes zu bieten. Zum Beispiel grandiose Aussichten über die Insel und über's Meer, in die vielen schönen Buchten hinunter, zu den windigen Nachbarinseln Ikaria und zur Fournoi-Gruppe im Norden hinüber.

Blick auf Scala Patmos, am Horizont im Dunst sind die Fournoi-Inseln zu erahnen

Wir mieten uns einen Roller. An einem Tag ist die 12 Kilometer lange Insel bequem von Nord bis Süd, von Ost bis West durchquert. Ideale Mopedgröße. Eine Badebucht ist schöner als die andere. Mal mit, mal ohne Liegestuhlverleih; mal mit feinem Sand, mal mit buntem Kies; mal mit Trubel und Kneipen, mal abgeschieden und einsam; für jeden Geschmack ist was dabei. Weißblau gestrichene Kirchen und Kapellen, wohin das Auge blickt, und im Norden Obst- und Gemüsefelder.

Hier wie andernorts auf der Welt ist die männliche Jugend allabendlich eifrig bemüht, die versammelten Schönheiten mit allerlei aufgebohrten und tiefergelegten Kleinfahrzeugen gebührend zu beeindrucken. Doch anders als anderswo fährt der aufstrebende Grieche auf Patmos schon auch mal mit dem Motorboot vor der angesagten Kneipe vor, ankert wenige Meter vom Tisch seiner Angebeteten und watet ultracool an Land. So macht man Eindruck – und die männliche Konkurrenz verblaßt in Bedeutungslosigkeit. Schade, dass das in Nürnberg auf der Pegnitz nicht möglich ist …

Der Sturm läßt auf sich warten. Die Fischer gehen schon seit Tagen nicht mehr hinaus, eigentlich ein untrügliches Zeichen, dass etwas im Anzug ist. Soll uns recht sein, wir wollen ohnehin ein paar Tage bleiben, zumal wir unseren vierzehnten Hochzeitstag gebührend feiern wollen und es hier ein bekanntes Gourmetrestaurant gibt, das „Benetos". Der Küchenchef wirkt im Winter in Florida und im Sommer auf Patmos. Das klingt vielversprechend. Dort reservieren wir einen Tisch. Und es war gut, das zu tun, denn als wir eintreffen ist das Lokal ausgebucht bis auf den letzten Platz. Zur Feier des Tages gönnen wir uns Pasta mit Lobster, und die sind ein wahres Gedicht, dazu einen frischen Robola aus Keffalonia. So muß ein Hochzeitstag schmecken!

Da wir ja ein paar Tage bleiben wollten, hatten wir beim Kiosk an der Pier gefragt, ob wir unser Stromkabel an deren Steckdose hängen dürften. Klar durften wir, die Bordfrau hatte ja schließlich im Gegenzug einen Großeinkauf an Rauchbarem getätigt. Eine Hand wäscht die andere, das gilt hier wie überall. Nach drei Tagen frage ich vorsichtshalber mal nach, ob bzw. was ich denn eigentlich so schuldig sei für die Energiezapfstelle. Nach kurzer Denkpause tönt es mir entgegen: „Zwanzig Euro". Mit verschlägt's kurz die Sprache. Zur Sicherheit hake ich nochmal nach. Aber die Forderung lautet tatsächlich auf zwanzig Euro, ich habe mich nicht verhört. Um einem möglichen Mißverständnis vorzubeugen erkläre ich, dass es doch nur drei Tage waren, nicht drei Monate. Jaja, das ist schon klar … zwanzig Euro bitte! Ich verkneife mir weitere Diskussionen und bezahle den teuersten Bordstrom meines Seglerlebens. Lange nicht mehr so verschaukelt worden, es ist mir eine Lehre. Selber Schuld, wenn man nicht vorher fragt.

Es ist halt wie im richtigen Leben: jede junge Liebe muß irgendwann einmal ihre ersten Belastungsproben bestehen. Doch unserer Zuneigung zu dieser schönen Insel tut das keinen Abbruch.

Kurz nach dem Bordstromfiasko nähert sich die örtliche Autorität in Person des Hafenmeisters. Wir vier längsseits liegenden Yachten werden nun dazu beordert, statt längsseits jetzt bitte römisch-katholisch festzumachen. Wir müssen Platz schaffen, zahlreiche Charteryachten werden erwartet. Viele Charterskipper starten samstags oder sonntags von Kos und laufen dann auf dem klassischen Dodekanes-in-one-week-Törn dienstags und mittwochs Patmos an. Selbstredend befolgen wir den Wunsch der Obrigkeit umgehend und ohne zu murren. Wegen des Seitenwinds lassen wir den Haken weit draußen fallen. Etwas zu weit, wie wir konsterniert feststellen, als wir uns rückwärts der Pier nähern und drei Meter davor nichts mehr geht. Doch beim zweiten Anlauf klappt unser Manöver.

Und tatsächlich dauert es dann auch nicht mehr lange, bis der Startschuß zum Angriff auf Patmos fällt. Die erste Yacht läuft ein, es folgt eine zweite, eine dritte, und sodann folgen kurze Angriffswellen ganzer Flotten tapferer Freizeitadmirale. Dazu als Begleitschutz eine Armada unserer türkischen Lieblinge, der Gülets. Bald ist Schluß mit Beschaulichkeit in Scala Patmos. Bei durchaus erschwerten Bedingungen mit kräftig Seitenwind fällt Anker über Anker, Plastikhecks donnern knirschend an die Betonpier, Leinen kommen quer, in allen Muttersprachen gellen Flüche durch's Hafenrund. Besonders interessant wird es, als eine Crew es schafft, in einem konzertierten Generalangriff gleich mehrere Anker und Ketten auf einmal rauszurupfen. Wir selbst kommen glimpflich davon, aus unserer Kette kommt der Gegner frei, und unser Anker hält. Gut, wenn man siebzig Meter liegen hat. Einen Katamaran in der Nähe trifft es schwerer: dessen ausgerissener Anker wird spazierengefahren, bevor die angreifende Yacht dann in der Ankerkette einer daneben liegenden Gület hängen bleibt. An der Pier und auf den Yachten ist Gucken angesagt, alle helfen mit, vorwiegend natürlich durch Zurufen guter, sich widersprechender, Ratschläge. Aktive Hilfeleistung ist hier

Kreuzfahrtschiffe ankern vor Patmos

allerdings in der Tat schwierig, denn alle haben zu tun, ihre eigenen Yachten zu sichern. Schließlich kommt der tatkräftige Skipper einer Yacht, die nicht direkt betroffen ist und dessen Dingi schon zu Wasser liegt, hinzu und unterstützt das in die Falle geratene Schiff mit kräftig Seitenschub mittels Außenborder, und tatsächlich bringt er die Yacht schließlich von der Ankerkettenfalle frei.

Als dann noch Kreuzfahrtschiffe vor dem Hafen ankern, wird uns der Trubel zuviel. Da der Wind nun auch noch zugelegt hat, gehen wir kurz entschlossen ankerauf, verlassen die Pier und suchen uns ein ruhigeres Plätzchen abseits des Trubels. Buchten bietet Patmos ja nun wirklich einige, und ein paar davon sehen wir uns an. Tatsache ist allerdings, dass sie bei den derzeitigen Windverhältnissen allesamt stark von Fallböen geplagt sind. Kein Wunder, dass dort kein Mensch liegt. Hinzu kommt, dass die Ankergründe nicht viel taugen, dickes Seegras allerorten. Wir finden dann doch noch einen Ankerplatz nordöstlich von Scala Patmos hinter einem Inselchen, wo wir ganz allein liegen. Doch die erwähnten Fallböen machen uns das Leben schwer. Sehr schwer. Es ist noch nicht dunkel, wir haben noch die Wahl: Ankersalat oder Fallböen¿ Wir entscheiden uns für die zweite Option.

Und das haben wir nun davon. Die ganze Nacht stehen wir unter Dauerbeschuss: erst hören wir es aus den Hügeln heranfauchen, dann peitscht es auf uns hernieder, die Wanten singen, die Beschläge ächzen, Coco erzittert und legt sich kräftig auf die Seite. Kurze Pause, dann von vorn. Wir wachen abwechselnd und schlafen in dieser Nacht etwa drei Stunden. Das ist nicht die Entspannung, die wir suchten. So entschließen wir uns am nächsten Morgen weiterzusegeln, hinüber zur Insel Lipsi. Der Ankerplatz, den wir zu unserem Ziel auserkoren haben, liegt auf 115 Grad, also Kurs Ostsüdost, gut zehn Meilen entfernt, nur knapp zwei Stunden. Der Kurs führt allerdings unmittelbar an Kap Geranos vorbei, über das unser Pilot Book in bildhaften Worten sagt: „The worst winds will be found around Ak. Geranos. The area is well known by the locals for its rough seas". Seglerherz, was willst du mehr!¿ Trotz drittem Reff wird die Überfahrt bei Nordwind mit konstant 30 Knoten Wind, in der Spitze bis 38, also Windstärke 7–8, keine reine Freude. Die Wellen, die sich seit Tagen aufgebaut haben, sind hoch und rennen natürlich querab an. Weiße Schaumkronen brechen sich an der Bordwand, der Wind reißt die Gischt in Fetzen über's Vorschiff davon. Doch unter Selbststeueranlage reitet unser Schiff das Inferno bravourös ab; wir sitzen dick in Ölzeug eingepackt in der Plicht hinter'm Sprayhood und brauchen kaum einzugreifen.

Kurz vor Erreichen des Westkaps von Lipsoi greife ich zum Feldstecher, denn ich glaube nicht was ich sehe: in nördlicher Richtung, gerade um Arki herum kommend, sehe ich Segel. Und zwar nicht etwa gerefft wie bei uns, sondern voll stehend. Dazu Blister und Spinnaker. Die da oben mögen zwar *vor* dem Wind segeln und deshalb nicht den Kampf mit den Wellen haben wie wir, doch Leichtwindsegel bei 30 Knoten plus¿¿ Bald tauchen mehr und mehr Yachten auf, unser Verdacht verdichtet sich: das muß eine Regatta sein. Und so ist es dann auch. Zweifellos aus Samos kommend, laufen die Yachten ebenfalls Lipsoi an. Die Flotte, etwa zwanzig Yachten, geht allerdings gesammelt in den Hafen. Wir dagegen steuern eine Ankerbucht weiter südöstlich an.

Windige Überfahrt von Patmos nach Lipsi

Nachmittags unternehmen wir dann von dort einen Spaziergang hinüber in die Hafenbucht. Die Regattayachten liegen am Steg im Päckchen, und werden auch dort von den Fallböen ziemlich durcheinander gewirbelt. Beim obligatorischen Nesfrappée in der Hafenbar sehen wir den harten Jungs und Mädels beim Flicken ihrer zerfetzten Segel und beim Reparieren gebrochener Leinen und Schoten zu. Ungeschoren sind die Regattayachten nicht davon gekommen. Wäre auch ein Wunder.

In der folgenden Nacht werden wir Augenzeugen eines seltenen Naturschauspiels: Auch hier in der Südbucht vor Lipsi fallen Fallböen am Ankerplatz über uns her und zerren an Ketten und Nerven; kurz nach Mitternacht unterbreche ich deshalb meinen ohnehin leichten Schlaf, um draußen mal nach dem Rechten zu sehen. Ein Blick rundum – was ist das ...¿¿ Geradewegs gegenüber unserem Ankerplatz, Peilung 145 Grad, in nur etwa fünf Meilen Entfernung, liegt die Insel Leros.

Abwettern vor Lyra Lipsi

Was ich dort sehe erinnert an eine riesige, an zwei Seiten von Fackeln beleuchtete Skipiste. Ich wecke umgehend meine Kopilotin und hole das Fernglas. Rechts und links an den Berghängen zwei Feuerwalzen, darüber Qualm und Rauch, dazwischen schwarz-rote Glut. Waldbrand ist unsere erste Vermutung, doch: welcher Wald soll denn da brennen?? Leros ist nicht grade eine sehr vegetationsreiche Insel, eigentlich hat es allerorten nur trockene Brauntöne mit bestenfalls wenig und niederem Gestrüpp. Niemals genug Nahrung für ein Feuer dieser Größenordnung! Doch zwischen den „Feuerwalzen" glüht es kräftig, im Fernglas sieht es zudem nach talwärtiger Bewegung aus. Also Lava, ganz zweifellos! Ein Vulkanausbruch auf Leros?? Unsere gesammelten bordliterarischen Werke geben dazu zwar nichts her, aber man sieht was man sieht und das ist eindeutig. Per SMS alarmieren wir einige Freunde, wer weiß, vielleicht kommt ja was in Funk und Fernsehen …?

Trotz der Aufregung schlafen wir dann irgendwann doch noch erschöpft ein, die zwei voraus gegangenen Nächte mit Hammerböen und Starkwind fordern ihren Tribut. Am nächsten Morgen steigen noch vereinzelt Rauchfahnen von den Hügeln gegenüber auf. Lösch-Helikopter werfen Löschladungen auf letzte Brandherde, ein griechisches Militärschiff und ein Seenotkreuzer kreuzen im betroffenen Gebiet. Es scheint alles im Griff zu sein. Wir sind der „Katastrophe" entronnen.

Abends erfahren wir dann, daß es doch „nur" ein Waldbrand war. Auf Leros gibt es nun mal keine aktiven Vulkane. Der letzte Vulkanausbruch in Griechenland war vor 170 Jahren auf Nisiros, und davor vor 3 500 Jahren auf Santorin. Trotzdem, für uns – nur wenige Meilen entfernt, in einer Starkwindnacht, einsam vor Anker schwojend am Logenplatz – war dieses nächtliche Naturschauspiel unheimlich und aufregend.

43 | Spätsommerliche Flachwindtage

Leros bis Kos, September 2004. Windstärke zwei am Ankerplatz auf Lipsi. Nach zuviel Wind in der letzten Zeit ist das jetzt natürlich zu wenig zum Segeln. Aber so isset halt nu ma. Wir gehen trotzdem ankerauf. Etappenziel ist der malerische kleine Ort Pandeli an der Ostküste von Leros, der mit den guten Tavernen. Als wir aus der Abdeckung von Lipsoi herauskommen, haben wir dann doch wieder Stärke sechs achterlich, und das ist mal perfekt für unseren anliegenden Kurs. Leider aber nicht für unser Tagesziel. Vor Pandeli wird eine Neueinschätzung der Lage erforderlich. Die Welle läuft nämlich entgegen allen Erwartungen aus Nordost kommend geradewegs in die Bucht hinein. Also weiter. Auf unserem Vorwindkurs nur unter Vorsegel rollen wir gotterbärmlich in der Welle.

Einmal mehr wird wir uns bewußt, was für eine Vielfalt an Alternativen es in diesem Revier gibt: taugt ein geplanter Ankerplatz nichts, ist ein anderer sicher nicht weit. Und so gibt es auch hier, gerade mal fünf Meilen weiter am Südkap von Leros, einen tiefen Einschnitt, bestens geschützt, mit gutem Ankergrund und ein paar Tavernen am Strand. Spätnachmittags schlüpfen wir durch die Enge zwischen den vorgelagerten Inselchen hindurch in die Ankerbucht von Xerokambos.

Endlich kommt auch mal wieder eine erste, lang ersehnte Wettervorhersage ohne „gale warning“. Ich halte sogleich die Nase in den Wind und vermeine sogar, eine leichte „Wärmekomponente“ in der Brise feststellen zu können. Meine Meteorologie-Assistentin verdreht die Augen und tippt sich an den Kopf. Ob ich an spätsommerlichem Zwangsoptimismus leide ...¿

Derzeit jedenfalls sind Luft und Wasser noch stark abgekühlt. Wir tragen drei Schichten (T-Shirt, Sweatshirt, Fleece). Der verfrorene Skipper dazu noch Socken – doppelte Lage! Gestern waren wir schon kurz davor, die Dieselheizung zu aktivieren, doch das ließ unser Stolz dann doch nicht zu. Immerhin, die kühle Starkwindperiode (neun Tage!) dürfte hinter uns liegen.

Und wie das so ist: haste mal nicht zuviel Wind, dann haste bestimmt Schwell am Ankerplatz. So auch hier und heute. Zum Ko... Wie in dieser gut geschützten Bucht Schwell stehen kann ist uns ein Rätsel. Wir lassen Coco vor Anker liegen, sie kann das besser ab als wir, und brechen auf zur Inselwanderung.

Da wir Pandeli gestern nicht per Schiff erreichen konnten, laufen wir heute eben hin. Die Entfernungen sind bezwingbar, eine Stunde hin, eine zurück. Unsere Seebeine müssen sich schließlich wieder ans Landleben gewöhnen, der heimatliche Herbst mit seinen Wanderungen in der fränkischen Schweiz naht. In der Taverne Zorbas am kleinen Strand von Pandeli gönnen wir uns leckeren, warmen Oktopussalat mit frischem, hausgebackenem Weißbrot; da es noch nicht Abend ist, gibt es zu meiner Enttäuschung leider nur Wasser dazu, unverdünnt, also ohne Ouzo.

Nach einem Overnightstop in der Schlucht-Bucht Ormos Vathi („Vathi", tatsächlich, schon wieder) auf Kalymnos, die tief eingeschnitten zwischen hoch aufragenden Felsmassiven im Südosten der kargen Insel liegt, geht es nun schweren Herzens zu unserem letzten Ankerplatz vor dem Winterplatz auf Kos. Es ist wiederum nur ein kurzer Zehn-Meilen-Schlag, hinüber in die Ostbucht auf der kleinen Insel Pserimos. Wir hatten die Annäherung ja schon mehrmals ohne Glück versucht, doch diesmal gelingt es. Heute paßt alles: der Wind, die Welle, das Wetter.

Und als wollte uns die Ägäis den Abschied besonders schwer machen, finden wir hier am Nachmittag unseres letzten Segeltages noch einmal eine dieser unglaublich schönen Ankerbuchten, von denen man träumt: das Wasser durchscheinend helltürkis, das Land glänzend golden, der Himmel lichtblau: unsere Traumfarben des Segelns!

Als am Abend die Sonne im Westen versinkt, verschmelzen Meer, Land und Himmel in einem wahren Rausch von Blau- und Rosatönen. Leises Ziegengeläut kommt aus den Hügeln. Draußen schaukelt ein Fischerboot.

Von der türkischen Küste und von Kos glühen die ersten Lichter zu uns herüber, und als sich schließlich die Nacht ausbreitet, funkeln sie wie abertausende winziger Diamanten am Horizont. Und über uns am Firmament eine glitzernde Sternenpracht.

Der Wind singt leise in den Wanten, die See schlägt dazu den perfekten Rhythmus am Schiff.

Ein grandioser mediterraner Abschied!

* * *

Ankerplatz
im Gökova Golf

Tuffstein in Kappadokien, bewohnt und unbewohnt

Ushisar

Göreme

Kapi Creek
im Fethiye Golf

Mastenwald der
Port Göçek Marina

Granit und ausgelaugte Flora
rund um den Bafa Gölü

Patmos

Coco schwojt einsam
in der Ostbucht von Pserimos

Wattezarter Sonnenuntergang –
unser letzter der Saison.

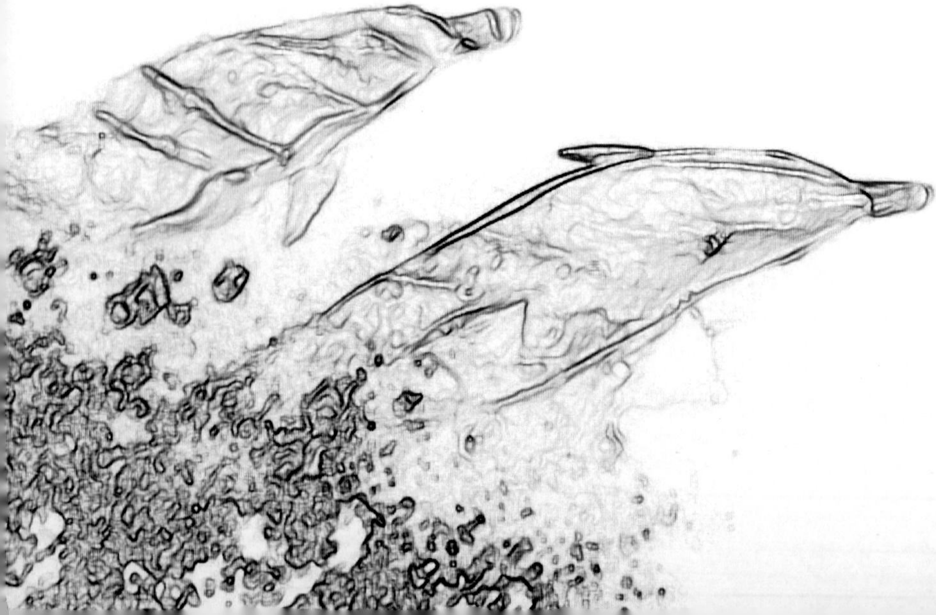

Das Schiff

Unsere Coco de Mer ist eine 38 Fuss Center Cockpit Sloop, also ein Einmaster mit Mittelcockpit, etwa 11,5 Meter lang. Konstruiert von Bill Dixon, wurde sie 1995 von Moody bei der englischen Werft Marine Projects in Plymouth gebaut. Hier ein paar Infos zum Schiff und zur Ausrüstung:

Technische Daten:
- Sloop, toppgetakelt
- Bauweise GFK im Handauflegeverfahren, Deck Balsa Sandwich
- Länge ü.A. ca. 11,45 m, Länge Wasserlinie ca. 9,60 m
- Breite ca. 3,86 m
- Tiefgang ca. 1,75 m
- Verdrängung ca. 8,2 Tonnen, davon Ballast ca. 3,2 Tonnen
- Masthöhe ca. 16 m
- Segelfläche ca. 68 qm (davon Groß 24 qm, Genua 44 qm)
- Rollreffsysteme für Groß und Genua
- Rumpf GFK Handauflegeverfahren
- Teakdeck
- Innenausbau Teak
- Maschine Volvo Diesel MD22L 4 Zyl., 50 PS
- Verstellpropeller dreiflügelig (Autoprop AP 1798)
- Dieseltank ca. 230 Liter
- Wassertank ca. 360 Liter
- Abwassertank ca. 60 Liter
- Technik und Navigation: GPS, Kartenplotter, Radar,
- Navtex, Autopilot, Echolot, UKW-Funk u.a.
- WASI Bügelanker Edelstahl 18 kg, 8mm Edelstahl-Kette 70 m
- FORTRESS Alu Klappanker FX-23, 7 kg, Bleileine 40 m
- Diverse Leinen, Festmacher, Gurtbandrolle etc.
- Beiboot Avon 2,85 m mit Außenborder Yamaha Malta 2 PS

Stromversorgung:

- 12 V-Bordenergieversorgung mit getrennten Stromkreisen (2 Gel-Servicebatterien à 200 Ah; 1 Vetus 108 Ah Starterbatterie).
- Batterie-Fernüberwachung Magnetronic DCC 4000.
- 2 Solarmodule SUNSET SMM45, je ca. 45 Wp = 180 Wh/d, mit Votronic Regler MPP 150 Duo und Temperaturfühler.

Sonstiges:

Außerdem haben wir an Bord eine gewisse computertechnische Minimalausstattung, ohne die ein kreativer Mensch heutzutage nun mal nicht leben kann: ein Apple Powerbook mit CD/DVD, WLAN, Bluetooth usw., dazu diverse Grafikprogramme (für Interessierte: mit Adobe InDesign und Photoshop entstand dieses Buch, mit GoLive kreieren und pflegen wir unseren eigenen und diverse andere Internetauftritte; außerdem ist natürlich die übliche Office-, e-Mail- und Internet-Software dabei. Ein kompakter Farbdrucker (Canon BJC-85) rundet die EDV-Ausrüstung ab. Und selbstverständlich ein Mobiltelefon.

Mit diesem Equipment sind wir in der Lage, Webseiten zu entwickeln und zu pflegen, Daten auszutauschen, Kontakte aufrecht zu halten. Und tatsächlich können wir unterwegs sogar das eine oder andere Druckvorstufen- oder Internetprojekt für Kunden realisieren (zuviel Freizeit ist nicht gesund …).

Dass uns die Technik einmal diese Mixtur aus Urlaub und Arbeit, aus Unabhängigkeit und Verpflichtung, erlauben würde, davon konnten wir vor wenigen Jahren erst träumen (haben wir auch!). Heute ist die Idee fast ohne Einschränkungen realisierbar.

Coco ist mithin ein Mobile Office, ein schwimmendes Büroschiff.

Da fällt mir ein (notieren!): Steuerberater fragen, ob wir Coco als Arbeitszimmer absetzen können! Ein Steuersparmodell …¿

M O O D Y 3 8

Designed by Bill Dixon of Angus Primrose Ltd.
Built by Marine Projects (Plymouth) Ltd.

PRINCIPAL DIMENSIONS		
LOA	37' 6"	11.43M
LWL	31' 6"	9.60M
BEAM	12' 8"	3.86M
DRAFT (FIN)	5' 9"	1.75M
(SHOAL)	4' 6"	1.37M
DISPLACEMENT	18,000LB	8,182KG
BALLAST	6,850LB	3,114KG
FUEL	50GAL	227L
FRESH WATER	80GAL	364L

RIG		
I	48' 0"	14.63M
J	14' 10"	4.52M
P	41' 2"	12.53M
E	13' 10½"	4.23M

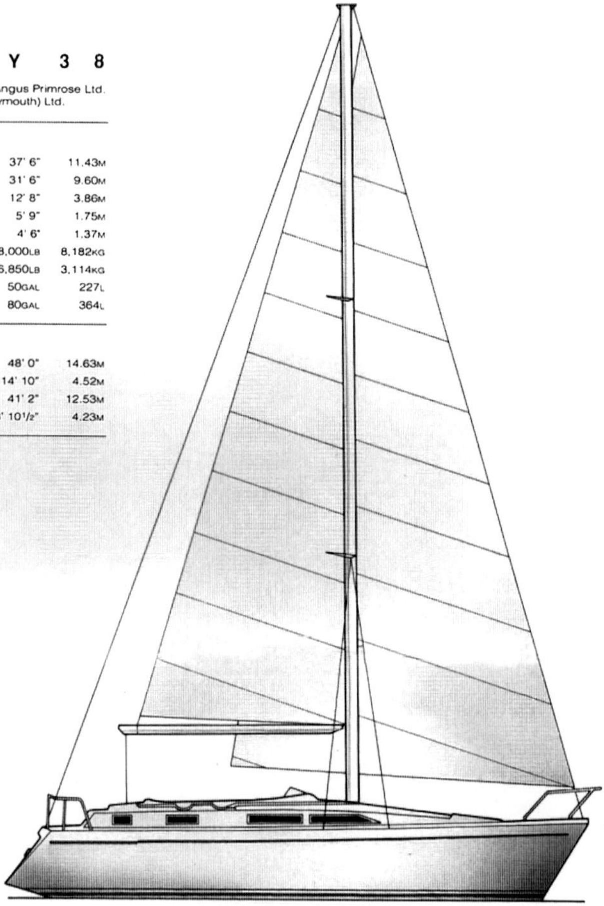

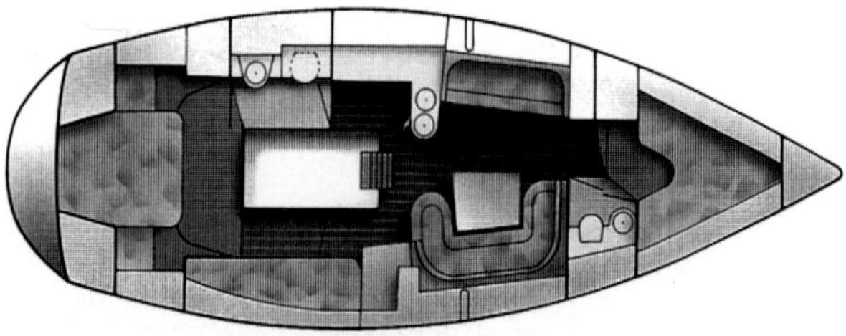

Zeichnung:
Moody, Southampton, UK

Hin und wieder wollen auch wir hoch hinaus: Coco aus luftiger Höhe vom Masttopp aus fotografiert.

Blick in's Cockpit.

Seekarten und nautische Literatur

Zusätzlich zu den elektronischen Seekarten (C-Map) hatten wir für die Törns durchs Mittelmeer die nachfolgenden Papier-Seekarten und Revierführer an Bord:

(D = Amtliche Deutsche Seekarten (BSH); I = Amtliche Italienische Seekarten;
F = Amtliche Französische Seekarten (SHOM) und Französische Sportbootkarten/Navicarte)

ÜBERSICHTSKARTEN

INT-4300	Mittelmeer	1 : 4.200.000
D-305	Korsika – Sardinien – Sizilien	1 : 1.000.000
D-303	Alboranmeer und Balearenmeer	1 : 1.100.000

BALEAREN

D-681	Balearen SW (Ibiza)	1 : 150.000
D-676	Balearen NE (Mallorca, Menorca)	1 : 150.000

(Sehr empfehlenswert ist auch der praktische und handliche Sportboot-Kartensatz „Balearen“ des NV-Verlags)

B. Bartholmes: Die Balearen
Gerd Radspieler: Balearen
Mallorcas Küsten aus der Luft

ITALIEN (SARDINIEN)

I-43	Sardinien-E	1 : 100.000
I-44	Sardinien-SE	1 : 100.000
I-47	Sardinien-W	1 : 100.000
I-48	Sardinien-NW	1 : 100.000
I-325	Sardinien-N, Madalena-W	1 : 25.000
F-7191	Sardinien-N, Madalena-E	1 : 25.000
F-3675	Sardinien gesamt	1 : 385.000
F-1008	Maddalena, Korsika-S	1 : 100.000
F-3684	Sizilien-W (Trapani – Egadische Inseln)	1 : 72.000
I-15	Siz.-N (Zafferano – Orlando, Is. Filicudi)	1 : 100.000

I-666	Sizilien-N (Trapani – Isole Eolie)	1 : 250.000
I-16	Sizilien-N (Palermo, Isola Ustica)	1 : 100.000
I-22	Sizilien-NE (C. Croce – Messina)	1 : 100.000
I-172	Isole Eolie (Liparische Inseln)	1 : 125.000
D-665	Sizilien-SE (Marsala – Pantelleria)	1 : 250.000
I-21	Sizilien-SE (C. Passero – C.Croce)	1 : 100.000
D-507	Tyrrh. Meer-S (Golfo Policastro – Messina)	1 : 250.000
D-506	Tyrrh. Meer (Neapel, Ponza, Capri, Ischia)	1 : 250.000
D-1128	Golf v. Neapel Häfen+Ankerplätze	1 : 10.000
D-439	Golf v. Neapel (Capri, Ischia)	1 : 60.000
I-241	Isola Pantelleria	1 : 40.000
I-242	Pantelleria Häfen und Ankerplätze	1 : 5.000
I-662	Ionio (Messina – Crotone)	1 : 250.000
I-661	Ionio (Golfo Taranto)	1 : 250.000

Pagine Azzurre – Hafenführer der Meere Italiens
Rod Heikell: Italian Waters Pilot
Horn, Hoop: Sardinien, Toskanische Inseln, Korsika

MALTA

D-311	Malta, Comino, Gozo	1 : 70.000

GRIECHENLAND

Für die Seegebiete des ionischen Meers und für die Ägäis führten wir die handlichen und sehr übersichtlichen Sportbootkarten von Imray Tetra mit. Diese Karten sind auf wasserfestem Spezialpapier gedruckt und mit einem Format von ca. 90 x 65 cm ausgesprochen gut für Sportbootfahrer geeignet. Maßstab der Küsten- und Detailkarten 1 : 180.000 bis 1 : 70.000.
Kombiniert mit den hoch informativen Atlanten aus der Serie „GREECE, SEA GUIDE“ (Nicholas D. Elias / Eagle Ray) hat man die Segelreviere Griechenlands perfekt abgedeckt.

Rod Heikell: Greek Waters Pilot
Peter Kleinoth: Griechenland – Küsten aus der Luft
Gerd Radspieler: Griechenland 1 – 4

TÜRKEI

D-613	Kušadasi – Bodrum	1 : 150.000
D-614	Bodrum – Fethiye	1 : 150.000
D-711	Fethiye – Alanya	1 : 300.000

Rod Heikell: Turkish Waters & Cyprus Pilot
Peter Kleinoth: Türkei – Küsten aus der Luft

Übrigens: Ein äußerst umfangreiches Angebot an Seekarten sowie ausgezeichnete Tipps zur Auswahl des richtigen Kartenmaterials bietet HanseNautic (www.hansenautic.de).

Nicht unerwähnt bleiben sollen hier auch die äußerst informativen Revier-Videos und -DVDs von Wolfgang Horn (www.anahita2.de), die sehr hilfreich für die Törnplanung sein können (siehe auch Anzeige weiter hinten), sowie die ausgezeichneten Segelfilme auf DVD von Henry Hauck (www.sailing-the-world.com).

Sonstige seemännische Bord-Literatur

Einige einschlägige, lehrreiche Literaturempfehlungen, die uns unterwegs immer wieder nützlich waren:

- Bobby Schenk: Fahrtensegeln (Delius-Klasing)
- Wilfried Erdmann: Segeln mit Wilfried Erdmann (Maritim)
- Werner Klein: Leben auf einer Segelyacht (Koehler)
- Mark Chisnell: Segeltrimm für Fahrtenyachten (Delius-Klasing)
- Bobby Schenk: Navigation zum Ankommen (Delius-Klasing)
- K. Adlard Coles: Schwerwettersegeln (Delius-Klasing)
- Jürgen Hauert: Mediz. Ratgeber an Bord (Delius-Klasing)
- Claußen: Seekrankheit aktiv bewältigen (Delius-Klasing)
- Donat: Dieselmotoren auf Yachten (Delius-Klasing)
- Donat: Außenborder auf Yachten (Delius-Klasing)
- Sondheim: Knoten, Spleißen, Takeln (Delius-Klasing)
- Schmidt-Luchs: Angeln von Bord (Delius-Klasing)
- Lindner: Muscheln und Schnecken der Weltmeere (BLV)
- Ian Ridpath: Der große Himmelsführer (BLV)

... und natürlich die altbekannten Lehrbücher „SBF Binnen“ und „SBF See & BR-Schein“

Und schließlich noch etwas klassischer Segler-Lesestoff

Wer nach dem Lesen der folgenden Bücher nicht endgültig und unrettbar vom Segelvirus infiziert ist, dem ist einfach nicht mehr zu helfen:

- Pieske: Shangri-La
- Pieske: Karibisches Eis – arktisches Feuer
- Pieske: Abenteuer unter arktischer Sonne
- Wehner: Tagedieb und Taugenichts
- Schenk: Freiheit hinterm Horizont
- Aebi: Die Welt im Sturm erobert
- Erdmann: Allein gegen den Wind
- Erdmann: Mein Schicksal heißt Kathena
- Gebhard: Wellen, Wind und Abenteuer
- Schenk: Südseeträume
- Hirche/Kinsberger: Vom Alltag in die Südsee
- Moitessier: Weite Meere, Inseln und Lagunen
- Heyerdahl: Fatu Hiva – Back to Nature
- Slocum: Sailing alone around the world
- Blanke: Aussteigen oder Von der Philosophie des Fahrtensegelns
- Sobel: Längengrad

Im „Bücherschapp" auf unserer Homepage www.cocodemer.de haben wir diese und weitere Segel-Literatur zum einfachen Bestellen zusammengestellt. Einfach mal reinklicken.

Coco de Mer im Internet:

Aktuelles, Tipps, das „Bücherschapp" mit unseren Lese-Empfehlungen (per Mausklick direkt zu bestellen), interessante Links und allerlei weitere Extras finden sich auf unserer Website: www.cocodemer.de.

Cocos Checkliste „Einwintern und Auswintern“

Auch das gehört für die meisten von uns zur Romantik des Segelsports: das Außerdienststellen des Schiffs im Herbst, das Indienstnehmen im Frühjahr. In den warmen Gefilden des Mittelmeers ist dies zugegeben etwas leichter als im hohen Norden, denn hier droht uns zumindest keine Frostgefahr. Dennoch schadet eine gute Checkliste nicht. Die folgende Liste mit den wichtigsten Punkten hat sich für Coco de Mer im Laufe der Zeit gut bewährt:

INHIBITING/WINTERING:

- Remove sails and deck covers, clean gently, check for need of repairing, store in dry place.
- Remove lines and sheets, wash with fresh water, replace if necessary.
- Clean deck & hull (GFK=GRP=VTR), conserve with teflon wax.
- Clean steel parts, conserve with anticorrosive.
- Clean and apply conservative to wooden interior.
- Conserve rubber gaskets on windows with silicone grease.
- Check bilges, dry up and clean.
- Clean and remove calcium debris from watertaps.
- Clean and grease toilets (fresh water, oil, vaseline); clean & treat holding tank.
- Drain water tanks, pipes and calorifier.
- Clean water filters (outlet showers; inlet seawater cooling system).
- Clean and remove speedometer
- Grease seacocks, and add anticorrosive; exchange defective seacocks, close seacocks.
- Clean and stow away dinghi.
- Stow/secure equipment (power cord, hoses, fenders, gangway, lifevest, winch handles etc).
- Put up cushions to allow air to circulate, open doors+lockers to allowair to circulate.
- Leave ice box open.
- Lock up lazarette lockers with padlocks.
- Mount winter covers to steering wheel, winches, windows etc.
- Top up fuel tank to prevent corrosion.
- Remove cables from batteries (Gel batteries: no loading necessary).
- Polish Autoprop, clean prop shaft, grease propeller if necessary.
- Outside hull: high pressure cleaning.

Engine (see manual!):

- Change engine oil + filters; change gear oil.
- Touch up bare metal parts and contacts with silicone grease, WD40 and/or paint.
- Change fresh water coolant mixture (50% antifreeze / 50% fresh water).
- Clean seawater cooling system (50% antifreeze / 50% fresh water).

Outboard:

- Clean seawater cooling system.
- Change gear oil.
- Replace anode if necessary.
- Grease according to manual.

SPRING - BEFORE LAUNCHING

- OPEN SEAWATER INTAKE VALVE (!) and other valves, if closed.
- Connect batteries, connect solar panel contacts.
- Check oil levels (engine & reverse gear), check fresh water coolant level.
- Antifouling? Primer?
- Check anodes (hull and prop), replace if necessary.
- Check propeller shaft gasket.
- Engine Service: Change fuel filters & vent the system.
- Check standing & running rigging & deck blocks; clean, grease, replace if necessary.
- Check for service dates: safety raft, life vests, distress signals, fire extinguishers.

Wir danken unseren Sponsoren

Durch tat- und fachkräftige Hilfe, durch exzellenten Support oder ganz einfach durch ihre freundschaftliche Verbundenheit haben uns die hier genannten Unternehmen während der Planung und Durchführung unserer Segelreisen hervorragend unterstützt. Dafür bedanken wir uns ganz herzlich:

Ein Hinweis zum Bildmaterial in diesem Buch:

Alle in diesem Buch verwendeten Bilder habe ich mit digitalen Kompaktkameras „geschossen", meist aus der Hand und häufig von Bord des bewegten Schiffes. Qualität und Auflösung der Kameras waren generell etwa auf mittlere Stufe eingestellt. Für die Wiedergabe auf Computer- und Fernsehmonitoren oder im Internet ist das völlig ausreichend. Hätte ich jedoch schon früher geahnt, dass ich meine Fotos später in einem Buch verwenden würde, hätte ich stets die bestmögliche Qualität, Auflösung und Kompressionsstufe gewählt, und wo möglich ein Stativ benutzt. Auch eine (digitale) Spiegelreflexkamera hätte in mancher Hinsicht Vorteile bringen können, allerdings freilich zu Lasten der Transportabilität. Eine kleine digitale Kompaktkamera ist einfach immer dabei und blitzschnell einsatzbereit. Für die drucktechnische Reproduktion in diesem Buch habe ich das verwendete Bildmaterial in Photoshop nachbearbeitet. Die im Buch hier und da abgedruckten „Zeichnungen" entstanden ebenfalls in Photoshop auf der Grundlage vorhandener Farbfotos. Ich hoffe, dass die Bilder trotz ihrer möglicherweise nicht ganz perfekten Qualität einen guten Eindruck vom Leben auf einer Yacht – und nicht zuletzt auch von den Stimmungen – vermitteln konnten.

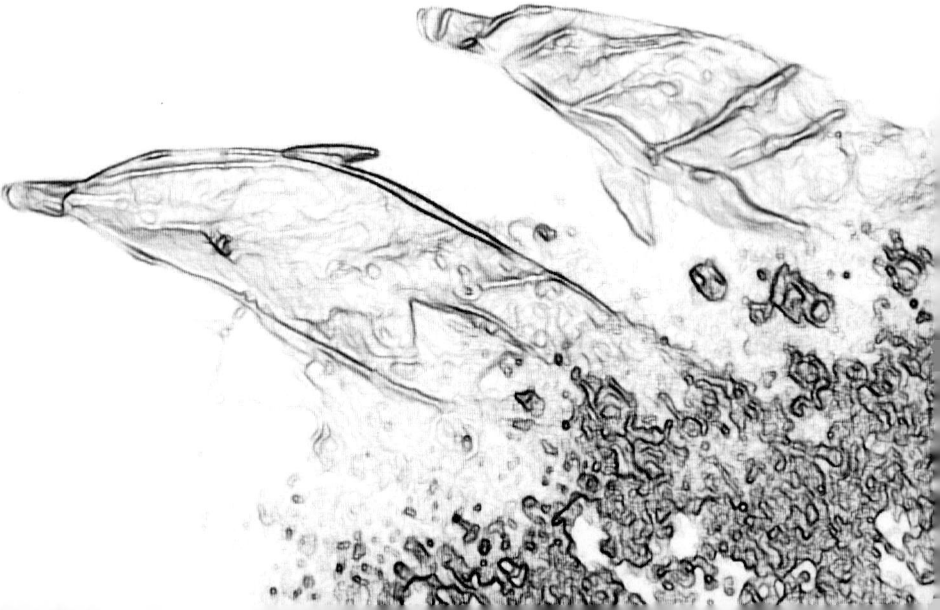